人类从历史中学到的唯一教训，就是人类无法从历史中学到任何教训。
——黑格尔

明朝那些事儿

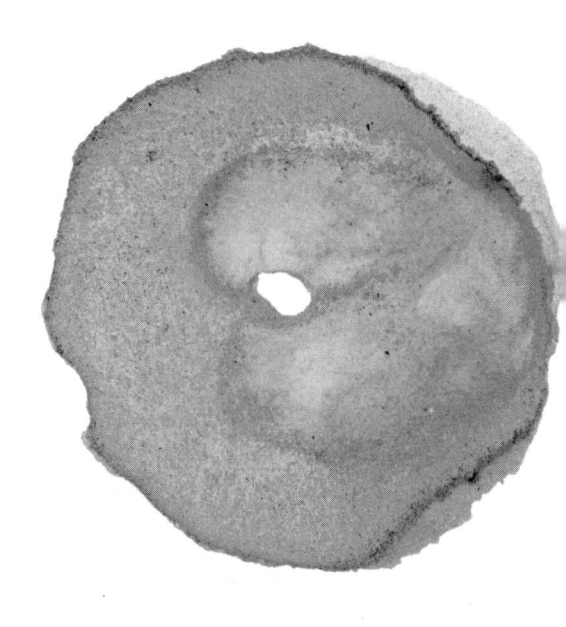

第陆部

日暮西山

当年明月 著

浙江人民出版社

第七章 不起眼的敌人 139
第八章 萨尔浒 160
第九章 东林党的实力 177
第十章 小人物的奋斗 197
第十一章 强大，无比强大 215
第十二章 天才的敌手 235
第十三章 一个监狱看守 263
第十四章 毁灭之路 280
第十五章 道统 301
第十六章 杨涟 322

目录

001 历史原来很精彩

003 第一章 绝顶的官僚

019 第二章 和稀泥的艺术

036 第三章 游戏的开始

059 第四章 混战

078 第五章 东林崛起

111 第六章 谋杀

目录

第十七章　殉道　337

第十八章　袁崇焕　356

第十九章　决心　374

第二十章　胜利　结局　388

历史原来很精彩

旷野上，当年明月踽踽而行。

历史是什么？历史就是那些残垣断瓦、古庙荒冢吗？就是那些发黄的书本吗？不是，绝对不是。

"历史原来是很精彩的呀！"当年明月大喊一声。声音消失在风中，当年明月继续踽踽地走着，山野一片寂静。

好一段时间，远远地，传来一阵阵回声："很精彩的呀，很精彩的呀，很精彩的呀，很精彩的呀……"声音渐渐消失，山野又归于寂静。

前面那座古庙里有点儿动静，一个小和尚好像刚睡醒，慢腾腾地伸了个懒腰，抖落了身上厚厚的尘土。噢！那不是朱重八吗？他朝四下看了看，然后向当年明月走来了。那边还有人，朱棣骑着马，风尘仆仆，身上浸着汗水，也向这边赶来。后边是方孝孺，一脸正气，拉着朱允炆，有点儿嫌他走得太慢；沮丧的胡惟庸，骄横的蓝玉，都来了。远远地，过来一个瘦了吧唧的人，一看就知道是朱厚照，还是那样儿，站没站相，坐没坐相，走路也是一摇一晃的……

这么多人都围上了当年明月，一下子就热闹起来了。乱哄哄的，有的拍着当年明月的肩膀，有的指手画脚，吵吵嚷嚷，只听清几个词儿：很精彩的，很精彩的，写写吧，写写吧……写吧，写吧，就像写你们公司的老板，那个胖子，写厂子里那个猴儿精小李、前村儿的嘎子、胡同儿里的小三儿，写吧，想到哪儿写哪儿，就这么写吧……

当年明月也不知是惊喜，还是兴奋，都快晕了。

镜头拉远。

声音淡出。

旷野上又是一片寂静。

忽然，一阵风吹来，一摞纸被吹散了，漫天飞舞。一个过路人捡起一张，一看，原来是书稿，当年明月写的——《明朝那些事儿》。

这也算我给它写的序，比上次那篇序轻松点儿。

毛佩琦

2006年9月8日于北七家村

第一章

绝顶的官僚

在万历执政的前二十多年里，可谓是内忧不止，外患不断，他祖上留传下来的，也只能算是个烂摊子，而蒙古、宁夏、朝鲜、四川，不是有叛乱就是受到入侵，中间连口气儿都不喘，军费激增，国库难支。

可是二十年了，国家也没出什么大乱子，所有的困难，他都安然度过。

因为前十年，他有张居正；后十年，他有申时行。

若评选明代近三百年历史中最杰出的政治家位列，排行榜第一名的非张居正莫属。在他当政的十年里，政治得以整顿，经济得到恢复，明代头号政治家的称谓实至名归。

但如果评选最杰出的官僚，结果就大不相同了，以张居正的实力，只能排第三。

因为这两个行业是有区别的。

从根本上讲，明代政治家和官僚是同一品种，大家都是在朝廷里混的，先装孙子，再当爷爷，半斤对八两，但问题在于，明代政治家是理想主义者，混出来后就要干事，要实现当年的抱负。

而明代官僚是实用主义者，先保证自己的身份地位，能干就干，不能干就混。

所以说，明代政治家都是官僚，官僚却未必都是政治家。两个行业的技术含量和评定指标各不相同，政治家要能干，官僚要能混。

张居正政务干得好，且老奸巨猾，工于心计，一路做到首辅，混得也还不错。但他晚节不保，死后被抄全家，差点儿被人刨出来示众，所以只能排第三。

明代三百年中，在这行里，真正达到登峰造极的水平，混到惊天地、泣鬼神的，当属张居正的老师——徐阶。

混迹朝廷四十多年，当过宰相培训班学员（庶吉士），骂过首辅（张璁），发配地方挂职（延平推官），好不容易回来，靠山（夏言）又没了，十几年被人又踩又坑，无怨无悔，看准时机，一锤定音，搞定（严嵩）。

上台之后，打击有威胁的人（高拱），提拔有希望的人（张居正），连皇帝也要看他的脸色，事情都安排好了，才安然回家欢度晚年，活到了八十一岁，张居正死了他都没死，如此人精，排第一是众望所归。

而排第二的，就是张居正的亲信兼助手：申时行。

相信很多人并不认同这个结论，因为在明代众多人物中，申时行并不是个引人注目的角色。但事实上，在官僚这行里，他是一位身负绝学、超级能混的绝顶高手。

无人知晓，只因隐藏于黑暗之中。

在成为绝顶官僚之前，申时行是一个来历不明的人。具体点儿讲，是身世不清，父母姓甚名谁、家族何地，史料上一点儿没有，据说连户口都缺，基本属于黑户。

申时行是一个十分谨小慎微的人，平时有记日记的习惯，即使是微不足道的小事，如今天我和谁说了话，讲了啥，他都要记下来。比如他留下的《召对录》，就是这一类型的著作。

此外，他也喜欢写文章，并有文集流传后世。

基于其钻牛角尖的精神，他的记载是研究明史的重要资料。然而奇怪的是，对于自己的身世，这位老兄却是只字不提。

这是一件比较奇怪的事，而我是一个好奇的人，于是，我查了这件事。

遗憾的是，虽然我读过很多史书，也翻了很多资料，依然没能找到史料确凿的说法。

确凿的定论没有，不确凿的传言倒有一个，而在我看来，这个传言可以解释以上的疑问。

据说（注意前提）嘉靖十四年（1535）时，有一位姓申的富商到苏州游玩，遇上了一位女子，两人一见钟情，便住在了一起。

过了一段时间，女方怀孕了，并把孩子生了下来，这个孩子，就是后来的申时行。

可是在当时，这个孩子不能随父亲姓申，因为申先生有老婆。

当然了，在那万恶的旧社会，这似乎也不是什么违法行为。以申先生的家产，娶几个老婆也养得起，然而还有一个更麻烦的问题——那位女子不是一般人，确切地说，是一个尼姑。

所以，在百般无奈之下，这个见不得光的私生子被送给了别人。

爹娘都没见过，就被别人领养，这么个身世，确实比较不幸。

但不幸中的万幸是，这个别人，倒也并非普通人，而是当时的苏州知府徐尚珍。他很喜欢这个孩子，并给他取了一个名字——徐时行。

虽然徐知府已离职，但在苏州干知府，只要不是海瑞，一般都不会穷。

所以，徐时行的童年非常幸福，从小就不缺钱花，丰衣足食，家教良好。而他本人悟性也很高，天资聪慧，二十多岁就考上了举人。人生对他而言，顺利得不见一丝波澜。

但惊涛骇浪终究还是来了。

嘉靖四十一年（1562），徐时行二十八岁，即将上京参加会试，开始他一生的传奇。

然而就在他动身前夜，徐尚珍找到了他，对他说了这样一句话：

其实，你不是我的儿子。

没等徐时行的嘴合上，徐尚珍已把之前所有的一切都和盘托出，包括他的生父和生母。

这是一个十分古怪的举动。

按照现在的经验，但凡考试之前，即使平日怒目相向，这时家长也得说几句好话，天大的事情考完再说。徐知府偏偏选择这个时候开口，实在让人费解。

然而，我理解了。

就从现在开始吧，因为在你的前方，将有更多艰难的事情在等待着你，到那时，你唯一能依靠的人，只有你自己。

这是一个父亲，对即将走上人生道路的儿子的最后祝福。

徐时行沉默地上路了，我相信，他应该也是明白的，因为在那一年会试中，他是状元。

中了状元的徐时行回到了老家，真相已明，恩情犹在，所以他正式提出要求，希望能够归入徐家。

辛苦养育二十多年，而今状元及第，衣锦还乡，再认父母，收获的时候到了。

然而，出乎所有人的意料，他的父亲拒绝了这个请求，希望他回归本家，认祖归宗。

很明显，在这位父亲的心中，只有付出，没有收获。

无奈之下，徐时行只得怀着无比的歉疚与感动，回到了申家。

天上终于掉馅饼了，状元竟然都有白捡的。虽说此时他的生父已经去世，但申家的人毫不犹豫地答应了他的请求，敲锣打鼓、张灯结彩地把他迎进了家门。

从此，他的名字叫作申时行。

曲折的身世，幸福的童年。从他的养父身上，申时行获取了人生中的第一个重要经验，并由此奠定了他性格的主要特点：

做人，要厚道。

当厚道的申时行进入朝廷后，才发现原来这里的大多数人都很不厚道。

在明代，只要进了翰林院，只要不犯什么严重的政治错误，几年之后，运气好的就能分配到中央各部熬资格。有才的入阁当大学士，没才的也能混个侍郎、郎中，就算点儿背，派到了地方，官也升得极快，十几年下来，做个地方大员也不难。

有鉴于此，每年的庶吉士都是各派政治势力极力拉拢的对象。申时行的同学里，但凡机灵点儿的，都已经找到了后台，为锦绣前程做好准备。

申时行是状元，找他的人自然络绎不绝，可这位老兄却是岿然不动，谁拉都不去，每天埋头读书，毫不顾及将来的仕途。同学们一致认为，申时行同志很老实，而从某个角度讲，所谓老实，就是傻。

历史的发展证明，老实人终究不吃亏。

要知道，那几年朝廷是不好混的，先是徐阶斗严嵩，过几年，高拱上来斗徐阶，然后张居正又出来斗高拱，总而言之是一塌糊涂。今天是七品言官，明天升五品郎中，后天没准儿就回家种田去了。

你方唱罢我登场，上台洗牌是家常便饭，世事无常，跟着谁都不靠谱，所以谁也不跟的申时行笑到了最后。当他的同学纷纷投身朝廷拼杀的时候，他却始终待在翰林院，先当修撰，再当左庶子，中间除了读书写文件外，还主持过几次讲学（经筵），教过一个学生，叫作朱翊钧，又称万历。

俗语有云，长江后浪推前浪，前浪死在沙滩上。一晃十年过去，经过无数清洗，到万历元年（1573），嘉靖四十一年（1562）的这拨人，冲在前面的，基本上都废了。

就在此时，一个人站到了申时行的面前，对他说，跟着我走。

这一次，申时行不再沉默，他同意了。

因为这个人是张居正。

申时行很老实，但不傻，这十年里，他一直在观察，观察最强大的势力、最稳当的后台。现在，他终于等到了。

此后，他跟随张居正，一路高歌猛进，几年内就升到了副部级礼部右侍郎。

万历五年（1577），他又当上了吏部侍郎。一年后，他迎来了自己人生的第二个转折点。

万历六年（1578），张居正的爹死了。虽说他已经获准夺情，但也得回家埋老爹，为保证大权在握，他推举年仅四十三岁的申时行进入内阁，任东阁大学士。

历经十几年的苦熬，申时行终于进入了大明帝国的最高决策层。

但是当他进入内阁后，他才发现，自己在这里只起一个作用——凑数。

因为内阁的首辅是张居正，这位仁兄不但能力强，脾气也大，平时飞扬跋扈，是不折不扣的猛人。

一般说来，在猛人的身边，只有两个选择：要么当敌人，要么当仆人。

申时行毫不犹豫地选择了后者，他很明白，像张居正这种狠角色，只喜欢一种人——听话的人。

申时行够意思，张居正也不含糊，三年之内，就把他提为吏部尚书兼建极殿大学士，少傅兼太子太傅（从一品）。

但在此时的内阁里，申时行还只是个小字辈，张居正且不说，他前头还有张四维、马自强、吕调阳，一个个排过去，才能轮到他。距离那个最高的位置，依然是遥不可及。

申时行倒也无所谓，他已经等了二十年，不在乎再等十年。

可他万万没有想到，不用等十年，一年都不用。

万历十年（1582），张居正死了。

树倒猢狲散，隐忍多年的张四维接班，开始反攻倒算，重新洗牌。局势对申时行很不利，因为地球人都知道他是张居正的亲信。

在这关键时刻，申时行第一次展现了他无与伦比的"混功"。

作为内阁大学士，大家弹劾张居正，他不说话；皇帝下诏剥夺张居正的职务，他不说话；抄张居正的家，他也不说话。

但不说话不等于不管。

申时行是讲义气的，抄家抄出人命后，他立即上疏，制止情况进一步恶化，还分了一套房子、十顷地，用来供养张居正的家属。

此后，他又不动声色地四处找人做工作，最终避免了张先生被人从坟里刨出来示众。

张四维明知申时行不地道，偏偏拿他没办法，因为此人办事一向是滴水不漏、左右逢源，任何把柄都抓不到。

但既然已接任首辅，收拾个把人应该也不太难，在张四维看来，他有很多时间。

然而事与愿违，张首辅还没来得及下手，就得到了一个消息——他的父亲死了。

死了爹，就得丁忧回家，张四维不愿意。当然，不走倒也可以，夺情就行，但五年前张居正夺情的场景还历历在目，考虑到自己的实力远不如张居正，且不想被人骂死，张四维毅然决定，回家蹲守。

三年后，又是一条好汉。

此时，老资格的吕调阳和马自强都走了，申时行奉命代理首辅，等张四维回来。

一晃两年半过去了，眼看张先生就要功德圆满，胜利出关，却突然病倒了，病了还不算，两个月后，竟然病死了。

上级都死光了，进入官场二十三年后，厚道的老好人申时行，终于超越了他的所有同学，走上了首辅的高位。

一个新的时代，将在他的手中开始。

取胜之道

就工作能力而言，申时行是十分卓越的，虽说比张居正还差那么一截，但在他的时代，却是最为杰出的牛人。

因为要当牛人，其实不难，只要比你牛的人死光了，你就是最牛的牛人。

就好比你二十世纪三十年代和鲁迅见过面，给胡适鞠过躬，哪怕就是个半吊子，啥都不精，只要等有学问、知道你底细的那拨人都死绝了，也能弄顶国学大师的帽子戴戴。

更何况申时行所面对的局面，比张居正时要好得多，首先他是皇帝的老师，万历也十分欣赏这位新首辅；其次，他很会做人，平时人缘也好，许多大臣都拥戴他，加上此时他位极人臣，当上了大领导，一切似乎都在他的掌握之中。

不过，只是似乎而已。

所谓朝廷，就是江湖，即使身居高位，扫平天下，也绝不会缺少对手，因为在这个地方，什么都会缺，就是不缺敌人。

张四维死了，但一个更为强大的敌人，已经出现在申时行的面前。

而这个敌人，是万历一手造就的。

张居正死后，万历得到了彻底的解放，没人敢管他，也没人能管他，所有权力终于回到他的手中。他准备按自己的意愿去管理这个帝国。

但在此之前，他还必须做一件事。

按照传统，打倒一个人是不够的，必须把他彻底搞臭，消除其一切影响，才算是善莫大焉。

于是，一场批判张居正的活动就此轰轰烈烈地展开。

张居正在世的时候，吃亏最大的是言官，不是罢官，就是打屁股，日子很不好过。现在时移势易，第一个跳出来的自然也就是这些人。

万历十二年（1584）三月，御史丁此吕首先发难，攻击张居正之子张嗣修当年科举中第，是走后门的关系户云云。

这是一次极端无聊的弹劾，因为张嗣修中第，已经是猴年马月的事，而张居正死后，他已被发配到边远山区充军。都折腾到这份儿上了，还要追究考试问题，是典型的没事找事。

然而，事情并非看上去那么简单，事实上，这是一个设计周密的阴谋。

丁此吕虽说没事干，却并非没脑子，他十分敏锐地察觉到，只要对张居正的问题穷追猛打，就能得到皇帝的宠信。

这一举动还有另一个更阴险的企图：当年录取张嗣修的主考官，正是今天的首辅申时行。

也就是说，打击张嗣修，不但可以获取皇帝的宠信，还能顺道收拾申时行，把他拉下马，一箭双雕，十分狠毒。

血雨腥风平地而起。

申时行很快判断出了对方的意图，他立即上疏为自己辩解，说考卷都是密封的，只有编号，没有姓名，根本无法舞弊。

万历支持了他的老师，命令将丁此吕降职调任外地。大家都松了一口气。

但这道谕令的下达，才是暴风雨的真正开端。

明代的言官中，固然有杨继盛那样的孤胆英雄，但大多数情况下，都是团伙作案。一个成功言官的背后，总有一拨言官。

丁此吕失败了，于是幕后黑手出场了，合计三人。

这三个人的名字，分别是李植、江东之、羊可立。在我看来，这三位仁兄是名副其实的"骂仗铁三角"。

之所以给予这个荣誉称号,是因为他们不但能骂,还很铁。

李、江、羊三人,都是万历五年(1577)的进士,原本倒也不熟,自从当了御史后,因为共同的兴趣和事业(骂人)走到了一起,在战斗中建立了深厚的友谊,并成为了新一代的搅屎棍。

之所以说新一代,是因为在他们之前,也出过三个极能闹腾的人,即大名鼎鼎的刘台、赵用贤、吴中行。这三位仁兄,当年曾把张居正老师折腾得只剩半条命。十分凑巧的是,他们都是隆庆五年(1571)的进士,算是老一代的铁三角。

但这三个老同志都还算厚道人,大家都捧张居正,他们偏骂,这叫义愤。后来的三位,大家都不骂了,他们还骂,这叫投机。

丁此吕的奏疏刚被打回来,李植就冲了上去,枪口直指内阁的申时行,还把管事的吏部尚书杨巍搭了上去,说这位人事部部长逢迎内阁,贬低言官。

话音没落,江东之和羊可立就上疏附和,一群言官也跟着凑热闹,舆论顿时沸沸扬扬。

对于这些举动,申时行起先并不在意,丁此吕已经滚蛋了,你们去闹吧,还能咋地?

然而,出人意料的事情发生了。几天以后,万历下达了第二道谕令,命令丁此吕留任,并免除应天主考高启愚(负责出考题)的职务。

这是一个十分危险的政治信号。

其实申时行并不知道,对于张居正,万历的感觉不是恨,而是痛恨。这位曾经的张老师,不但是一个可恶的夺权者,还是笼罩在他心头上的恐怖阴影。

支持张居正的,他就反对;反对张居正的,他就支持,无论何人、何时、何种动机。

这才是万历的真正心声。上次赶走丁此吕,不过是给申老师一个面子,现在面子都给过了,该怎么来,咱还怎么来。

申时行明白，大祸就要临头了，今天解决出考题的，明天收拾监考的，杀鸡儆猴的把戏并不新鲜。

情况十分紧急，但在这关键时刻，申时行却表现出了让人不解的态度，他并不发文反驳，对于三位御史的攻击，保持了耐人寻味的沉默。

几天之后，他终于上疏，却并非辩论文书，而是辞职信。

就在同一天，内阁大学士许国、吏部尚书杨巍同时提出辞呈，希望回家种田。

这招以退为进十分厉害。刑部尚书潘季驯、户部尚书王璘、左都御史赵锦等十余位部级领导纷纷上疏，挽留申时行。万历同志也手忙脚乱，虽然他很想支持三位骂人干将，把张居正整顿到底，但为维护安定团结，拉人干活，只得再次发出谕令，挽留申时行等人，不接受辞职。

这道谕令有两个意思，首先是安慰申时行，说这事我也不谈了，你也别走了，老实干活吧。

此外，是告诉江、羊、李三人，这事你们干得不错，深得我心（否则早就打屁股了），但到此为止，以后再说。

事情就此告一段落。然而此后的续集告诉我们，这一切，只不过是热身运动。

问题的根源在于"铁三角"。科场舞弊事件完结后，这三位拍对了马屁的仁兄都升了官：江东之升任光禄寺少卿，李植任太仆寺少卿，羊可立为尚宝司少卿。

太仆寺少卿是管养马的，算是助理弼马温，正四品；光禄寺少卿管吃饭宴请，是个肥差，正五品；尚宝司少卿管公文件，是机要部门，从五品。

换句话说，这三个官各有各的好处，却并不大，可见万历同志心里有谱：给你们安排好工作，小事来帮忙，大事别掺和。这三位兄弟悟性不高，没明白其中的含义，给点儿颜色就准备开染坊，虽然职务不高，权力不大，却都很有追求，可谓是手揣两块钱，心怀五百万，欢欣鼓舞之余，准备接着干。

而这一次，他们吸取了上次的教训，打算捏软柿子，将矛头对准了另一个目标——潘季驯。

可怜潘季驯同志，其实他并不是申时行的人，说到底，不过是个搞水利的技术员。高拱在时，他干，张居正在时，他也干，是个标准的老好人，无非是看不过去，说了几句公道话，就成了打击对象。

话虽如此，但此人一向人缘不错，又属于特殊的科技人才，还干着司法部部长（刑部尚书），不是那么容易搞定的。

可是李植只用了一封奏疏，就彻底终结了他。

这封奏疏彻底证明了李先生的厚黑水平，非但绝口不提申时行，连潘技术员本人都不骂，只说了两件事——张居正当政时，潘季驯和他关系亲密，经常走动；张居正死后抄家，潘季驯曾几次上疏说情。

这就够了。

申时行的亲信，不要紧；个人问题，不要紧；张居正的同伙，就要命了。

没过多久，兢兢业业的潘师傅就被革去所有职务，从部长一踩到底，回家当了老百姓。

这件事干得实在太过龌龊，许多言官也看不下去了。御史董子行和李栋分别上疏，为潘季驯求情，却被万历驳回，还罚了一年工资。

有皇帝撑腰，"铁三角"越发肆无忌惮，把战火直接烧到了内阁的身上，而且下手也特别狠，明的暗的都来，先是写匿名信，说大学士许国安排人手，准备修理李植、江东之。之后又明目张胆地弹劾申时行的亲信，不断发起挑衅。

部长垮台，首辅被整，闹到这个份儿上，已经是人人自危，鬼才知道下个倒霉的是谁，连江东之当年的好友，刑科给事中刘尚志也憋不住了，站出来大吼一声：

"你们要把当年和张居正共事过的人全都赶走,才肯甘休吗(尽行罢斥而后已乎)?!"

然而让人费解的是,在这片狂风骤雨之中,有一个人却始终保持着沉默。

面对漫天阴云,申时行十分镇定,既不吵,也不闹,怡然自得。

这事要换在张居正头上,那可就不得了,以这位仁兄的脾气,免不了先回骂两句,然后亲自上阵,罢官、打屁股、搞批判,不搞臭搞倒誓不罢休。刘台、赵用贤等人,就是先进典型。

就能力与天赋而言,申时行不如张居正,但在这方面,他却远远地超越了张先生。

申首辅很清楚,张居正是一个不折不扣的政务天才,而像刘台、江东之这类人,除了嘴皮子利索,口水旺盛外,干工作也就是个白痴水平。和他们去较真儿,那是要倒霉的,因为这帮人会把对手拉进他们的档次,并凭借自己在白痴水平长期的工作经验,战胜敌人。

所以在他看来,李植、江东之这类人,不过是跳梁小丑,并无致命威胁,无须等待多久,他们就将露出破绽。

所谓宽宏大量,胸怀宽广之外,只因对手档次太低。

然而"铁三角"似乎没有这个觉悟,万历十三年(1585)八月,他们再一次发动了进攻。

事情是这样的,为了给万历修建陵墓,申时行前往大峪山监督施工,本打算打地基,结果挖出了石头。

在今天看来,这实在不算个事,把石头弄走就行了。可在当时,这就是个掉脑袋的事。

皇帝的陵寝,都是精心挑选的风水宝地,要保证皇帝大人死后,也得躺得舒坦,竟然挑了这么块石头地,存心不让皇上好好死,是何居心?

罪名有了,可申时行毕竟只是监工,要把他拉下马,必须要接着想办法。

经过一番打探，办法找到了，原来这块地是礼部尚书徐学谟挑的。这个人不但是申时行的亲家，还是同乡。很明显，他选择这块破地，给皇上找麻烦，是有企图的，是用心不良的，是受到指使的。

只要咬死两人的关系，就能把申时行彻底拖下水，而这帮野心极大的人，也早已物色好了首辅的继任者，只要申时行被弹劾下台，就立即推荐此人上台，并借此控制朝局。这就是他们的计划。

然而，这个看似万无一失的计划，却有两个致命的破绽。

几天之后，三人同时上疏，弹劾陵墓用地选得极差，申时行玩忽职守，任用私人，言辞十分激烈。

在规模空前的攻击面前，申时行却毫不慌张，只是随意上了封奏疏说明情况，因为他知道，这帮人很快就要倒霉了。

一天之后，万历以下文回复：

"阁臣（指申时行）是辅佐政务的，你们以为是风水先生吗（岂责以堪舆）？！"

怒火中烧的万历骂完之后，又下令三人罚俸半年，以观后效。

三个人被彻底打蒙了，他们抓破脑袋，也想不明白这是怎么回事。

归根结底，还是信息工作没有到位，这几位仁兄晃来晃去，只知道找徐学谟，却不知道拍板定位置的是万历。

皇帝大人好不容易亲自出手挑块地，却被他们骂得一无是处。

不过还好，毕竟算是皇帝的人，只是罚了半年的工资，励精图治，改日再整。

可还没等这三位继续前进，背后却又挨了一枪。

在此之前，为了确定申时行的接班人选，三个人很是费了一番脑筋，反复讨论，最终拍板——王锡爵。

这位王先生，之前也出过场，张居正夺情的时候，上门逼宫，差点儿把张大人搞得横刀自尽，是张居正的死对头，加上他还是李植的老师，没有更适合的人选了。

看上去是那么回事，可惜有两点，他们不知道：其一，王锡爵是个很正派的人，他不喜欢张居正，却并非张居正的敌人。

其二，王锡爵是嘉靖四十一年（1562）的进士，考试前就认识了老乡申时行。会试，他考第一，申时行考第二；殿试，他考第二，申时行考第一。

> 没有调查研究，就没有发言权。
>
> ——毛泽东

基于以上两点，得知自己被推荐接替申时行之后，王锡爵递交了辞职信。

这是一封著名的辞职信，全称为《因事抗言求去疏》，并提出了辞职的具体理由：

老师不能管教学生，就该走人（当去）！

这下子全完了，这帮人虽说德行不好，但毕竟咬人在行，万历原打算教训他们一下后，该怎么样还怎么样。

可这仨太不争气，得罪了内阁、得罪了同僚，连自己的老师都反了水。万历想，再这么闹腾，没准儿自己都得搭进去。于是他下令，江东之、李植、羊可立各降三级，发配外地。

家犬就这么变成了丧家犬。不动声色间，申时行获得了最终的胜利。

第二章 和稀泥的艺术

对申时行而言，江东之这一类人实在是小菜一碟。在朝廷里待了二十多年，徐阶、张居正这样的超级大腕他都应付过去了，混功已达出神入化的地步，万历五年（1577）出山的这帮小喽啰自然不在话下。

混是一种生活技巧，除个别二杆子外，全世界人民基本都会混，因为混并不影响社会进步。人类发展，该混就混，该干就干，只混不干的，叫作混混儿。

申时行不是混混儿，混只是他的手段，干才是他的目的。

一般说来，新官上任，总要烧三把火，搞点儿政绩，大干特干。然而，综观申时行当政以来的种种表现，就会惊奇地发现，他的大干，就是不干，他的作为，就是不作为。

申时行干的第一件事情，是废除张居正的考成法。

这是极为出人意料的一招，因为在很多人看来，申时行是张居正的嫡系，毫无理由反攻倒算。

但申时行就这么干了，因为这样干，是正确的。

考成法，是张居正改革的主要内容，即工作指标层层落实，完不成轻则罢官，重则坐牢，令各级官员闻风丧胆。

在很长时间里，这种明代的打考勤，发挥了极大效用，有效提高了官员的工作效率，是张居正的得意之作。

但张先生并不知道，考成法有一个十分严重的缺陷。

比如朝廷规定，户部今年要收一百万两税银，分配到浙江，是三十万两，这事就会下派给户部浙江司郎中（正五品），由其监督执行。

浙江司接到命令，就会督促浙江巡抚办理。巡抚大人就会去找浙江布政使，限期收齐。

浙江布政使当然不会闲着，立马召集各级知府，限期收齐。知府大人回去之后召集各级知县，限期收齐。

知县大人虽然官小，也不会自己动手，回衙门召集衙役，限期收齐。

最后干活的，就是衙役，他们就没办法了，只能一家一家上门收税。

明朝成立以来，大致都是这么个干法，就管理学而言，还算比较合理，搞了二百多年，也没出什么大问题。

考成法一出来，事情就麻烦了。

原先中央下达命令，地方执行，就算执行不了，也好商量。三年一考核，灾荒大，刁民多，今年收不齐，不要紧，政策灵活掌握，明年努力，接着好好干。

考成法执行后，就不行了，给多少任务，你就得完成多少，缺斤少两自己补上，补不上就下课受罚。

这下就要了命了，衙役收不齐，连累知县，知县收不齐，连累知府，知府又连累布政使，一层层追究责任。大家同坐一条船，出了事谁也跑不掉。

与其自下而上垮台，不如自上而下压台。随着一声令下，各级官吏纷纷动员起来，不问理由、不问借口，必须完成任务。

于是顺序又翻了过来，布政使压知府，知府压知县，知县压衙役，衙役……就只能压老百姓了。

接下来的事情就简单了，上级压下级，下级压百姓，一般年景，也还能对付过去，要遇上个灾荒，那就惨了，衙役还是照样上门，说家里遭灾，他点头，说家里死人，他还点头，点完头该缴还得缴。揭不开锅也好，全家死绝也罢，收不上来官就没了，你说我收不收？

以上还算例行公事，到后来，事情越发恶劣。

由于考成法业绩和官位挂钩，工作完成越多、越快，评定就越好，升官就越快，所以许多地方官员开始报虚数，狗不拉屎的穷乡僻壤，也敢往大了报，反正自己也不吃亏。

可是朝廷不管那些，报了就得拿钱，于是挨家挨户地收，收不上来就逼，逼不出来就打，打急了就跑。而跑掉的这些人，就叫流民。

流民，是明代中后期的一个严重问题，用今天的话说，就是社会不安定因素。这些人离开家乡，四处游荡，没有户籍，没有住所，也不办暂住证，经常影响社会的安定团结。

到万历中期，流民的数量已经十分惊人，连当时的北京市郊，都盘踞着大量流民，而且这帮人一般都不是什么老实巴交的农民，偷个盗抢个劫之类的，都是家常便饭，朝廷隔三岔五就要派兵来扫一次，十分难办。

而这些情况，是张居正始料未及的。

于是申时行毅然废除了考成法，并开辟了大量田地，安置各地的流民耕种，社会矛盾得以大大缓解。

废除考成法，是申时行执政的一次重要抉择，虽然是改革，却不用怎么费力，毕竟张居正是死人兼废人，没人帮他出头，他的条令不废白不废。

但下一次，就没这么便宜的事了。

万历十八年（1590），副总兵李联芳带兵在边界巡视的时候，遭遇埋伏，全军覆灭。下黑手的，是蒙古鞑靼部落的扯立克。

事情闹大了，因为李联芳是明军高级将领，鞑靼部落把他干掉了，是对明朝政府的严重挑衅。所以消息传来，大臣们个个摩拳擦掌，打算派兵去收拾这帮无事生非的家伙。

无论从哪个角度看，都是非打不可了，堂堂大明朝，被人打了不还手，当缩头乌龟，怎么也说不过去。而且这事闹得皇帝都知道了，连他都觉得没面子，力主出兵。

老板发话，群众支持，战争已是势在必行，然而此时，申时行站了出来，对皇帝说：

"不能打。"

在中国历史上，但凡国家有事，地方被占了，人被杀了，朝廷立马就是群情激愤，人人喊打，看上去个个都是民族英雄、正义化身，然而其中别有奥秘：

临战之时，国仇家恨，慷慨激昂，大家都激动。在这个时候，跟着激动一把，可谓是毫无成本，反正仗也不用自己打，还能落个爱国的名声，何乐而不为？

主和就不同了，甭管真假，大家都喊打，你偏不喊，脱离群众，群众就会把你踩死。

所以主战者未必勇，主和者未必怯。

主和的申时行，就是一个勇敢的人。事实证明，他的主张十分正确。

因为那位下黑手的扯立克，并不是一般人，他的身份，是鞑靼的顺义王。

顺义王，是当年明朝给俺答的封号，这位扯立克就是俺答的继任者，但此人既不顺，也不义，好好的互市不干，整天对外扩张，还打算联合蒙古、西藏各部落，搞个蒙古帝国出来和明朝对抗。

对这号人，打是应该的。但普鲁士伟大的军事家克劳塞维茨说过，战争是政治的继续。打仗说穿了，最终的目的就是要对方听话，如果有别的方法能达到目的，何必要打呢？

申时行找到了这个方法。

他敏锐地发现，扯立克虽然是顺义王，但其属下却并非铁板一块，而是由各个部落组成，各有各的主张。大多数人和明朝生意做得好好的，压根儿不想打仗，如果贸然开战，想打的打了，不想打的也打了，实在是得不偿失。分化瓦解才是上策。

所以申时行反对。

当然，以申时行的水平，公开反对这种事，他是不会干的。夜深人静，独自起草，秘密上交，事情干得滴水不漏。

万历接到奏疏，认可了申时行的意见，同意暂不动兵，并命令他全权处理此事。

消息传开，一片哗然，但皇帝说不打，谁也没办法找皇帝算账。申时行先生也是一脸无辜：我虽是朝廷首辅，但皇帝不同意，我也没办法。

仗是不用打了，但这事还没完。申时行随即下令兵部尚书郑洛，在边界集结重兵，也不大举进攻，每天就在那里蹲着，别的部落都不管，专打扯立克，而且还专挑他的运输车队下手，抢了就跑。

这种打法毫无成本，且收益率极高，明军乐此不疲，扯立克却是叫苦不迭，实在撑不下去了，只得率部躲得远远的。就这样，不用大动干戈，不费一兵一卒，申时行轻而易举地解决了这个问题，恢复了边境的和平。

虽然张居正死后，朝局十分复杂，帮派林立，申时行却凭借着无人能敌的"混功"，应对自如，游刃有余。更为难能可贵的是，他不但自己能混，还无私地帮助不能混的同志，比如万历。

自从登基以来，万历一直在忙两件事，一是处理政务，二是搞臭张居正。从某种意义上讲，这两件事，其实是一件事。

因为张居正实在太牛了，当了二十六年的官，十年的"皇帝"（实际如此），名气比皇帝还大，虽然人死了，茶还烫得冒泡，所以不搞臭张居正，就搞不好政务。

但要干这件事，自己是无从动手的，必须找打手。万历很快发现，最好的打手，就是言官和大臣。

张居正时代，言官大臣都不吃香，被整得奄奄一息，现在万历决定，开闸，放狗。

事实上，这帮人的表现确实不错，如江东之、李植、羊可立等人，虽说下场不怎么样，但至少在工作期间，都尽到了狗的本分。

看见张居正被穷追猛打，万历很高兴；看见申时行被牵连，万历也不悲伤。因为在他看来，这不过是轻微的副作用，敲打一下申老师也好，免得他当首辅太久，再犯前任（张居正）的错误。

他解放言官大臣，指挥自若，是因为他认定，这些人将永远听从他的调遣。

然而，他并不知道，自己犯下了一个多么可怕的错误。因为就骂人的水平而言，言官大臣和街头骂街大妈，只有一个区别：大妈是业余的，言官大臣是职业的。

大妈骂完街后，还得回家洗衣做饭；言官大臣骂完这个，就会骂下一个。所以，当他们足够壮大之后，攻击的矛头将不再是死去的张居正，或是活着的申时行，而是至高无上的皇帝。

对言官和大臣们而言，万历确实有被骂的理由。

自从万历十五年（1587）起，万历就不怎么上朝了，经常是"偶有微疾"，开始还真是"偶有"，后来就变成常有，"微疾"也逐渐变成"头晕眼黑，力乏不兴"，总而言之，大臣们是越来越少见到他了。

必须说明的是，万历是不上朝，却并非不上班，事情还是要办，就好比说你早上起床，不想去单位，改在家里办公，除了不打考勤，少见几个人外，也没什么不同。后世一说到这位仁兄，总是什么几十年不干活之类，这要么是无意的误解，要么是有意的污蔑。

在中国当皇帝，收益高，想要啥就有啥，但风险也大，屁股上坐的那个位置，只要是人就想要。因此今天这里搞阴谋，明天那里闹叛乱，日子过得那叫一个悬，几天不看公文，没准儿刀就架在脖子上了。但凡在位者，除了个把弱智外，基本上都是怀疑主义者，见谁怀疑谁。

万历自然也不例外，事实上，他是一个权力欲望极强、工于心计的政治老手。所有的人都只看到他不上朝的事实，却无人察觉背后隐藏的奥秘。

在他之前，有无数皇帝每日上朝理政，费尽心力，日子过得极其辛苦，却依然是脑袋不保，而他几十年不上朝，谁都不见，却依然能够控制群臣，你说这人厉不厉害？

但言官大臣是不管这些的，在他们的世界观里，皇帝不但要办事，还要上班，哪怕屁事儿没有，你也得坐在那儿，这才叫皇帝。

万历自然不干，他不干的表现就是不上朝；言官大臣也不干，他们不干的表现就是不断上奏疏。此后的几十年里，他们一直在干同样的事情。

隐私问题

万历十四年（1586）十月，这场长达三十余年的战争正式拉开序幕。

当时的万历，基本上还属于上朝族，只是偶尔罢工而已，就这样，也没躲过去。

第一个上疏的，是礼部祠祭司主事卢洪春。按说第一个不该是他，因为这位仁兄主管的是祭祀，级别又低，平时也不和皇帝见面。

但这一切并不妨碍他上疏提意见，他之所以不满，不是皇帝不上朝，而是不祭祀。

卢洪春是一个很负责的人，发现皇帝不怎么来太庙，又听说近期经常消极怠工，便上疏希望皇帝改正。

本来是个挺正常的事，却被他搞得不正常。因为这位卢先生除了研究礼仪外，还学过医，有学问在身上，不显摆实在对不起自己，于是乎发挥其特长，写就奇文一篇，送呈御览。

第二天，申时行奉命去见万历，刚进去，就听到了这样的一句话：

"卢洪春这厮！肆言惑众，沽名讪上，好生狂妄！着锦衣卫拿在午门前，着实打六十棍！革了职为民当差，永不叙用！"

以上言辞，系万历同志之原话，并无加工。

很久很久以前，"这厮"两个字就诞生了，在明代的许多小说话本中，也频频出现，其意思依照现场情况，有各种不同的解释，从这家伙、这小子到这浑蛋、这王八蛋，不一而足。

但可以肯定的是，这俩字不是好话，是市井之徒的常用语，皇帝大人脱口而出，那是真的急了眼了。

这是可以理解的，因为卢洪春的那篇奏疏，你看你也急。

除了指责皇帝陛下不该缺席祭祀外，卢主事还替皇帝陛下担忧其危害：

"陛下春秋鼎盛，精神强固，头晕眼黑之疾，皆非今日所宜有。"

年纪轻轻就头晕眼黑，确实是不对的，确实应该注意，到此打住，也就罢了。

可是担忧完，卢先生就发挥医学特长：

"医家曰：气血虚弱，乃五劳七伤所致，肝虚则头晕目眩，肾虚则腰痛精泄。"

气血虚弱，肝虚肾虚，症状出来了，接着就是分析原因：

"以目前衽席之娱，而忘保身之术，其为患也深。"

最经典的就是这一句。

所谓衽席之娱，是指某方面的娱乐，相信大家都能理解。综合起来的意思是：

皇帝你之所以身体不好，在我看来，是因为过于喜欢某种娱乐，不知收敛保养，如此下去，问题非常严重。

说这句话的，不是万历他妈，不是他老婆，不是深更半夜交头接耳，天知地知，你知我知，而是一个管礼仪的六品官，在大庭广众之下公开上疏，且一言一语皆已千古流传。

再不收拾他，就真算白活了。

命令下达给了申时行，于是申时行为难了。

这位老油条十分清楚，如果按照万历的意思严惩卢洪春，言官们是不答应的；如果不处理，万历又不答应。

琢磨半天，想了办法。

他连夜动笔，草拟了两道文书，第一道是代万历下的，严厉斥责卢洪春，并将其革职查办。第二道是代内阁下的，上奏皇帝，希望能够宽恕卢洪春，就这么算了。

按照他的想法，两边都不得罪，两边都有交代。

事实证明，这只是幻想。

首先发作的是万历，这位皇帝又不是傻子，一看就明白申时行耍两面派，立即下令，即刻动手打屁股，不得延误。此外，他还不怀好意地暗示，午门很大，多个人不嫌挤。

午门就是执行廷杖的地方，眼看自己要去垫背，申时行随即更改口风，把卢洪春拉出去结结实实地打了六十棍。

马蜂窝就这么捅破了。

言官们很惭愧，一个礼部的业余选手，都敢上疏，勇于曝光皇帝的私生活，久经骂阵的专业人才竟然毫无动静，还有没有职业道德？

于是大家群情激愤，以给事中杨廷相为先锋，十余名言官一拥而上，为卢洪春喊冤翻案。

面对漫天的口水和奏疏，万历毫不退让。事实上，这是一个极端英明的抉择：一旦让步，从宽处理了卢洪春，那所谓"喜欢某种娱乐，不注意身体"的黑锅，就算是背定了。

但驳回去一批，又来一批，言官们踊跃发言，热烈讨论，反正闲着也是闲着，不说白不说。

万历终于恼火了，他决定罚款，带头闹事的主犯罚一年工资，从犯八个月。

对言官而言，这个办法很有效果。

在明代，对付不同类别的官员，有不同的方法：要折腾地方官，一般都是降职，罚工资没用，因为这帮人计划外收入多，工资基本不动，罚光了都没事。

言官就不同了，他们都是靠死工资的，没工资，日子就没法过，一家老小只能去喝西北风，故十分害怕这一招。

于是风波终于平息，大家都消停了。

但这只是表面现象，对此，申时行有很深的认识。作为天字第一号混事的高手，他既不想得罪领导，又不想得罪同事，为实现安定团结，几十年如一日地和稀泥。然而，随着事件的进一步发展，他逐渐意识到，和稀泥的幸福生活长不了。

因为万历的生活作风，是一天不如一天了。

事实上，卢洪春的猜测很可能是正确的，二十多岁的万历之所以不上朝，应该是沉迷于某种娱乐，否则实在很难解释，整天在宫里待着，到底有啥乐趣可言。

说起来，当年张居正管他也实在管得太紧，啥也不让干，吃个饭喝点儿酒都得看着，就好比高考学生拼死拼活熬了几年，一朝拿到录取通知书，革命成功，自然就完全解放了。

万历同志在解放个人的同时，也解放了大家，火烧眉毛的事情（比如打仗、阴谋叛乱之类），看一看，批一批，其余的事，能不管就不管，上朝的日子越来越少。

申时行很着急,但这事又不好公开讲,于是他灵机一动,连夜写就了一封奏疏。在我看来,这封文书的和稀泥技术,已经达到了登峰造极的地步。

文章大意是这样的:

皇帝陛下,我听说您最近身体不好,经常头晕眼花(时作晕眩),对此我十分担心。我知道,您这是劳累所致啊,由于您经常熬夜工作,亲力亲为(一语双关,佩服),才会身体不好。为了国家,希望您能够清心寡欲,养气宁神(原文用词),好好保重身体。

高山仰止,自惭形秽之感,油然而生。

对于这封奏疏,万历还是很给了点儿面子,他召见了申时行,表示明白他的苦心,良药虽然苦口,却能治病,今后一定注意。申时行备感欣慰,兴高采烈地走了。

但这只是错觉,因为在这个世界上,能够药到病除的药只有一种——毒药。

事实证明,万历确实不是一般人,因为一般人被人劝,多少还能改几天,他却是一点儿不改,每天继续加班加点,从事自己热爱的娱乐。据说还变本加厉,找来了十几个小太监,陪着一起睡(同寝),也算是开辟了新品种。

找太监这一段,史料多有记载,准确性说不好,但有一点是肯定的,那就是万历同志依旧是我行我素,压根儿不给大臣们面子。

既然不给脸面,那咱就有撕破脸的说法。

万历十七年(1589)十二月,明代,不,是中国历史上胆最大、气最足的奏疏问世了,其作者,是大理寺官员雒于仁。

雒于仁,字少泾,陕西泾阳人。纵观明、清两代,陕西考试不大行,但人都比较实在,既不慷慨激昂,也不啰啰唆唆,说一句是一句,天王老子也敢顶。

比如后世的大贪污犯和珅,最得意的时候,上有皇帝撑腰,下有大臣抬轿,什么纪晓岚、刘墉,全都服服帖帖、老老实实靠边站,所谓"智斗"之类,大都是后人胡编的，可谓一呼百应。而唯一不应的，就是来自陕西的王杰。每次和珅说话，文武百官都夸，王杰偏要顶两句，足足恶心了和珅十几年，但和珅又抓不到他的把柄，也只能是"厌之而不能去"（《清史稿》）。

雒于仁就属于这类人，想什么就说什么，从不怕得罪人，而且他的这个习惯，还有家族传统：

雒于仁的父亲，叫作雒遵，当年曾是高拱的学生，干过吏科都给事中。冯保得势的时候，骂过冯保，张居正得势的时候，骂过谭纶（张居正的亲信），为人一向高傲，平生只佩服一人，名叫海瑞。

有这么个父亲，雒于仁自然不是孬种，加上他家虽世代为官，却世代不捞钱，穷日子过惯了，光脚的不怕穿鞋的，不怕罚工资，不怕降职，看不惯皇帝了，就要骂。随即一挥而就，写下奇文一篇，后世俗称为"酒色财气疏"。

该文主旨明确，开篇即点明中心思想：

"陛下之恙，病在酒色财气者也，夫纵酒则溃胃，好色则耗精，贪财则乱神，尚气则损肝。"

这段话用今天的话讲，就是说皇上你确实有病，什么病呢？你喜欢喝酒，喜欢玩女人，喜欢捞钱，还喜欢动怒耍威风，酒色财气样样俱全，自然就病了。

以上是全文的论点。接下来的篇幅，是论据，描述了万历同志在喝酒、玩女人方面的具体表现，逐一论证以上四点的真实性和可靠性，比较长，就不列举了。

综观此文，下笔之狠，骂法之全，真可谓是鬼哭狼嚎，就骂人的狠度和深度而言，雒于仁已经全面超越了海瑞前辈。雒遵同志如果在天有灵，应该可以瞑目了。

更缺德的是，雒于仁的这封奏疏是十二月（农历）底送上去的，搞得万历自从收到这封奏疏，就开始骂，不停地骂，没日没夜地骂，骂得新年都没过好。

骂过瘾后，就该办人了。

万历十八年（1590）正月初一，按照规矩，内阁首辅应该去宫里拜年，当然也不是真拜，到宫门口鞠个躬就算数。但这一次，申时行刚准备走人，就被太监给叫住了。

此时，雒于仁的奏疏已经传遍内外，申先生自然知道怎么回事，不用言语就进了宫，看到了气急败坏的皇帝。双方展开了一次别开生面的对话（以下言语，皆出自申时行的原始记录）：

万历："先生看过奏本（指雒于仁的那份），说朕酒色财气，试为朕评一评。"

申时行：……（还没说话，即被打断）

万历："他说朕好酒，谁人不饮酒？……又说朕好色，偏宠贵妃郑氏（著名的郑贵妃），朕只因郑氏勤劳……何曾有偏？"

喘口气，接着说：

"他说朕贪财……朕为天子，富有四海之内，普天之下莫非王土，天下之财皆朕之财！又说朕尚气……勇即是气，朕岂不知！人孰无气！"

这口气出完了，最后得出结论：

"先生将这奏本去票拟重处！"

申时行这才搭上话：

"此无知小臣误听道路之言……"（说到此处，又被打断）

万历大喝一声：

"他就是出位沽名！"

申时行傻眼了，他在朝廷混了几十年，从未见过这幅场景，皇帝大人一副吃人的模样，越说越激动，唾沫星子横飞，这样下去，恐怕要出大事。

于是他闭上了嘴，开始紧张地思索对策。

既不能让皇帝干掉雒于仁，也不能不让皇帝出气，琢磨片刻，稀泥和好了。

"他（指雒于仁）确实是为了出名（先打底），但陛下如果从重处罚他，却恰恰帮他成了名，反损皇上圣德啊！"

"如果皇上宽容，不和他去一般见识，皇上的圣德自然天下闻名！"（继续戴高帽）

在这堆稀泥面前，万历同志终于消了气：

"这也说得是，如果和他计较，倒不是损了朕的德行，而是损了朕的气度！"

上钩了，再加最后一句：

"皇上圣度如天地一般，何所不容！"（圆满收工）

万历沉默地点了点头。

话说到这儿，事情基本就算完了。申时行定定神，突然想起了另一件事，一件极为重要的事。

他决定趁此机会，解决此事。

然而，他正准备开口，却又听见了一句怒斥：

"朕气他不过，必须重处！"

万历到底是年轻人，虽然被申时行和了一把稀泥，依然不肯甘休，这会儿回过味来，又绕回去了。

这事还他娘没完了，申时行头疼不已，但再头疼，事情总得解决，如果任由万历发作胡来，后果将不堪设想。

在这关键的时刻，申时行再次展现了他举世无双的混事本领，琢磨出了第二套和稀泥方案：

"陛下，此奏本（雒于仁）原本就是讹传，如果要重处雒于仁，必定会将此奏本传之四方，反而做了实话啊！"

利害关系说完，接下来该掏心窝了：

"其实原先我等都已知道此奏疏，却迟迟不见陛下发阁（内阁）惩处（学名：留中），我们几个内阁大学士在私底下都互相感叹，陛下您胸襟宽广，实在是超越千古啊！"（马屁与说理相结合）

"所以以臣等愚见，陛下不用处置此事，奏疏还是照旧留存吧，如此陛下之宽容必定能留存史书，传之后世，千秋万代都称颂陛下是尧舜之君，是大大的好事啊！"

据说拍马屁这个行当，最高境界是两句古诗，所谓"随风潜入夜，润物细无声"，在我看来，申时行做到了。

但申先生还是低估了万历的二杆子性格，他话刚讲完，万历又是一声大吼：

"如何设法处置他？只是气他不过！"

好话说一堆，还这么个态度，那就不客气了：

"此本不可发出，也无他法处之，还望皇上宽恕，容臣等传谕该寺堂官（大理寺高级官员），使之去任可也。"

这意思就是，老子不和稀泥了，明白告诉你，骂你的这篇文章不能发，也没办法处理，最多我去找他们领导，把这人免职了事，你别再闹了，闹也没用。

很明显，万历虽然在气头上，却还是很识趣的。他清楚，目前形势下，自己不能把雒于仁怎么样，半天一言不发。申时行明白，这是默认。

万历十八年（1590）的这场惊天风波就此了结，雒于仁骂得皇上一无是处，青史留名，却既没掉脑袋，也没有挨板子，拍拍屁股就走人了。而气得半死的万历终于认定，言官就是浑蛋，在此后的几十年里，他都保持着相同的看法。

最大的赢家无疑是申时行，他保护了卢洪春、保护了雒于仁，安抚了言官大臣，也没有得罪皇帝，使两次危机成功化解，无愧为和稀泥的绝顶高手。

自万历十一年（1583）执政以来，申时行经历了无数考验，无论是上司还是同僚，他都应付自如。七年间，上哄皇帝，下抚大臣，即使有个把不识趣、不配合的，也被他轻轻松松地解决掉，混得可谓如鱼得水。

然而正是这一天，万历十八年（1590）正月初一，在解决完最为棘手的雒于仁问题后，他的好运将彻底结束。

因为接下来，他说了这样一句话：

"臣等更有一事奏请。"

虽然雒于仁的事十分难办，但和申时行即将提出的这件事相比，只能说是微不足道。

他所讲的事情，影响了无数人的一生，以及大明王朝的国运，而这件事情，在历史上有个专用名词：争国本。

第三章

游戏的开始

经李大后挑选,张居正认可,十四岁的万历娶了老婆,并册立为皇后。不过对万历而言,这不是个太愉快的事情。因为这个老婆是指认的,什么偶然邂逅、自由恋爱都谈不上。某月某天,突然拉来一女的,无须吃饭看电影,就开始办手续,经过无数道烦琐程序仪式,然后正式宣告。从今以后,她就是你的老婆了。包办婚姻

在张居正管事的前十年，万历既不能执政，也不能管事，甚至喝酒胡闹都不行，但他还有一项基本的权利——娶老婆。

万历六年（1578），经李太后挑选，张居正认可，十四岁的万历娶了老婆，并册立为皇后。

不过对万历而言，这不是个太愉快的事情，因为这个老婆是指认的，什么偶然邂逅、自由恋爱都谈不上，某月某天，突然拉来一女的，无须吃饭看电影，就开始办手续，经过无数道烦琐程序仪式，然后正式宣告，从今以后，她就是你的老婆了。

包办婚姻，纯粹的包办婚姻。

虽然是凑合婚姻，但万历的运气还不错，因为他的这个老婆相当凑合。

万历皇后王氏，浙江人，属传统贤妻型，而且为人乖巧，定位明确，善于关键时刻抓关键人，进宫后皇帝都没怎么搭理，先一心一意服侍皇帝他妈，早请示、晚汇报，把老太太伺候好了，婆媳问题也就解决了。

此外，她还是皇帝的办公室主任，由于后来万历不上朝，喜欢在家里办公，公文经常堆得到处都是，她都会不动声色地加以整理，一旦万历找不着了，她能够立即说出公文放在何处，何时、由何人送入。在生活上，她对皇帝大人也是关怀备至，是优秀的秘书、老婆两用型人才。

这是一个似乎无可挑剔的老婆，除了一个方面——她生不出儿子。

古人有云：不孝有三，无后为大。虽说家里有一堆儿子，最后被丢到街上的也不在少数，但既然是古人云，大家就只好人云亦云，生不出儿子，皇后也是白搭。于是万历九年（1581）的时候，在李太后的授意下，万历下达旨意：命令各地选取女子，以备挑选。

其实算起来，万历六年（1578）两人结婚的时候，万历只有十四岁，到万历九年（1581）的时候，也才十七岁，连枪毙都没有资格，就逼着要儿子，似乎有点儿不地道。但这是一般人的观念，皇帝不是一般人，观念自然也要超前，生儿子似乎也得比一般人急。

但旨意传下去，被张居正挡了回来，并且表示，此令绝不可行。

不要误会，张先生的意思并非考虑民间疾苦，不可行，是行不通。

到底是首辅大人老谋深算，据说他刚看到这道旨意，便下断言：如按此令下达，决然无人可挑。

俗话说，一入侯门深似海，何况是宫门，辛辛苦苦养大的女儿送进去，就好比黄金周的旅游景点，丢进人堆就找不着了，谁也不乐意。那些出身名门、长相漂亮的自然不来，万一拉上来的都是些歪瓜裂枣，恶心了皇帝大人，这个黑锅谁来背？

可是皇帝不能不生儿子，不能不找老婆，既要保证数量，也要确保质量，毕竟你要皇帝大人将就将就，似乎也是勉为其难。

事情很难办，但在张居正大人的手中，就没有办不了的事，他脑筋一转，加了几个字：原文是"挑选入宫"，大笔一挥，变成了"挑选入宫，册封嫔妃"。

事情就这么解决了，因为说到底，入不入宫，也是个成本问题。万一进了宫啥也混不上，几十年没人管，实在不太值。在入宫前标明待遇，肯定级别，给人家个底线，自然就都来了。

这就是水平。

但连张居正都没想到，他苦心琢磨的这招，竟然还是没用上。

因为万历自己把这个问题解决了。

就在挑选嫔妃的圣旨下达后，一天，万历闲来无事，去给李太后请安。完事后，准备洗把脸，就叫人打盆水来。

水端来了，万历一边洗着手，一边四处打量，打量来，打量去，就打量上了这个端脸盆的宫女。

换在平常，这类人万历是一眼都不看的，现在不但看了，而且还越看越顺眼，顺眼了，就开始搭讪。

就搭讪的方式而言，皇帝和街头小痞子是没什么区别的，无非是你贵姓，哪里人，等等。但差异在于，小痞子搭完话，该干吗还干吗，皇帝就不同了。

几句话搭下来，万历感觉不错，于是乎头脑一热，就幸了。

皇帝非凡人，所以幸了之后的反应也不同于凡人，不用说什么一时冲动之类的话，拍拍屁股就走人了。不过，万历还算厚道，临走时，赏赐她一副首饰。这倒也未必是他有多大觉悟，而是宫里的规定：但凡临幸，必赐礼物。

因为遵守这个规定，他后悔了很多年。

就万历而言，这是一件小事，皇帝嘛，幸了就幸了，感情是谈不上的，事实上，此人姓甚名谁，他都未必记得。

这个宫女姓王，他很快就将牢牢记住。因为在不久之后，王宫女意外地发现，自己怀孕了。

这个消息很快就传到了万历那里，他非但不高兴，反而对此守口如瓶，绝口不提。

因为王宫女地位低，且并非什么沉鱼落雁之类的人物，一时兴起而已，万历不打算认这账，能拖多久是多久。

但这位仁兄明显打错了算盘，上朝可以拖，政务可以拖，怀孕拖到最后，是要出人命的。

随着王宫女的肚子一天天大起来，知道这件事的人也一天天多起来，最后，太后知道了。

于是，她叫来了万历，向他询问此事。

万历的答复是沉默，他沉默的样子，很有几分流氓的风采。

然而，李太后对付此类人物，一向颇有心得，当年如高拱、张居正之类的老手都应付过去了，刚入行的新流氓万历自然不在话下。既然不说话，就接着问。

装哑巴是行不通了，万历随口打哈哈，就说没印象了，打算死不认账。

万历之所以有恃无恐，是因为这种事一般都是你知我知，现场没有证人，即使有证人，也不敢出来（偷窥皇帝，是要命的）。

他这种穿上裤子就不认人的态度彻底激怒了李太后，于是，她找来了证人。

这个证人的名字，叫"内起居注"。

在古代文书中，起居注是皇帝日常言行的记录，比如今天干了多少活，去了多少地方，是第一手的史料来源。

但起居注记载的，只是皇帝的外在工作情况，是大家都能看见的，而大家看不见的那部分，就是内起居注。

内起居注记载的，是皇帝在后宫中的生活情况，比如去到哪里，和谁见面，干了些什么。当然，鉴于场所及皇帝工作内容的特殊性，其实际记录者不是史官，而是太监。所谓外表很天真，内心很暴力，只要翻一翻内外两本起居注，基本都能搞清楚。

由于具有生理优势，太监可以出入后宫，干这类事情也方便得多，皇帝到哪里，就跟到哪里（当然，不宜太近），皇帝进去开始工作，太监在外面等着，等皇帝出来，就开始记录：某年某月某日，皇帝来到某后妃处，某时进，某时出，特此记录，存入档案。

皇帝工作，太监记录，这是后宫的优良传统。事实证明，这一规定是极其有效，且合理的。

因为后宫人太多，皇帝也不记数，如王宫女这样的邂逅，可谓比比皆是。实际上，皇帝乱搞并不重要，重要的，是乱搞之后的结果。

如果宫女或后妃恰好怀孕，生下了孩子，这就是龙种，要是儿子，没准就是下一任皇帝，万一到时没有原始记录，对不上号，那就麻烦了。

所以记录工作十分重要。

但这项工作，还有一个漏洞，因为事情发生的时候，只有皇帝、太监、后妃（宫女）三人在场，事后一旦有了孩子，后妃自然一口咬定，是皇帝干的，而皇帝一般都不记得是不是自己干的。

最终的确定证据，就是太监的记录。但问题在于，太监也是人，也可能被人收买，如果后妃玩花样，或是皇帝不认账，太监就没有公信力。

所以宫中规定，皇帝工作完毕，要送给当事人一件物品，而这件物品，就是证据。

李太后拿出了内起居注，翻到了那一页，交给了万历。

一切就此真相大白，万历只能低头认账。

万历十年（1582），上车补票的程序完成，王宫女的地位终于得到了确认，她挺着大肚子，接受了恭妃的封号。

两个月后，她不负众望，生下了一个儿子，是为万历长子，取名朱常洛。

消息传来，举国欢腾，老太太高兴，大臣们也高兴，唯一不高兴的，就是万历。

因为他对这位恭妃，并没有太多的感情，对这个意外出生的儿子，自然也谈不上喜欢。更何况，此时他已经有了德妃。

德妃，就是后世俗称的郑贵妃，北京大兴人，万历元年（1573）进宫，颇得皇帝喜爱。

在后来的许多记载中，这位郑贵妃被描述成一个相貌妖艳、阴狠毒辣的女人，但在我看来，相貌妖艳还有可能，阴狠毒辣实在谈不上。在此后几十年的后宫斗争中，此人手段之拙劣，脑筋之愚蠢，反应之迟钝，实在令人发指。

综合史料分析，其智商水平，也就能到菜市场骂个街而已。

可是万历偏偏就喜欢这个女人，经常前去留宿，而郑妃的肚子也相当争气，万历十一年（1583）生了个女儿，虽然不能接班，但万历很高兴，竟然破格提拔，把她升为了贵妃。

这是一个不祥的先兆，因为在后宫中，贵妃的地位要高于其他妃嫔，包括生了儿子的恭妃。

而这位郑贵妃的个人素养也实在很成问题，当上了后妃领导后，除了皇后，谁都瞧不上，特别是恭妃，经常被她称作老太婆。横行宫中，专横跋扈，十分好斗。

难能可贵的是，贵妃同志不但特别能战斗，还特别能生。万历十四年（1586），她终于生下了儿子，取名朱常洵。

这位朱常洵，就是后来的福王。按郑贵妃的想法，有万历当靠山，这孩子生出来，就是当皇帝的，但她做梦也想不到，几十年后，自己这个宝贝儿子会死在屠刀之下，挥刀的人，名叫李自成。

但在当时，这个孩子的出生，确实让万历欣喜异常。他本来就不喜欢长子朱常洛，打算换人，现在替补来了，怎能不高兴？

然而，他很快就将发现，皇帝说话，不一定算数。

吸取了以往一百多年里，自己的祖辈与言官大臣斗争的丰富经验，万历没敢过早暴露目标，绝口不提换人的事，只是静静地等待时机成熟，再把生米煮成熟饭。

可还没等米下锅，人家就打上门来了，而且还不是言官。

万历十四年三月，内阁首辅申时行上奏：望陛下早立太子，以定国家之大计，固千秋之基业。

老狐狸就是老狐狸，自从郑贵妃生下朱常洵，申时行就意识到了隐藏的危险，他知道，自己的这个学生想干什么。

凭借多年的政治经验，他也很清楚，如果这么干了，迎面而来的，必定是史无前例的惊涛骇浪。从此，朝廷将永无宁日。

于是他立即上疏，希望万历早立长子，言下之意是，我知道你想干吗，但这事不能干，你趁早断了这念头，早点儿洗了睡吧。

其实申时行的本意，倒不是要干涉皇帝的私生活：立谁都好，又不是我儿子，与我何干？之所以提早打预防针，实在是出于好心，告诉你这事干不成，早点儿收手，免得到时受苦。

可是他的好学生似乎打定主意，一定要吃苦，收到奏疏，只回复了一句话：

"长子年纪还小，再等个几年吧。"

学生如此不开窍，申时行只得叹息一声，扬长而去。

但这一次，申老师错了，他低估了对方的智商。事实上，万历十分清楚这封奏疏的隐含意义。只是在他看来，皇帝毕竟是皇帝，大臣毕竟是大臣，能坚持到底，就是胜利。此即所谓，明知山有虎，偏向虎山行。

但一般说来，没事上山找老虎玩的，只有两种人，一种是打猎，一种是自尽。

话虽如此，万历倒也不打无把握之仗，在正式亮出匕首之前，他决定玩一个花招。

万历十四年三月，万历突然下达谕旨：郑贵妃劳苦功高，升任皇贵妃。

消息传来，真是粪坑里丢炸弹，分量十足，朝廷上下议论纷纷，群情激愤。

因为在后宫中，皇贵妃仅次于皇后，算第二把手，且历朝历代，能获此殊荣者少之又少（生下独子或在后宫服务多年）。

按照这个标准，郑贵妃是没戏的。因为她入宫不长，且皇帝之前已有长子，没啥突出贡献，无论怎么算都轮不到她。

万历突然来这一招，真可谓是煞费苦心，首先可以借此提高郑贵妃的地位，子以母贵，母亲是皇贵妃，儿子的名分也好办。其次还能借机试探群臣的反应，今天我提拔孩子他妈，你们同意了，后天我就敢提拔孩子，咱们慢慢来。

算盘打得很好，可惜只是掩耳盗铃。

要知道，在朝廷里混事的这帮人，个个都不简单：老百姓家的孩子，辛辛苦苦读几十年书，考得死去活来，进了朝廷，再被踩个七荤八素，这才修成正果。生肖都是属狐狸的，嗅觉极其灵敏，擅长见风使舵、无事生非，皇帝玩的这点儿小把戏，在他们面前也就是个笑话，傻子才看不出来。

更为难得的是，明朝的大臣们不但看得出来，还豁得出去，第一个出头的，是户部给事中姜应麟。

相对而言，这位仁兄还算文明，不说粗话，也不骂人，摆事实、讲道理：

"皇帝陛下，听说您要封郑妃为皇贵妃，我认为这是不妥的。恭妃先生皇长子，郑妃生皇三子（中间还有一个，夭折了），先来后到，恭妃应该先封。如果您主意已定，一定要封，也应该先封恭妃为贵妃，再封郑妃皇贵妃，这样才算合适。

"此外，我还认为，陛下应该尽早立皇长子为太子，这样天下方才能安定。"

万历再一次愤怒了。这可以理解，苦思冥想几天，好不容易想出个绝招，自以为得意，没想到人家不买账，还一言点破自己的真实意图，实在太伤自尊。

为挽回面子，他随即下令，将姜应麟免职外放。

好戏就此开场，一天后，吏部员外郎沈璟上疏，支持姜应麟，万历二话不说，撤了他的职。几天后，吏部给事中杨廷相上疏，支持姜应麟、沈璟，万历对其撤职处理。又几天后，刑部主事孙如法上疏，支持姜应麟、沈璟、杨廷相，万历同志不厌其烦，下令将其撤职发配。

在这场斗争中，明朝大臣们表现出了无畏的战斗精神，不怕降级，不怕撤职，不怕发配，个顶个地扛着炸药包往上冲，前仆后继，人越闹越多，事越闹越大，中央的官不够用了，地方官也上疏凑热闹，搞得一塌糊涂，乌烟瘴气。

然而，事情终究还是办成了，虽然无数人反对，无数人骂仗，郑贵妃还是变成了郑皇贵妃。

争得天翻地覆，该办的事还是办了，万历十四年三月，郑贵妃正式册封。

这件事情的成功解决给万历留下了这样一个印象：自己想办的事情，是能够办成的。

这是一个悲剧性的判断。

然而此后，在册立太子的问题上，万历确实消停了——整整消停了四年多，当然，不闹事，不代表不挨骂。事实上，在这四年里，言官们非常尽责，他们找到了新的突破口——皇帝不上朝，并以此为契机，在雒于仁等模范先锋的带领下，继续奋勇前进。

但总体而言，小事不断，大事没有，安定团结的局面依旧。

直到这历史性的一天：万历十八年（1590）正月初一。

解决雒于仁事件后，申时行再次揭开了盖子：

"臣等更有一事奏请。"

"皇长子今年已经九岁，朝廷内外都认为应册立为太子，希望陛下早日决定。"

在万历看来，这件事比雒于仁的酒色财气疏更头疼，于是他接过了申时行刚刚用过的铁锹，接着和稀泥：

"这个我自然知道。我没有嫡子（皇后的儿子），长幼有序，其实郑贵妃也多次让我册立长子，但现在长子年纪还小，身体也弱，等他身体强壮些后，我才放心啊。"

这段话说得很有水平，按照语文学来分析，大致有三层意思。

第一层先说自己没有嫡子,是说我只能立长子,然后又讲长幼有序,是说我不会插队,但说来说去,就是不说要立谁。接着又把郑贵妃扯出来,搞此地无银三百两。

最后语气一转,得出结论:虽然我只能立长子、不会插队,老婆也没有干涉此事,但考虑到儿子太小,身体太差,暂时还是别立了吧。

这招糊弄别人可能还行,对付申时行就有点儿滑稽了,和了几十年稀泥,哪排得上你小子?

于是申先生将计就计,说了这样一句话:

"皇长子已经九岁,应该出阁读书了,请陛下早日决定此事。"

这似乎是一件完全不相干的事情,但事实绝非如此,因为在明代,皇子出阁读书,就等于承认其为太子。申时行的用意非常明显:既然你不愿意封他为太子,那让他出去读书总可以吧,形式不重要,内容才是关键。

万历倒也不笨,他也不说不读书,只是强调人如果天资聪明,不读书也行。申时行马上反驳,说即使人再聪明,如果没有人教导,也是不能成才的。

就这样,两位仁兄从继承人问题到教育问题,你来我往,互不相让,闹到最后,万历烦了:

"我都知道了,先生你回去吧!"

话说到这个份儿上,也只好回去了,申时行离开了宫殿,向自己家走去。

然而,当他刚刚踏出宫门的时候,却听到了身后急促的脚步声。

申时行转身,看见了一个太监,他带来了皇帝的谕令:

"先不要走,我已经叫皇长子来了,先生你见一见吧。"

十几年后,当申时行在家撰写回忆录的时候,曾无数次提及这个不可思议的场景以及此后那奇特的一幕,终其一生,他也未能猜透万历的企图。

申时行不敢怠慢,即刻回到了宫中,在那里,他看见了万历和他的两个儿子,皇长子朱常洛,以及皇三子朱常洵。

但给他留下最深刻印象的，却并非这两个皇子，而是此时万历的表情。没有愤怒，没有狡黠，只有安详与平和。

他指着皇长子，对申时行说：

"皇长子已经长大了，只是身体还有些弱。"

然后他又指着皇三子，说道：

"皇三子已经五岁了。"

接下来的，是一片沉默。

万历平静地看着申时行，一言不发，此时的他，不是一个酒色财气的昏庸之辈，不是一个暴跳如雷的使气之徒。

他是一个父亲，一个看着子女不断成长、无比欣慰的父亲。

申时行知道机会来了，于是他打破了沉默：

"皇长子年纪已经大了，应该出阁读书。"

万历的心意似乎仍未改变：

"我已经指派内侍教他读书。"

事到如今，只好豁出去了：

"皇上您在东宫的时候，才六岁，就已经读书了。皇长子此刻读书，已经晚了！"

万历的回答并不愤怒，却让人哭笑不得：

"我五岁就已能读书！"

申时行知道，在他的一生中，可能再也找不到一个更好的机会，去劝服万历，于是他做出了一个惊人的举动。

他上前几步，未经许可，便径自走到了皇长子的面前，端详片刻，对万历由衷地说道：

"皇长子仪表非凡，必成大器，这是皇上的福分啊，希望陛下能够早定大计，朝廷幸甚！国家幸甚！"

万历十八年正月初一，在愤怒、沟通、争执后，万历终于第一次露出了笑容。

万历微笑地点点头，对申时行说道：

"这个我自然知道。其实郑贵妃也劝过我早立长子，以免外人猜疑，我没有嫡子，册立长子是迟早的事情啊。"

这句和缓的话，让申时行感到了温暖，儿子出来了，好话也说了，虽然也讲几句什么郑贵妃支持，没有嫡子之类的屁话，但终究是表了态。

形势大好，然而接下来，申时行却一言不发，行礼之后便退出了大殿。

这正是他的绝顶聪明之处，点到即止，见好就收，今天先定调，后面再来。

但他无论如何也想不到，这次和谐的对话，不但史无前例，而且后无来者。"争国本"事件的严重性，将远远超出他的预料，因为决定此事最终走向的，既不是万历，也不会是他。

谈话结束后，申时行回到了家中，开始满怀希望地等待万历的圣谕，安排皇长子出阁读书。

可是一天天过去了，希望变成了失望，到了月底，他坐不住了，随即上疏，询问皇长子出阁读书的日期。这意思是说，当初咱俩谈好的事，你得守信用，给个准信。

但是万历似乎突然失忆，啥反应都没有，申时行等了几天，一句话都没有等到。

既然如此，那就另出新招。几天后，内阁大学士王锡爵上疏：

"陛下，其实我们不求您立刻册立太子，只是现在皇长子九岁，皇三子已五岁，应该出阁读书。"

不说立太子，只说要读书，而且还把皇三子一起拉上，由此而见，王锡爵也是个老狐狸。

万历那边却似乎是人死绝了，一点儿消息也没有，王锡爵等了两个月，石沉大海。

到了四月，包括申时行在内，大家都忍无可忍了，内阁四名大学士联名上疏，要求册立太子。

尝到甜头的万历故伎重演：无论你们说什么，我都不理，我是皇帝，你们能把我怎么样？

但他实在低估了手下的这帮老油条，对付油盐不进的人，他们一向都是有办法的。

几天后，万历同时收到了四份奏疏，分别是申时行、王锡爵、许国、王家屏四位内阁大学士的辞职报告，理由多种多样，有说身体不好，有说事务繁忙、难以继任的，反正一句话：不干了。

自万历退居二线以来，国家事务基本全靠内阁，内阁一共就四个人，要是都走了，万历就得累死。

没办法，皇帝大人只好现身，找内阁的几位同志谈判，好说歹说，就差求饶了，并且当场表态，会在近期解决这一问题。

内阁的几位大人总算给了点儿面子，一番交头接耳之后，上报皇帝：病的还是病，忙的还是忙，但考虑到工作需要，王家屏大学士愿意顾全大局，继续干活。

万历窃喜。

因为这位兄弟的策略，叫拖一天是一天，拖到这帮老家伙都退了，皇三子也大了，到时木已成舟，不同意也得同意。这次内阁算是上当了。

然而上当的人，是他。

因为他从未想过这样一个问题：为什么留下来的，偏偏是王家屏呢？

王家屏，山西大同人，隆庆二年（1568）进士。简单地说，这是个不上道的人。

王家屏的科举成绩很好，被选为庶吉士，还编过《世宗实录》，应该说是很有前途的，可一直以来，他都没啥进步。原因很简单，高拱当政的时候，他曾上疏弹劾高拱的亲戚，高首辅派人找他谈话，让他给点儿面子，他说，不行。

张居正当政的时候，他搞非暴力不合作，照常上班，就是不靠拢上级。张居正刚病倒的时候，许多人都去祈福，表示忠心，有人拉他一起去，他说，不去。

张居正死了，万历十二年（1584），他进入内阁，成为大学士，此时的内阁，已经有了申时行、王锡爵、许国三个人，他排第四。按规矩，这位甩尾巴的新人应该老实点儿，可他偏偏是个异类，每次内阁讨论问题，即使大家都同意，他觉得不对，就反对；即使大家都反对，他觉得对，就同意。

他就这么在内阁里硬挺了六年，谁见了都怕，申时行拿他也没办法。更有甚者，写辞职信时，别人的理由都是身体有病，工作太忙，他却别出一格，说是天下大旱，作为内阁成员，负有责任，应该辞职（久旱乞罢）。

把他留下来，就是折腾万历的。

几天后，礼部尚书于慎行上疏，催促皇帝册立太子，语言比较激烈。万历也比较生气，罚了他三个月工资。

事情的发生，应该还算正常，不正常的，是事情的结局。

换在以往，申时行已经开始挥舞铁锹和稀泥了，先安慰皇帝，再安抚大臣，最后你好我好大家好，收工。

相比而言，王家屏要轻松得多，因为他只有一个意见——支持于慎行。

工资还没扣，他就即刻上疏，为于慎行辩解，说了一大通道理，把万历同志的脾气活活顶了回去。但更让人惊讶的是，这一次，万历没有发火。

因为他发不了火，事情很清楚，内阁四个人，走了三个，留下来的这个，还是个二杆子，明摆着是要为难自己。而且这位坚持战斗的王大人还说不得，再闹腾一次，没准儿就走人了，到时谁来收拾这个烂摊子？

可是光忍还不够，言官大臣赤膊上阵，内阁打黑枪，明里暗里都来，比逼宫还狠，不给个说法，是熬不过去了。

几天后，一个太监找到了王家屏，向他传达了皇帝的谕令：

"册立太子的事情，我准备明年办，不要再烦（扰）我了。"

王家屏顿时喜出望外，然而，这句话还没有讲完：

"如果还有人敢就此事上疏，就到十五岁再说！"

朱常洛是万历十年（1582）出生的，万历发出谕令的时间是万历十八年（1590），所以这句话的意思是说，如果你们再敢闹腾，这事就六年后再办！

虽然不是无条件投降，但终究还是有了个说法，经过长达五年的斗争，大臣们胜利了——至少他们自己这样认为。

事情解决了，王家屏兴奋了，兴奋之余，就干了一件事。

他把皇帝的这道谕令告诉了礼部，而第一个获知消息的人，正是礼部尚书于慎行。

于慎行欣喜若狂，当即上疏告诉皇帝：

"此事我刚刚知道，已经通报给朝廷众官员，要求他们耐心等候。"

万历气得差点儿吐了白沫。

因为万历给王家屏的，并不是正规的圣旨，而是托太监传达的口谕，看上去似乎没区别，但事实上，这是一个有深刻政治用意的举动。

其实在古代，"君无戏言"这句话基本是胡扯，皇帝也是人，时不时编个瞎话，吹吹牛，也很正常，真正说了就要办的，只有圣旨。白纸黑字写在上面，糊弄不过去。所以万历才派太监给王家屏传话，而他的用意很简单：这件事情我心里有谱，但现在还不能办，先跟你通个气，以后遇事别跟我对着干，咱们慢慢来。

皇帝大人原本以为，王大学士好歹在朝廷混了几十年，这点觉悟应该还有，可没想到，这位一根筋的仁兄竟然把事情捅了出去，密谈变成了公告，被逼上梁山了。

他当即派出太监，前去内阁质问王家屏，却得到了一个让他意想不到的答案。

王家屏是这样辩解的：

"册立太子是大事，之前许多大臣都曾因上疏被罚，我一个人定不了，又被许多大臣误会，只好把陛下的旨意传达出去，以消除大家的疑虑（以释众惑）。"

这番话的真正意思大致是这样的：我并非不知道你的用意，但现在我的压力也很大，许多人都在骂我，我也没办法，只好把陛下拉出来背黑锅了。

虽然不上道，也是个老狐狸。

既然如此，就只好将错就错了，几天后，万历正式下发圣旨：

"关于册立皇长子为太子的事情，我已经定了，说话算数（诚待天下），等长子到了十岁，我自然会下旨，到时册立、出阁读书之类的事情一并解决，就不麻烦你们再催了。"

长子十岁，是万历十九年（1591），也就是下一年。皇帝的意思很明确，我已经同意册立长子，你们也不用绕弯子，搞什么出阁读书之类的把戏，让老子清净一年，明年就立了！

这下大家都高兴了，内阁的几位仁兄境况也突然大为改观，有病的病好了，忙的也不忙了，除王锡爵（母亲有病，回家去了，真的）外，大家都回来了。

剩下来的，就是等了。一晃就到了万历十九年，春节过了，春天过了，都快要开西瓜了，万历那里一点儿消息都没有。

泱泱大国，以诚信为本。这就没意思了。

可是万历十九年毕竟还没过，之前已经约好，要是贸然上疏催他，万一被认定毁约，推迟册立，违反合同的责任谁都负担不起，而且皇上到底是皇上，你上疏说他耍赖，似乎也不太妥当。

一些脑子活的言官大臣就开始琢磨，既要敲打皇帝，又不能留把柄，想来想去，终于找到了一个完美的替代目标——申时行。

没办法，申大人，谁让你是首辅呢？也只好让你去扛了。

很快，一封名为《论辅臣科臣疏》的奏疏送到了内阁，其主要内容，是弹劾申时行专权跋扈，压制言官，使得正确意见得不到执行。

可怜，申首辅一辈子和稀泥，挖东砖补西墙，累得半死，临了还要被人玩一把。此文言辞尖锐，指东打西，指桑骂槐，可谓是政治文本的典范。

文章作者，是南京礼部主事汤显祖，除此文外，他还写过另一部更有名的著作——《牡丹亭》。

稀泥谢幕

汤显祖，字义仍，江西临川人。上疏这一年，他四十二岁，官居六品。

虽说四十多岁才混到六品，实在不算起眼，但此人绝非等闲之辈，早在三十年前，汤先生已天下闻名。

十三岁的时候，汤显祖就加入了泰州学派（也没个年龄限制），成为了王学的门人，跟着那帮"异端"四处闹腾，开始出名。

二十一岁，他考中举人，七年后，到京城参加会试，运气不好，遇见了张居正。

之所以说运气不好，并非张居正讨厌他，恰恰相反，张首辅很赏识他，还让自己的儿子去和他交朋友。

这是件求之不得的好事，可问题在于，汤先生中异端毒太深，瞧不起张居正，摆了谱，表示拒不交友。

既然敢跟张首辅摆谱，张首辅自然要摆他一道，考试落榜也是免不了的。三年后，他再次上京赶考，张首辅锲而不舍，还是要儿子和他交朋友，算是不计前嫌，但汤先生依然不给面子，再次摆谱。首辅大人自然再摆他一道，又一次落榜。

但汤先生不但有骨气，还有毅力，三年后再次赶考，这一次张首辅没有再阻拦他（死了），终于成功上榜。

由于之前两次跟张居正硬杠，汤先生此时的名声已经是如日中天。当朝的大人物张四维、申时行等人都想拉拢他，可汤先生死活不搭理人家。

不搭理就有不搭理的去处，声名大噪的汤显祖被派到了南京，几番折腾，才到礼部混了个主事。

南京本来就没事干，南京的礼部更是闲得出奇，这反倒便宜了汤先生，闲暇之余开始写戏，并且颇有建树，日子过得还算不错，直到万历十九年（1591）的这封上疏。

很明显，汤先生的政治高度比不上艺术高度，奏疏刚送上去，申时行还没说什么，万历就动手了。

对于这种杀鸡儆猴的把戏，皇帝大人一向比较警觉（他也常用这招），立马做出了反应，把汤显祖发配到边远地区（广东徐闻）去当典史。

这是一次极其致命的打击，从此汤先生再也没能翻过身来。

万历这辈子罢过很多人的官，但这一次，是最为成功的，因为他只罢掉了一个六品主事，却换回一个明代最伟大的戏曲家，赚大发了。

二十八岁落榜后，汤显祖开始写戏，三十岁的时候，写出了《紫箫记》；三十八岁，写出了《紫钗记》。四十二岁被赶到广东，七年后京察，又被狠狠地折腾了一回，索性回了老家。

来回倒腾几十年，一无所获，在极度苦闷之中，四十九岁的汤显祖回顾了自己戏剧化的一生，用悲凉而美艳的辞藻写下了他所有的梦想和追求，是为《还魂记》，后人又称《牡丹亭》。

《牡丹亭》，全剧共十五出，描述了一个死而复生的爱情故事（情节比较复杂，有兴趣自己去翻翻）。此剧音律流畅，词曲优美，轰动一时，时人传诵：牡丹一出，西厢（《西厢记》）失色。此后传唱天下百余年，堪与之媲美者，唯有孔尚任之《桃花扇》。

为官不济，为文不朽，是以无憾。

史赞：二百年来，一人而已。

总的说来，汤显祖的运气是不错的，因为更麻烦的事，他还没赶上。

汤先生上疏两月之后，福建佥事李琯就开炮了，目标还是申时行，不过这次更狠，用词狠毒不说，还上升到政治高度，一条条列下来，弹劾申时行十大罪状，转瞬之间，申先生就成了天字第一号大恶人。

万历也不客气，再度发威，撤了李琯的职。

命令一下，申时行却并不高兴，反而唉声叹气，忧心忡忡。

因为到目前为止，虽然你一刀我一棍地打个不停，但都是摸黑放枪，谁也不挑明，万历的合同也还有效，拖到年尾，皇帝赖账就是理亏，到时再争，也是十拿九稳。

可万一下面这帮愤中愤老忍不住，玩命精神爆发，和皇帝公开死磕，事情就难办了。

俗语云：怕什么，就来什么。

工部主事张有德终于忍不住了，他愤然上疏，要求皇帝早日册立太子。

等的就是你。

万历随即做出反应，先罚了张有德的工资，鉴于张有德撕毁合同，册立太子的事情推后一年办理。

这算是正中下怀，本来就不大想立，眼看合同到期，正为难呢，来这么个冤大头，不用白不用。册立的事情也就能堂而皇之地往后拖了。

事实上，这是他的幻想。

第三章 游戏的开始

因为在大臣们看来，这合同本来就不合理，忍气吞声大半年，那是给皇帝面子，早就一肚子苦水怨气没处泄，你敢蹦出来，那好，咱们就来真格的！

当然，万历也算是老运动员了，对此他早有准备，无非是来一群大臣瞎咋呼，先不理，闹得厉害再出来说几句话，把事情熬过去，完事。

形势的发展和他的预料大致相同，张有德走人后，他的领导，工部尚书曾同亨就上疏了，要求皇帝早日册立太子。

万历对此嗤之以鼻。他很清楚，这不过是个打头的，大部队在后，下面的程序他都能背出来，吵吵嚷嚷，草草收场，实在毫无新鲜可言。

然而，当下一封奏疏送上来的时候，他才知道，自己错了。

这封奏疏的署名人并不多，只有三个，分别是申时行、许国、王家屏。

但对万历而言，这是一个致命的打击。

因为之前无论群臣多么反对，内阁都是支持他的，即使以辞职回家相威胁，也从未公开与他为敌，是他的最后一道屏障，现在竟然公开站出来和他对着干，此例一开，后果不堪设想。

特别是申时行，虽说身在内阁，时不时也说两句，但那都是做给人看的，平日里忙着和稀泥，帮着调节矛盾，是名副其实的卧底兼间谍。

可这次，申时行连个消息都没透，就打了个措手不及，实在太不够意思。于是万历私下派出了太监，斥责申时行。

一问，把申时行也问糊涂了，因为这事他压根儿就不知道！

事情是这样的，这封奏疏是许国写的，写好后让王家屏署名，王兄自然不客气，提笔就签了名；而申时行的底细他俩都清楚，这个老滑头死也不会签，于是许大人胆一壮，代申首辅签了名，把他拖下了水。

事已至此，申大人只能一脸无辜地表白：

"名字是别人代签的，我事先真不知道。"

事情解释了，太监也回去了，可申先生却开始琢磨了：万一太监传达不对怎么办？万一皇帝不信怎么办？万一皇帝再激动一次，把事情搞砸怎么办？

想来想去，他终于决定，写一封密信。

这封密信的内容大致是说，我确实不知道上奏的事情，这事情皇上你不要急，自己拿主意就行。

客观地讲，申时行之所以说这句话，倒不一定是要两面派，因为他很清楚皇帝的性格：

像万历这号人，属于死要面子活受罪，打死也不认错的，看上去非常随和，实际上极其固执，和他硬干，是没有什么好处的。

所以申时行的打算，是先稳住皇帝，再慢慢来。

事实确如所料，万历收到奏疏后，十分高兴，当即回复：

"你的心意我已知道，册立的事情我已有旨意，你安心在家调养就是了。"

申时行总算松了口气，事情终于糊弄过去了。

但他做梦也想不到，他长达十年的和稀泥生涯，将就此结束——因为那封密信。

申时行的这封密信，属于机密公文，按常理，除了皇帝，别人是看不见的。

可是在几天后的一次例行公文处理中，万历将批好的文件转交内阁，结果不留神，把这封密信也放了进去。

这就好比拍好了照片存进电脑，又把电脑拿出去给人修，是个要命的事。

文件转到内阁，这里是申时行的地盘，按说事情还能挽回，可问题在于申大人为避风头，当时还在请病假，负责工作的许国也没留意，顺手就转给了礼部。

最后，它落在了礼部给事中罗大纮的手里。

罗大纮，江西吉水人。关于这个人，只用一句就能概括：一个称职的言官。

看到申时行的密信后，罗大纮非常愤怒，因为除了耍两面派外，申时行在文中还写了这样一句话："惟亲断亲裁，勿因小臣妨大典。"

这句话说白了，就是你自己说了算，不要理会那些小臣。

我们是小臣，你是大臣？！

此时申时行已经发现了密信外泄，他十分紧张，立刻找到了罗大纮的领导，礼部科给事中胡汝宁，让他去找罗大纮谈判。

可惜罗大纮先生不吃这一套，写了封奏疏，把这事给捅了出去，痛骂申时行两面派。

好戏就此开场，言官们义愤填膺。吏部给事中钟羽正、侯先春随即上疏，痛斥申时行；中书黄正宾等人也跟着凑热闹，骂申时行老滑头。

眼看申首辅吃亏，万历当即出手，把罗大纮赶回家当了老百姓，还罚了上疏言官的工资。

但事情闹到这个份儿上，已经无法收拾了。

经历过无数大风大浪的申时行，终究在阴沟里翻了船。自万历十年（1582）以来，他忍辱负重，上下协调，独撑大局，打落门牙往肚里吞，至今已整整十年。

现在，他再也支撑不下去了。

万历十九年（1591）九月，申时行正式提出辞职，最终得到批准，回乡隐退。

大乱就此开始。

第四章

混战

大家都说朝纲非礼,什么大家不知道,目之所及看不在"朕哪",可这位兄弟机灵,石彬那不到,写了封辞职信就跑了。只剩王家屏,王家屏出知道常不当他,所以凡丁在申时行走人的同时,也提出辞职。然而,万历不但没有批,还把王家屏架了青轴,原因很简单,这不

申时行在的时候,大家都说朝廷很乱,但等申时行走了,大家才知道,什么叫乱。

首辅走了,王锡爵不在,按顺序,应该是许国当首辅,可这位兄弟相当机灵,一看形势不对,写了封辞职信就跑了。

只剩王家屏了。

万历不喜欢王家屏,王家屏也知道皇帝不喜欢他,所以几乎在申时行走人的同时,也提出辞职。

然而,万历没有批,还把王家屏提为首辅,原因很简单,这么个烂摊子,现在内阁就这么个人,好歹就是他了。

内阁总算有个人了,但一个还不够,得再找几个,搭个班子,才好唱戏。说起来还是申时行够意思,早就料到有这一天,所以在临走时,他向万历推荐了两个人:一个是时任吏部左侍郎赵志皋,另一个是原任礼部右侍郎张位。

这个人事安排十分有趣,因为这两个人兴趣不同,性格不同,出身不同。总而言之,就没一点儿共同语言。但事后证明,就是这么个安排,居然撑了七八年。申先生的领导水平可见一斑。

班子定下来了,万历的安宁日子也到了头,因为归根结底,大臣们闹腾,还是因为册立太子的事情,申先生不过是帮皇帝挡了子弹,现在申先生走了,皇帝陛下只能赤膊上阵。

万历二十年（1592）正月，真正的总攻开始了。

礼部给事中李献可首先发难，上疏要求皇帝早日批准长子出阁读书，而且这位兄台十分机灵，半字不提"册立"二字，全篇却都在催这事，半点儿把柄都不留，搞得皇帝陛下十分狼狈，一气之下，借口都不找了：

"册立已有旨意，这厮偏又来烦扰……好生可恶，降级调外任用！"

其实说起来，李献可不是什么大人物，这个处罚也不算太重，可万历万没想到，就这么个小人物，这么点儿小事儿，他竟然没能办得了。

因为他的圣旨刚下发，就被王家屏给退了回来。

作为朝廷首辅，如果认为皇帝的旨意有问题，可以退回去，拒不执行。这种权力，叫作封还。

封还就封还吧，不办就不办吧，更可气的是，王首辅还振振有词：

这事我没错，是皇帝陛下错了。因为李献可没说册立的事，他只是说应该出阁读书，你应该采纳他的意见，即使不能采纳，也不应该罚他。所以这事我不会办。

真是要造反了，刚刚提了首辅，这白眼狼就下狠手，万历恨不得拿头撞墙，气急败坏之下，他放了王家屏的假，让他回家休养去了。

万历的"幸福"生活从此拉开序幕。

几天后，礼部给事中钟羽正上疏，支持李献可，经典语言如下：

"李献可的奏疏，我是赞成的，请你把我一同降职吧（请与同谪）。"

万历满足了他的要求。

又几天后，礼部给事中舒弘绪上疏，发言如下：

"言官是可以处罚的，出阁读书是不能不办的。"

发配南京。

再几天后，户部给事中孟养浩上疏，支持李献可、钟羽正等人。相对而言，他的奏疏更有水平，虽然官很小（七品），志气却大，总结了皇帝大人的种种错误，总计五条，还说了一句相当经典的话：

"皇帝陛下，您坐视皇长子失学，有辱宗社祖先！"

万历气疯了，当即下令，把善于总结的孟养浩同志革职处理，并拉到午门，打了一百杖。

暴风雨就是这样诞生的。

别人也就罢了，可惜孟先生偏偏是言官，干的是本职工作，平白被打实在有点儿冤。

于是大家都愤怒了。

请注意，这个大家是有数的，具体人员及最终处理结果如下所列：

内阁大学士赵志皋上疏，被训斥。

吏科右给事中陈尚象上疏，被革职为民。

御史邹德泳、户科都给事中丁懋逊、兵科都给事中张栋、刑科都给事中吴之佳、工科都给事中杨其休、礼科左给事中叶初春，联名上疏抗议。万历大怒，将此六人降职发配。

万历终于做了一件了不起的事情，如果加上最初上疏的李献可，那么在短短的几天之内，他就免掉了十二位当朝官员。这一伟大纪录，就连后来的急性子崇祯皇帝也没能打破。

事办到这份儿上，皇帝疯了，大臣也疯了，官服乌纱就跟白送的一样，铺天盖地到处乱扔，大不了就当老子这几十年书白读了，拼个你死我活只为一句话：可以丢官，不能丢人！

在这一光辉思想的指导下，礼部员外郎董嗣成、御史贾名儒、御史陈禹谟再次上疏，支持李献可。万历即刻反击，董嗣成免职，贾名儒发配，陈禹谟罚工资。

事情闹到这里，到底卷进来多少人，我也有点儿乱，但若以为就此打住，那实在是低估了明代官员的战斗力。

几天后，礼部尚书李长春也上疏了。对这位高级官员，万历也没客气，狠狠地骂了他一顿。谁知没多久，吏部尚书蔡国珍、侍郎杨时乔又上疏抗议，然而这一次，万历没有做出任何反应——实在骂不动了。

皇帝被搞得奄奄一息，王家屏也坐不住了，他终于出面调停，向皇帝认了错，并希望能够赦免群臣。

想法本是好的，方法却是错的，好不容易消停下去的万历，一看见这个老冤家，顿时恢复了战斗力，下书大骂：

"自你上任，大臣狂妄犯上，你是内阁大学士，不但不居中缓和矛盾，反而封还我的批示，故意激怒我！见我发怒，你又说你有病在身，回家休养！国家事务如此众多，你在家躺着（高卧），心安吗？！既然你说有病，就别来了，回家养病去吧！"

王家屏终于理解了申时行的痛苦，万历二十年（1592）三月，他连上八封奏疏，终于回了家。

这是一场实力不对等的较量，大臣的一句话，可能毫无作用，万历的一道圣旨，却足以改变任何人的命运。

然而，万历失败了，面对那群前仆后继的人，他虽然竭尽全力，却依然失败了，因为权力并不能决定一切——当它面对气节与尊严的时候。

王家屏走了，言官们暂时休息了，接班的赵志皋比较软，不说话，万历正打算消停几天，张位又冒出来了。

这位次辅大人再接再厉，接着闹，今天闹出阁讲学，明天闹册立太子，每天变着法地折腾皇帝。万历同志终于顶不住了，如此下去，不被逼死，也被憋死了。

必须想出对策。

第四章　混战

考虑再三，他决定去找一个人，在他看来，只有这个人才能挽救一切。

万历二十一年（1593），王锡爵奉命来到京城，担任首辅。

拉锯战

王锡爵，字元驭，苏州太仓人。

嘉靖四十一年（1562），他二十八岁，赴京赶考，遇见申时行，然后考了第一。

几天后参加殿试，又遇见了申时行，这次他考了第二。

据说他之所以在殿试中输给申时行，不外乎两点，一是长得不够帅，二是说话不够滑。

帅不帅不好说，滑不滑是有定论的。

自打进入朝廷，王锡爵就是块硬骨头。万历五年（1577）张居正夺情，大家上疏闹，他跑到人家家里闹，逼得张居正大人差点儿拔刀自尽；吴中行被打得奄奄一息，大家在场下吵，他跑到场上哭。

万历六年（1578），张居正不守孝回京办公，大家都庆贺，他偏请假，说我家还有父母，实在没有时间工作，要回家尽孝，张居正恨得直磨牙。

万历九年（1581），张居正病重，大家都去祈福，他不屑一顾。

万历十年（1582），张居正病逝，反攻倒算开始，抄家闹事翻案，人人都去踩一脚，这个时候，他说：

"张居正当政时，做的事情有错吗？！他虽为人不正，却对国家有功，你们怎能这样做呢？！"

万历十三年（1585），他的学生李植想搞倒申时行，扶他上台，他痛斥对方，请求辞职。

三年后，他的儿子乡试考第一，有人怀疑作弊，他告诉儿子，不要参加会试,回家待业。十三年后他下了台,儿子才去考试,会试第二,殿试第二。

他是一个经得起时间考验的人。

所以在万历看来,能收拾局面的,也只有王锡爵了。

王大人果然不负众望,到京城一转悠,就把情况摸清楚了,随即开始工作,给皇帝上了一封密信。大意是说,目前情况十分紧急,请您务必在万历二十一年(1593)册立太子,绝不能再拖延了,否则我就是再有能耐,也压制不了!

吸取了上次的教训,万历再没敢随便找人修电脑,专程派了个太监,送来了自己的回信。

可王锡爵刚打开信,就傻眼了。

信上的内容是这样的:

"看了你的奏疏,为你的忠诚感动。我去年确实说过,今年要举行册立大典,但是(注意此处),我昨天晚上读了祖训(相当于皇帝的家规),突然发现,里面有一句训示:立嫡不立长。我琢磨了一下,皇后现在年纪还不大,万一将来生了儿子,怎么办呢?是封太子,还是封王?"

"如果封王,那就违背了祖训;如果封太子,那就有两个太子了。我想来想去,想了个办法,要不把我的三个儿子一起封王,等过了几年,皇后没生儿子,到时候再册立长子也不迟。这事我琢磨好了,既不违背祖制,也能把事办了,很好,你就这么办吧。"

阶级斗争又有新动向了,很明显,万历同志是很动了一番脑筋,觉得自己不够分量,把老祖宗都搬出来了,还玩了个复杂的逻辑游戏,有相当的技术含量。现解析如下:

按老规矩,要立嫡子(皇后的儿子),可是皇后又没生儿子,但皇后今天没有儿子,不代表将来没有,如果我立了长子,嫡子生出来,不就违反政策了吗?但是皇后什么时候生儿子,我也不知道,与其就这么拖着,还不如把现在的三个儿子一起封了了事,到时再不生儿子,就立太子。先封再立,总算对上对下都有了交代。

王锡爵初一琢磨，就觉得这事有点儿玄，但听起来似乎又只能这么办，思前想后，他也和了稀泥，拿出了两套方案。

方案一：让皇长子拜皇后为母亲，这样既是嫡子又是长子，问题就解决了。

方案二：按照皇帝的意思，三个儿子一起封王，到时再说。

附注：第二套方案只有在万不得已的时候，才能使用。

上当了，彻底上当了。

清醒了一辈子的王大人，似乎终于糊涂了，他好像并不知道，自己已经跳入了一个陷阱。

事实上，万历的真正目标，不是皇长子，而是皇三子。

他喜欢郑贵妃，喜欢朱常洵，压根儿就没想过要立太子，搞三王并封，把皇长子、三子封了王，地位就平等了，然后就是拖，拖到大家都不闹了，事情也就办成了。

至于所谓万不得已，采用第二方案，那也是句废话。万历同志这辈子，那是经常地万不得已。

总之，王锡爵算是上了贼船了。

万历立即选择了第二种方案，并命令王锡爵准备执行。

经过长时间的密谋和策划，万历二十一年（1593）正月二十六日，万历突然下发圣旨：

"我有三个儿子，长幼有序，但问题是，祖训说要立嫡子，所以等着皇后生子，一直没立太子。为妥善解决这一问题，特将皇长子、皇三子、皇五子全部封王，将来有嫡子，就立嫡子，没嫡子，再立长子。事就这么定了，你们赶紧去准备吧。"

圣旨发到礼部，当时就炸了锅。这么大的事情，事先竟没听到风声，实在太不正常，于是几位领导一合计，拿着谕旨跑到内阁去问。

这下连内阁的赵志皋和张位也惊呆了，什么圣旨，什么三王并封，搞什么名堂？！

很明显，这事就是王锡爵办的，消息传出，举朝轰动，大家都认定，朝廷又出了个叛徒，而且还是主动投靠的。

因为所有人都知道，万历已经很久不去找（幸）皇后了，生儿子压根儿就是没影的事，所谓三王并封，就是扯淡，大家都能看出来，王锡爵你混了几十年，怎么看不出来？分明就是同谋，助纣为虐！

回头再说皇帝，你都说好了，今年就办，到时候竟然又不认账，搞个什么三王并封，我们大家眼巴巴地盼着，又玩花样，你当你耍猴子呢？！

两天之后，算账的人就来了。

光禄寺丞朱维京第一个上疏，连客套话都不说，开篇就骂：

"您先前说过，万历十九年（1591）就册立太子，朝廷大臣都盼着，忽然又说要并封，等皇后生子。这种说法，祖上从来就没有过！您不会是想愚弄天下人吧！"

把戏被戳破了，万历很生气，立即下令将朱维京革职充军。

一天后，刑部给事中王如坚又来了：

"万历十四年时，您说长子幼小，等个两三年；十八年时，您又说您没有嫡子，长幼有序，让我们不必担心。十九年时，您说二十年就册立；二十年时，您又说二十一年举行。现在您竟然说不办了，改为分封，之前的话您不是都忘了吧？以后您说的话，我们该信哪一句？"

这话杀伤力实在太大，万历绷不住了，当即把王如坚免职充军。

已经没用了，什么罚工资、降职、免职、充军，大家都见识过了，还能吓唬谁？

最尴尬的，是礼部的头头脑脑们。皇帝下了圣旨，内阁又没有封还，按说是不能不办的，可是照现在这么个局势，如果真要去办，没准儿自己就被大家给办了。想来想去，搞了个和稀泥方案：三王并封照办，但同时也举行册立太子的仪式。

方案报上去，万历不干：三王并封，就为不立太子，还想把我绕回去不成？

既然给面子皇帝都不要，也就没啥说的了，礼部主事顾允成、工部主事岳元声、光禄寺丞王学曾等人继续上疏，反对三王并封。这次万历估计也烦了，理都不理，随他们去。

于是抗议的接着抗议，不理的照样不理，谁也奈何不了谁。

局面一直僵持不下，大家这才突然发觉，还漏了一个关键人物——王锡爵。

这事既然是王锡爵和皇帝干的，皇帝又不出头，也只能拿王锡爵开刀了。

先是顾允成、张辅之等一群王锡爵的老乡上门，劝他认清形势，早日解决问题。然后是吏部主事顾宪成代表吏部全体官员写信给王锡爵，明白无误地告诉他：现在情况很复杂，大家都反对你的三王并封，想糊弄过去是不行的。

王锡爵终于感受到了当年张居正的痛苦，不问青红皂白，就围上来群殴，没法讲道理，就差打上门来了。

当然，一点儿也没差，打上门的终究来了。

几天之后，礼部给事中史孟麟、工部主事岳元声一行五人，来到王锡爵办公的内阁，过来只干一件事：吵架。

刚开始的时候，气氛还算不错，史孟麟首先发言，就三王并封的合理性、程序性——批驳，有理有节，有根有据。

事情到这儿，还算是有事说事，可接下来，就不行了。

因为王锡爵自己也知道，三王并封是个烂事，根本就没法辩，心知理亏，半天都不说话。对方一句句地问，他半句都没答，憋了半天，终于忍不住了：

"你们到底想怎么样？"

岳元声即刻回答：

"请你立刻收回那道圣旨，别无商量！"

接着一句：

"皇上要问，就说是大臣们逼你这么干的！"

王锡爵气得不行，大声回复：

"那我就把你们的名字都写上去，怎么样？！"

这是一句威胁性极强的话，然而，岳元声回答的声音却更大：

"那你就把我的名字写在最前面！充军也好，廷杖也好，你看着办！"

遇到这种不要命的二愣子，王锡爵也没办法，只好说了软话：

"请你们放心，虽然三王并封，但皇长子出阁的时候，礼仪是不一样的。"

首辅大人认输了，岳元声却不依不饶，跟上来就一句：

"那是礼部的事，不是你的事！"

谈话不欢而散，王锡爵虽然狼狈不堪，却也顶住了死不答应。

因为虽然骂者众多，却还没有一个人能够找到他的死穴。

这事看起来很简单，万历要了个计谋，把王锡爵绕了进去，王大人背黑锅，哑巴吃黄连，有苦说不出。

事实上，那是不可能的。王锡爵先生虽然人比较实诚，也是在官场滚打几十年的老油条，万历那点儿花花肠子，他一清二楚，之所以同意三王并封，是将计就计。

他的真正动机是，先利用三王并封，把皇长子的地位固定下来，然后借机周旋，更进一步逼皇帝册立太子。

在他看来，岳元声之流都是白颈乌鸦，整天吵吵嚷嚷，除了瞎咋呼，啥事也干不成，所以他任人笑骂，准备忍辱负重，一朝翻身。

然而这个世界上，终究还是有聪明人的。

庶吉士李腾芳就算一个。

李腾芳，湖广湘潭（今湖南湘潭）人。从严格意义上讲，他还不是官，但这位仁兄人还没进朝廷，就有了朝廷的悟性，只用一封信就揭破了王锡爵的秘密。

他的这封信，是当面交给王锡爵的。王大人本想打发这人走，可刚看几行字，就把他给拉住了。信上是这么写的：

"公欲暂承上意，巧借王封，转作册立！"

太深刻了，太尖锐了，于是王锡爵对他说：

"请你坐下来，好好谈一谈。"

李腾芳接下来的话，彻底打乱了王锡爵的部署：

"王大人，你的打算是对的，但请你想一想，封王之后，恐怕册立还要延后，你还能在朝廷待多久？万一你退了，接替你的人比你差，办不成这件事，负责任的人就是你！"

王锡爵沉默了。他终于意识到，自己的计划蕴含着极大的风险，但他仍然不打算改正这个错误。因为在这个计划里，还有最后一道保险。

李腾芳走了，王锡爵没有松口。此后的十几天里，跑来吵架的人就没断过，但王大人心里有谱，打死也不说，直到王就学上门的那一天。

王就学是王锡爵的门生，自己人当然不用客气，一进老师家门就哭，边哭还边说：

"这件事情（三王并封）大家都说是老师干的，如此下去，恐怕老师有灭门之祸啊！"

王锡爵却笑了：

"你放心吧，那都是外人乱说的，我的真实打算，都通过密奏交给了皇上，即使皇长子将来登基，看到这些文书，也能明白我的心意。"

这就是王先生的保险，然而，王就学没有笑，只说了一句话：

"老师，别人是不会体谅您的！一旦出了事，会追悔莫及啊！"

王锡爵打了个寒战，他终于发现，自己的思维中，有一个不可饶恕的漏洞：

如果将来册立失败，皇三子登基，看到了自己拥立长子的密奏，必然会收拾掉自己。

而如果皇长子登基，即使他知道密奏，也未必肯替自己出头，因为长子登基，本来就是理所当然，犯不着感谢谁，到时，三王并封的黑锅只有自己背。

所以结论是：无论谁胜利，他都将失败！

明知是赔本的生意，还要做的人，叫作傻子。王锡爵不是傻子，自然不做。万历二十一年（1593）二月，他专程拜见了万历，只提出了一个要求：撤回三王并封。

这下万历不干了，好不容易把你拉上船，现在你要洗手不干，留下我一个人背黑锅，怎么够意思？

"你要收回此议，即无异于认错，如果你认错，我怎么办？我是皇帝，怎能被臣下挟持？"

话说得倒轻巧，可惜王大人不上当：你是皇帝，即使不认错，大家也不能把你怎么样；我是大臣，再跟着蹚浑水，没准儿祖坟都能让人刨了。

所以无论皇帝大人如何连哄带蒙，王锡爵偏一口咬定——不干了。

死磨硬泡没办法，大臣不支持，内阁不支持，唯一的亲信跑路，万历只能收摊了。

几天后，他下达谕令：

"三王都不必封了，再等两三年，如果皇后再不生子，就册立长子。"

可是大臣们不依不饶，一点儿也不消停，接着起哄，因为大家都知道，皇帝陛下您多少年不去找皇后了，皇后怎么生儿子，不想立就不想立，你装什么蒜？

万历又火了，先是辟谣，说他今年已经见过皇后，夫妻关系不好，纯属谣传，同时又下令内阁，对敢于胡说八道的人，一律严惩不贷。

这下子王锡爵为难了，皇帝那里他不敢再去凑热闹了，大臣他又得罪不起，想来想去，一声叹息：我也辞职吧。

说是这么说，可是皇帝死都不放，因为经历了几次风波之后，他已然明白，在手下这群疯子面前，一丝不挂十分危险，身前必须有个挡子弹的，才好平安过日子。

于是王锡爵惨了，大臣轰他走，皇帝不让走，夹在中间受气，万般无奈之下，他决定拼一拼——找皇帝面谈。

可是皇帝大人虽然不上班，却似乎很忙，王锡爵请示了好几个月，始终不见回音。眼看要被唾沫淹死，王大人急眼了，死磨硬泡招数全用上，终于，万历二十一年（1593）十一月，他见到了万历。

这是一次十分关键的会面，与会者只有两人，本来是天知地知，你知我知，但出于某种动机（估计是保留证据），事后王锡爵详细地记下了他们的每一句话。

等了大半年，王锡爵已经毫无耐心：

"册立一事始终未定，大臣们议论纷纷，烦扰皇上（包括他自己），希望陛下早日决断，大臣自然无词。"

万历倒还想得开：

"我的主意早就定了，反正早晚都一样，人家说什么不碍事。"

不碍事？敢情挨骂的不是你。

可这话又不能明说，于是王大人兜了圈子：

"陛下的主意已定，我自然是知道的，但外人不知道内情，偏要大吵大嚷，我为皇上受此非议深感不忿，不知道您有什么为难之处，要平白受这份闲气？"

球踢过来了，但万历不愧为老运动员，一脚传了回去：

"这些我都知道，我只担心，如果皇后再生儿子，该怎么办？"

王锡爵气蒙了，就为皇后生儿子的破事，搞了三王并封，闹腾了足足半年，到现在还拿出来当借口，还真是不要脸，既然如此，就得罪了：

"陛下，您这话几年前说出来，还过得去，现在皇子都十三岁了，还要等到什么时候！从古至今，即使百姓家的孩子，十三岁都去读书了，何况还是皇子？！"

这已经是老子训儿子的口气了，但万历同志到底是久经考验，毫不动怒，只是淡淡地说：

"我知道了。"

王锡爵仍不甘心，继续劝说万历，但无论他讲啥，皇帝陛下却好比橡皮糖，全无反应。等王大人说得口干舌燥、气喘吁吁，万历同志没打招呼就走人了，只留下王大人，痴痴地看着他离去的背影。

谈话是完了，但这事没完，王锡爵回家之后，实在是气不过，一怒之下，又写了一封胆大包天的奏疏。

因为这封奏疏的中心意思只有一个——威胁：

"皇上，此次召对（谈话），虽是我君臣二人交谈，但此事不久后，天下必然知晓，若毫无结果，将被天下人群起攻之，我即使粉身碎骨，全家死绝，也无济于事！"

这段话的意思是说，我和你谈过话，别以为大家都不知道，如果没给我一个结果，此事必将公之于天下，我完蛋了，你也得下马！

这是硬的，还有软的：

"臣进入朝廷三十余年了，一向颇有名声，现在为了此事，被天下人责难，实在是痛心疾首啊！"

王锡爵是真没办法了，可万历却是王八吃秤砣，铁了心地对着干，当即写了封回信，训斥了王锡爵，并派人送到了内阁。

按照常理，王大人看完信后，也只能苦笑，因为他虽为人刚正，却是个厚道人，从来不跟皇帝闹，可这一次，是个例外。

因为当太监送信到内阁的时候，内阁的张位恰好也在。这人就没那么老实了，是个喜欢惹事的家伙，王锡爵拆信的时候，他也凑过来看。看完后，王锡爵倒没什么，他反而激动了。

这位仁兄二话不说，当即怂恿王锡爵，即刻上疏驳斥万历。有了张位的支持，王锡爵似喝了几瓶二锅头，胆也壮了，针锋相对，写了封奏疏，把皇帝大人批驳得无地自容。

王锡爵没有想到，他的这一举动，却起到了意想不到的效果。

因为万历虽然顽固，却很机灵。他之所以敢和群臣对着干，无非是有内阁支持，现在王大人反水了，如果再闹下去，恐怕事情就没法收拾了，于是他终于下圣旨：万历二十二年（1594）春，皇长子出阁读书。

胜利在意想不到的时候来临了，王锡爵如释重负，虽然没有能够册立太子，但已出阁读书，无论如何，对内对外，都可以交代了。

申时行没有办成的事情，王锡爵办成了，按说这也算是个政绩工程，王大人的位置应该更稳才是，然而，事实并非如此。

因为明代的大臣很执着，直来直往，说是册立，就必须册立，别说换名义，少个字都不行！所以出阁读书，并不能让他们满意，朝廷里还是吵吵嚷嚷地闹个不停。

再加上另一件事，王锡爵就真是无路可走了。

因为万历二十一年（1593），恰好是京察年。

所谓京察，之前已介绍过，大致相当于干部考核，每六年京察一次，对象是全国五品以下官员（含五品），包括全国所有的地方知府及下属，以及京城的京官。

虽然一般说来，明代的考察大都是糊弄事，但京察不同，因为管理京察的，是六部尚书之首的吏部尚书，收拾不了内阁大学士，搞定几个五品官还是绰绰有余的。

所以每隔六年，大大小小的官员们就要胆战心惊一回，毕竟是来真格的，一旦京察被免官，就算彻底完蛋。

这还不算，最倒霉的是，如果运气不好，主持考核的是个死脑筋的家伙，找人说情都没用，那真叫玩的就是心跳。

万历二十一年的这次京察，就是一次结结实实的心跳时刻。因为主持者，是吏部尚书孙鑨和考功司郎中赵南星。

孙鑨倒没什么，可是赵南星先生，就真是个百年难得一遇的顽固型人物。

赵南星，字梦白，万历二年（1574）进士。早在张居正当政时期，他就显示了自己的刺头本色，一直对着干。张居正死后获得提升，也不好好干，几年后就辞职回家了，据他自己说是身体不好，不想干了。

此人不贪钱，不好色，且认死理，此前不久才再次出山，和吏部尚书一起主持京察。

这么个人来干这么个事，很明显，就是来折腾人的。

果不其然，京察刚一开始，他就免了两个人的官，一个是都给事中王三余，另一个是文选司员外郎吕胤昌。

朝廷顿时一片恐慌。

因为这两个人的官虽不大，身份却很特殊，王三余是赵南星的亲家，吕胤昌是孙鑨的外甥。

拿自己的亲戚开刀，意思很明白：今年这关，你们谁也别想轻易过去。

官不聊生的日子就此开始。六部及地方上的一大批官员纷纷落马，哭天喊地，声震寰宇，连内阁大学士也未能幸免，赵志皋的弟弟被赶回了家，王锡爵的几个铁杆亲信也遭了殃。

赵志皋是个老实人，也不怎么闹，王锡爵就不同了，他上门逼张居正的时候，赵南星也就是个小跟班，要说闹事，你算老几？

很快，几个言官便上疏攻击吏部的人事安排，从中挑刺。赵南星自然不甘示弱，上疏反驳，争论了几天，皇帝最后判定：吏部尚书孙鑨罚一年工资，吏部考功司郎中赵南星官降三级。

这个结果实在不值得惊讶，因为那段时间，皇帝大人正在和王锡爵合伙搞三王并封。

但王锡爵错了，因为赵南星先生绝不是一个单纯的人。

事实上，他之所以被拉到前台，去搞这次京察，是因为在幕后，有个人在暗中操纵着一切。

这个人的名字，叫顾宪成。

关于这位仁兄的英雄事迹，后面还要详细介绍，这里就不多说了，但可以确定的是，万历二十一年的这次京察，是在顾宪成的策划下，有预谋、有目的的政治攻击。关于这一点，连修明史的史官都看得清清楚楚（《明史·顾宪成传》）。

事实印证了这一点，前台刚刚下课，后台就出手了，一夜之间，左都御史李世达、礼部郎中于孔兼等人就冒了出来，纷纷上疏攻击，王大人又一次成为了靶子。

关键时刻，万历同志再次证明，他是讲义气的，而且也不傻。

奏疏送上去，他压根儿就没理，却发布了一道看似毫不相干的命令：

吏部尚书孙鑨免职，吏部考功司郎中赵南星削职为民。

这道圣旨的意思是：别跟我玩花样，你们那点儿把戏我都明白，再闹，就连你们一起收拾。

应该说效果十分明显，很快，大家都不闹了，看上去，王锡爵赢了，实际上他输了，且输得很惨。

因为孙鑨本就是个背黑锅的角色，官免了也就消停了。而赵南星就不同了，硬顶王锡爵后，他名望大增，被誉为不畏强暴、反抗强权的代表人物，虽然打包袱回了老家，却时常有人来拜访，每年都有上百道奏疏送到朝廷，推荐他出来做官。而这位兄弟也不负众望，二十年后再度出山，闹出了更大的动静。

王锡爵就此完蛋，他虽然赢得了胜利，却输掉了名声，在很多人看来，残暴的王锡爵严酷镇压了开明的赵南星，压制了正直与民意。

这是一件十分有趣的事情，因为这一切，都似曾相识。

十六年前，年轻官员王锡爵大摇大摆地迈进了张居正首辅的住所，慷慨激昂，大发议论后，扬长而去，然后声名大噪。

十六年后，年轻官员赵南星向王锡爵首辅发起攻击，名满天下。

当年的王锡爵，就是现在的赵南星，现在的王锡爵，就是当年的张居正。有趣，很有趣。

所谓的被压制者，未必真被压制，所谓的压制者，未必真能压制。

遍览明代史料，曾见直言犯上者无数，细细分析之后，方才发觉：犯上是一定的，直言是不一定的，因为在那些直言背后，往往隐藏着不可告人的目的。

万历二十二年（1594）五月，王锡爵提出辞呈。

万历挽留了他很多次，但王锡爵坚持要走。

自进入朝廷以来，王锡爵严于律己，公正廉洁，几十年来如履薄冰、兢兢业业，终成大器。

万历二十一年，他受召回到朝廷担任首辅，万历二十二年离去，总共干了一年。

但这一年，就毁掉了他之前几十年累积的所有名声。

虽然他忍辱负重，虽然他尽心竭力，努力维护国家运转，调节矛盾，甚至还完成了前任未能完成的事（皇长子出阁读书），却再也无法支撑下去。

因为批评总是容易的，做事总是不容易的。

王锡爵的离去，标志着局势的进一步失控，从此以后，天下将不可收拾。

但没有人会料到，王大人辞职，将成为另一事件的导火线，和这件事相比，所谓的朝局纷争、册立太子，都不过是小儿科而已。

第五章

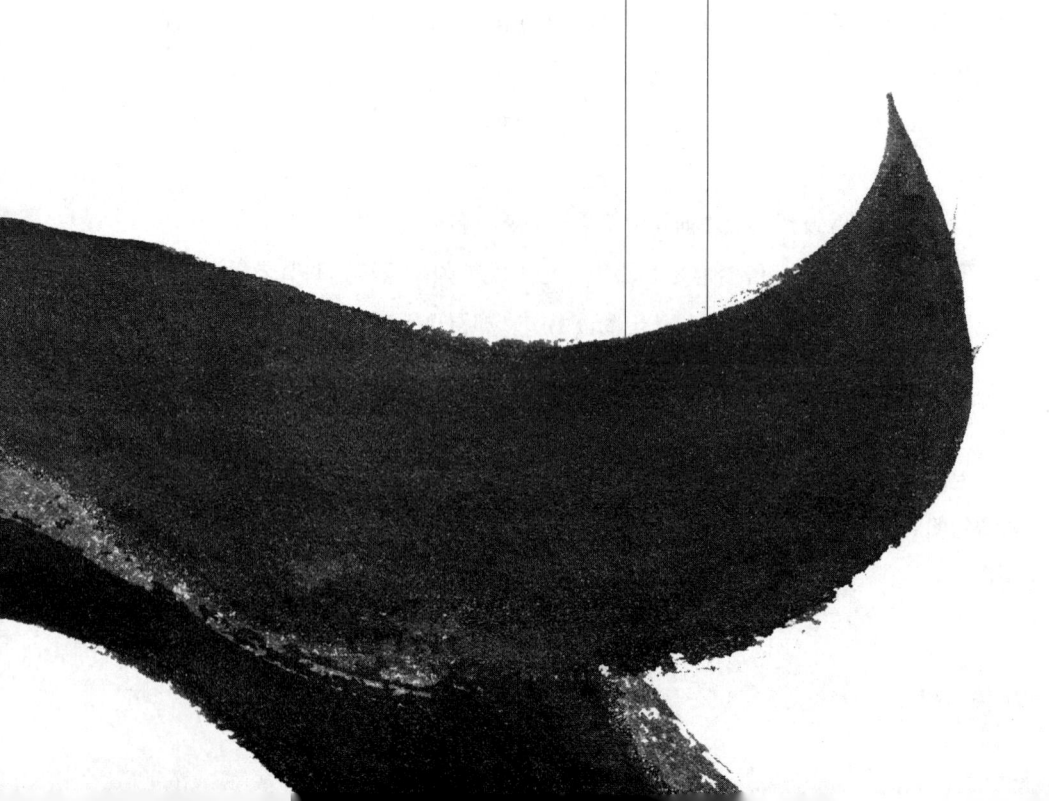

东林崛起

辅……[这第

大臣，都觉得他压不住阵，于是皇帝下令，由大臣推荐首辅。于是幕后人物顾宪成出马了。顾宪成，字叔时，江苏无锡人。万历四年（1576）参加乡试，考中第一名解元。三年后去考了进士，成绩平平，分配到户部当了个主事。当官后，最不喜欢的人是张

因为在顾宪成的名单上，第一个就是王家屏。

作为吏部官员，顾宪成明知这家伙曾把皇帝折腾得七荤八素，竟然还要推荐此人，明摆着就是跟皇帝过不去。

所以皇帝也忍无可忍了，终于打发顾宪成回了家。

明代的官员，虽然罢官容易，升官倒也不难，只要过个几年，时局一变，立马就能回到朝廷重新来过，而以顾宪成之前的工作业绩和运动能量，东山再起不过是个时间问题。

可谁也没想到，顾先生这一走，就再也没回来。

虽然把这人开了，万历很有点儿快感，但由此酿成的后果，却是他死都想不到的。

自明开国以来，无论多大能耐，无论有何背景，包括那位天下第一神算刘伯温，如果下野之后没能重新上台，慢慢地就边缘化了，然后走向同一结局——完蛋，从无例外。

例外，从顾宪成开始。

和赵南星一样，自从下野后，顾宪成名气暴涨，大家纷纷推举他再次出山，虽然没啥效果，也算捧了个场。不久之后，他的弟弟顾允成和同乡高攀龙也辞官回了家，三个人一合计，反正闲着也是闲着，就讲学吧。

这一讲就是三年，讲着讲着，人越来越多，于是有一天，顾宪成对高攀龙说了这样一句话：

"我们应该找个固定的讲习场所。"

其实地方是有的，在无锡县城的东头，有一个宋代学者杨时讲过学的场地，但年久失修，又太破，实在没法用，所以这事也就搁置了下来。

七年后，出钱的主终于找到了，常州知府欧阳东凤和顾宪成关系不错，听说此事，大笔一挥就给办了，拨出专款修缮此地。此后，这里就成了顾宪成等人的活动地点。

它的名字叫作东林书院，实事求是地讲，确实也就是个书院，但在此后的几十年中，它却焕发了不可思议的魔力，成为了一种威力强大的信仰，那些相信或接受的信徒，历史上统称为东林党。

无数人的命运，大明天下的时局，都将由这个看似与朝廷毫无关系的地方，最终确定。

最后一根稻草

王锡爵回家去养老，顾宪成回家去讲学，王家屏自然也消停了，于是首辅的位置还是落到了赵志皋同志的身上。

这就真叫害死人了，因为赵志皋压根儿就不愿意干！

赵先生真是老资格了，隆庆二年（1568）中进士，先当翰林，再当京官，还去过地方，风风雨雨几十年，苦也吃了，罪也受了，七十多岁才混到首辅，实在没啥意思。

更为重要的是，他个性软弱，既不如申时行滑头，也不如王锡爵强硬，而明代的言官们大都不是什么善茬儿，一贯欺软怕硬。一旦坐到这个位置上，别说解决册立太子之类的敏感问题，光是来找碴儿的，都够他喝一壶。

对此，赵先生十分清楚，所以他主动上疏，不愿意干，情愿回家养老。

可是万历是不会同意的，好不容易找来个堵枪眼的，你要走了，我怎么办？

无奈，赵志皋先生虽然老矣，不太能饭，但还是得死撑下去。

于是，自万历二十二年（1594）起，他开始了四年痛苦而漫长的首辅生涯。具体表现为，不想干，没法干，却又不能走。

说起来，他还是很敬业的，因为这几年正好是多事之秋，外面打日本，里面闹册立，搞得不可开交，赵大人外筹军备，内搞协调，日夜加班忙碌，干得还不错。

可下面这帮大臣一点儿面子都不给，看他好欺负，就使劲欺负，宫里失火了有人骂他，天灾有人骂他，儿子惹事了有人骂他，甚至没事，也有人骂他，说他就该走人（言志皋宜放）。

欺负人太甚，于是老实人终于发火了。

王锡爵在的时候，平素说一不二，动辄训斥下属，除了三王并封这种惹众怒的事情外，谁也不敢多嘴骂他。到赵志皋这儿，平易近人，待人和气，却老是挨骂，老先生一气之下，也骂人了：

"都是内阁首辅，势大权重的，你们就争相依附求取进步；势小权轻的，你们就争相攻击，博取名声！"

骂归骂，可下面这帮人实在啥觉悟也没有，还是喜欢拿老先生开涮。赵老头也真是倒霉，在这紧要关头，偏偏又出了事。

事情出在兵部尚书石星的身上。你可能还记得，当时正值第一次抗倭援朝战争结束，双方谈判期间，石星最为信任的大忽悠沈惟敬正处于巅峰期，谈判前景似乎很乐观，石大人便通报领导，说和平很有希望。

他的领导，就是赵志皋。

赵大爷本来就不爱惹事，听了自然高兴，表示同意谈判。

结果大家都知道了，所谓和平，全是沈惟敬、小西行长等中、日两方的职业骗子们通力协作，忽悠出来的。事情败露后，沈惟敬杀头，石星坐牢。

按说这事赵先生最多也就是个领导责任，可言官们实在是道德败坏，总找软柿子捏，每次弹劾石星，都要把赵大人捎带上。赵大人气得直喘气，要辞职，皇帝又不许，到万历二十六年（1598），再也撑不住了，索性回家养病休息，反正皇帝也不管。

万历二十九年（1601），赵大人死在了家里，不知是病死，还是老死，但我知道，他确实很累，因为直到他死的那天，辞职都没有批下来，用今天的话说，他应该算是死在了工作岗位上。

赵志皋日子过得艰难，张位相对好点儿，因为他的脾气比较厉害，言官们没怎么敢拿他开刀，加上他是次辅，凡事没必要太出头，有赵首辅挡在前面，日子过得也可以。

他唯一的问题，就是在抗倭援朝战争中，着力推荐了一个人，不但多次上疏保举，而且对其夸奖有加，说此人是不世出之奇才，必定能够声名远播，班师凯旋。

这个人的名字，叫作杨镐。

关于此人，我们之前已经说过了。从某个角度讲，他确实不负众望，虽然输了，还是输得声名远播，播到全国人民都晓得。随即开始追究责任，大臣们开骂，骂得张位受不了，就上疏皇帝，说：

"大家都在骂我（群言交攻），但我是忠于国家的，且毫无愧疚，希望皇上体察（惟上矜察）。"

皇帝说：

"杨镐这个人，就是你暗中密奏，推荐给我的（密揭屡荐）！我信了你，才会委派他做统帅，现在败仗打了，国威受损，你还敢说自己毫无愧疚（犹云无愧）？！"

到这个份儿上，估计也没啥说的了，张位连辞职的资格都没有，就被皇帝免职，走的时候没有一个人帮他说话。

估计是受刺激太大，张大人回家不久后就死了。

至万历二十九年（1601），内阁的几位元老全部死光，一个看似微不足道的人，就此踏上这个舞台。

七年前，王锡爵辞职，朝廷推举阁臣，顾宪成推举了王家屏，但有一点必须说明：当时，顾先生推荐的，并非王家屏一人，而是七个。

这七个人中，王家屏排第一，可是万历不买账，把顾宪成赶回了家。然而事实上，对顾先生的眼光，皇帝大人还是有所认可的，至少认可排第四的那个。

南京礼部尚书沈一贯。

沈一贯，字肩吾，隆庆二年（1568）进士。算起来，他应该是赵志皋的同班同学，不过他的成绩比赵大人要好得多，当了庶吉士，后来又去翰林院，给皇帝讲过课。和之前几位类似，他跟张居正大人的关系也相当不好，不过他得罪张先生的原因，是比较搞笑的。

事情的经过是这样，有一天，沈教官给皇帝讲课，说着说着，突然发了个感慨，说自古以来，皇帝托孤，应该找个忠心耿耿的人，如果找不到这种人，还不如多教育自己的子女，亲力亲为。

要知道，张居正同志的耳目是很多的，很快这话就传到了他的耳朵里，加上他的心胸又不算太宽广，所以张大人当政期间，沈一贯是相当地萧条，从未受到重用。

相对于直言上疏、痛斥张居正，而落得同样下场的王锡爵等同志，我只能说，其实他不是故意的。

张居正死后，沈一贯才出头，历任吏部左侍郎、翰林院侍读学士，后来又去了南京当礼部尚书。

此人平素为人低调，看上去没有什么特点，然而，这只是表面现象而已。

顾宪成是朝廷的幕后影响者，万历是至高无上的统治者，两人势不两立。

所以一个既能被顾宪成推荐，又能被皇帝认可的人，是十分可怕的。

万历二十二年（1594），沈一贯被任命为吏部尚书兼东阁大学士，进入了帝国的决策层。

很快，他就展示了他的异常之处，具体表现为，大家都欺负赵志皋，他不欺负。

赵首辅实在是个彻头彻尾的软柿子，无论大小官员，从他身边过，都禁不住要捏一把，而对赵大人尊敬有加的，只有沈一贯（事皋甚恭）。

但沈一贯先生尊敬赵老头，绝非尊重老人，而是尊重领导，因为排第二的张位、排第三的陈于陛，他都很尊敬。

沈一贯就这样扎下了根，在此后的七年之中，赵志皋被骂得养了病，陈于陛被骂得辞了官，都没他什么事。他还曾经联同次辅张位保举杨镐，据说还收了钱，可是杨镐事发，张位被弹劾免职，他竟安然无恙。

到万历二十九年（1601），死的死了，退的退了，只剩沈一贯，于是这个天字第一号大滑头终于成为了帝国的首辅。

凭借多年的混事技术，沈先生游刃有余，左推右挡，皇帝信任，大臣也给面子，地位相当稳固。然而在历史上，沈一贯的名声一贯不佳，究其原因，就是他太过滑头。

因为从某种角度来讲，朝廷首辅就是背黑锅的，国家那么多事，总得找一个负责的，但沈先生全然没有这个概念，能躲就躲，能逃就逃，实在不太地道。

而当时朝廷的局势，却已走到了一个致命的关口。

万历二十九年，皇长子十九岁，虽然出阁读书，却依然不是太子，而且万历办事太不厚道，对教自己儿子的讲官十分刻薄。一般人家请个老师，都要小心伺候，从不拖欠教师工资，万历却连饭都不管，讲官去教他儿子，还得自己带饭，实在太不像话。

相对而言，皇三子就真舒服得多了，要什么有什么，备受万历宠爱，娇生惯养，啥苦都没吃过，且大有夺取太子之位的势头。

这些情况大家都看在眼里，外加郑贵妃又是个百年难得一见的蠢人，丝毫不知收敛，极为嚣张，可谓是人见人恨。久而久之，一个父亲偏爱儿子的问题，就变成了恶毒地主婆欺负老实佃户的故事。

问题越来越严重，舆论越来越激烈。万历是躲一天算一天的主，偏偏又来了这么个首辅，要知道，大臣们不闹事，不代表不敢闹事，一旦他们的怒火到达顶点，国家将陷入前所未有的动乱。

然而动乱没有爆发，因为这个曾经搞倒申时行、王锡爵、王家屏等无数政治高手，看似永远无法解决的问题，竟然被解决了。

而解决它的，就是为人极不地道、一贯滑头的沈一贯。

说起来，这是个非常玄乎的事。

万历二十九年八月，沈一贯向皇帝上疏，要求册立太子。其大致内容是，皇长子年纪大了，应该册立太子，正式成婚，到时有了孙子，您也能享子孙满堂的福啊。

无论怎么看，这都是一封内容平平的奏疏，立意不新颖，文采很一般，按照以往的惯例，最终的结局应该是被压在文件堆下几年，再拉出去当柴火烧。

可惊喜总是存在的，就在第二天，沈一贯收到了皇帝的回复：

"即日册立皇长子为太子！"

沈一贯当时就蒙了。

这绝对不可能。

争了近二十年，无数猛人因此落马，无数官员丢官发配，皇帝都被折腾得半死不活，却死不松口。

然而现在，一切都解决了。

事实摆在眼前，即日册立太子，非常清晰，非常明显。

沈一贯欣喜若狂，他随即派人出去，通报了这一消息，于是举朝轰动了，所有的人都欢呼雀跃，为这个等待了许久的胜利。

"争国本"就此落下帷幕。这场万历年间最激烈复杂的政治事件，共逼退首辅四人、部级官员十余人，涉及中央及地方官员人数三百多位，其中一百多人被罢官、解职、发配，闹腾得乌烟瘴气，还搞出了一个叫东林党的副产品。几乎所有人都不相信，它会有解决的一天。

然而这件事情，却在最意想不到的时候，由最意想不到的人解决了，遭遇父亲冷落的朱常洛终于修成正果，荣登太子宝座。

但此事之中，仍然存在着一个最大的疑问：为什么那封上疏，能够破解这个残局？

我不知道沈一贯有没有想过这个问题，但我想了。

万历并不愚蠢，事实上，从之前的种种表现看，他是一个十分成熟的政治家，没有精神病史、心血来潮或是突发神经，基本都可以排除，而且他的意图十分明显——立皇三子。

那么到底是什么原因，让他放弃了这个经历十余年的痛骂、折腾，却坚持不懈的企图？

翻来覆去地审阅沈一贯的那封上疏，并综合此事发生前的种种迹象，我得出的结论是：这是压死骆驼的最后一根稻草。

万历从来就不想立皇长子，这是毫无疑问的，但疑问在于，他知道希望很渺茫，也知道手底下这帮大臣都是死脑筋，为何还要顶着漫天的口水和谩骂，用拖延战术硬扛十几年？

如果没有充分的把握，皇帝大人是不会吃这个苦的。

十几年来，他一直在等待两件事情的发生。然而，这两件事他都没等到。

我曾经分析过，要让皇三子超越皇长子继位，修改出生证明之类的把戏自然是没用的，必须有一个理由，一个能够说服所有人的理由，而这个答案只能是：立嫡不立长。

只有立嫡子，才能压过长子，并堵住所有人的嘴。

但皇三子就是皇三子，怎么可能变成嫡子呢？

事实上，是有可能的，只要满足一个条件——郑贵妃当皇后。

只要郑贵妃当上皇后，皇后的儿子自然就是嫡子，皇三子继位也就顺理成章了。

可是皇后只有一个，所以要让郑贵妃当上皇后，只能靠等，等到王皇后死掉，或是等时机成熟，把她废掉，郑贵妃就能顺利接位。

可惜这位王皇后身体很好，一直活到了万历四十八年（1620年，这一年万历驾崩），差点儿比万历自己活得还长，且她一向为人本分厚道，又深得太后的喜爱，要废掉她，实在没有借口。

第一件事是等皇后，第二件事是等大臣。

这事就更没谱了。万历原本以为免掉一批人，发配一批人，再找个和自己紧密配合的首辅，软硬结合就能把事情解决。没想到明代的大臣却是软硬都不吃，丢官发配的非但不害怕，反而很高兴。要知道，因为顶撞皇帝被赶回家，那是光荣，知名度噌噌地往上涨，值大发了。

所以他越严厉，越有人往上冲，只求皇帝大人再狠一点儿，最好暴跳如雷，这样名声会更大，效果会更好。

而首辅那边，虽然也有几个听话的，无奈都是些老油条，帮帮忙是可以的，跟您老人家下水是不可以的。好不容易拉了个王锡爵下来，搞了三王并封，半路人家想明白了，又跑掉了。

至于王家屏那类人，真是想起来都能痛苦好几天。十几年磨下来，人换了不少，朝廷越来越闹，皇后身体越来越好，万历同志焦头烂额，开始重新权衡利弊。

我相信，在他下定决心的过程中，有一件事情起到了关键的作用。

此事发生的具体时间不详，但应该在万历十四年（1586）之后。

有一天，李太后和万历谈话，说起了皇长子，太后问：你为何不立他为太子？

万历漫不经心地答道：他是宫女的儿子。

太后大怒：你也是宫女的儿子！

这就是活该了，万历整天忙里忙外，却把母亲的出身给忘了，要知道这位李老太太，当年也就是个宫女，因为长得漂亮才被隆庆选中，万历才当上了皇帝。

如果宫女的儿子不能继位，那么万历兄是否应该引咎辞职呢？

万历当即冷汗直冒，跪地给老太太赔不是，好说歹说才糊弄过去。

这件事情，必定给他留下了极为深刻的印象。

皇后没指望，老太太反对，大臣不买账，说众叛亲离，丝毫也不过分。万历开始意识到，如果不顾一切，强行立皇三子，他的地位都可能不保。

在自己的皇位和儿子的皇位面前，所有成熟的政治家都会做出同样的抉择。

决定政治动向的最终标准是利益，以及利益的平衡。

这是一条真理。

就这样，沈一贯捡了个大便宜，不仅成就了册立太子的伟业，成为朝廷大臣拥戴的对象，他的名声也如日中天。

可你要说他光捡便宜，不做贡献，那也是不对的，事实上，他确实做了一件了不起的事。

就在圣旨下达的第二天，万历反悔了，或许是不甘心十几年被人白喷了口水，或许是郑贵妃吹了枕头风，又找了借口再次延期，看那意思是不打算办了。

但朝廷大臣们并没有看到这封推辞的诏书，因为沈一贯封还了。

这位一贯滑头的一贯兄，终于硬了一回，他把圣旨退了回去，还加上了这样一句话：

"万死不敢奉诏！"

沈一贯的态度，深深地震慑了万历，他意识到，自己已经无路可退。

万历二十九年（1601）十月，皇帝陛下正式册立皇长子朱常洛为太子，"争国本"事件正式结束。

被压了十几年的朱常洛终于翻身，然而他的母亲，那位恭妃，却似乎永无出头之日。

按说儿子当上了太子，母亲至少也能封个贵妃，可万历压根儿就没提这件事，一直压着，直到万历三十四年（1606），朱常洛的儿子出世，她才被封为皇贵妃。

但皇贵妃和皇贵妃不一样，郑贵妃有排场、有派头，而王贵妃不但待遇差，连儿子来看她，都要请示皇帝，经批准才能见面。

但几十年来，她没有多说过一句话，直到万历三十九年（1611）的那一天。

她已经病入膏肓，不久于人世，而朱常洛也获准去探望，当那扇大门洞开时，她再次见到了自己的儿子。

二十九年前的那次偶遇，造就了她传奇的一生，从宫女到贵妃，再到未来的太后（死后追封）。

但是同时，这次偶遇也毁灭了她，因为万历同志很不地道，几十年如一日对她搞家庭冷暴力，既无恩宠，也无厚待，生不如死。

然而，她并不落寞，也无悔恨。

因为她看到了自己的儿子，已经长大成人的儿子。

青史留名的太后也好，籍籍无名的宫女也罢，都不重要。重要的是，作为一个母亲，在临终前看到了自己的儿子，看到他经历千难万苦，终于平安成人，这就足够了。

所以，在这生命的最后一刻，她拉着儿子的衣角，微笑着说：

"儿长大如此，我死何恨。"

这里使用的是史料原文，因为感情，是无法翻译的。

还有，其实这句话，她是哭着说的，但我认为，当时的她，很高兴。

王宫女就此走完了她的一生，虽然她死后，万历还是一如既往地混账，竟然不予厚葬，经过当时的首辅叶向高反复请求，才得到了一个谥号。

虽然她这一生，并没有什么可供传诵的事迹，但她已然知足。

在这个世界上，所有的爱都是为了相聚，只有母爱，是为了分离。

接受了母亲最后祝福的朱常洛还将继续走下去，在他成为帝国的统治者前，必须接受更为可怕的考验。

妖书

朱常洛是个可怜人，具体表现为出身低，从小不受人待见，身为皇子，别说胎教，连幼儿园都没上过，直到十二岁才读书，算半个失学儿童。身为长子，却一直位置不稳，摇摇摆摆到了十九岁，才正式被册立为太子。

读书的时候，老师不管饭，册立的时候，仪式都从简，混到这个份儿上，怎个"惨"字了得。

他还是个老实人，平时很少说话，也不闹事，待人也和气，很够意思，但凡对他好的，他都报恩。比如董其昌先生，虽被称为明代最伟大的天才画家，但人品极坏，平日欺男霸女，鱼肉百姓，闹得当地百姓都受不了，但就是这么个人，因为教过他几天，辞官后还特地召回，给予优厚待遇。

更为难得的是，对他不好的，他也不记仇。最典型的就是郑贵妃，这位妇女的档次属于街头大妈级，不但多事，而且闹事，屡次跟他为难，朱常洛却不以为意，还多次替其开脱。

无论从哪个角度看，他都是一个不折不扣的好人。

但历史无数次证明，在皇权斗争中，好人最后的结局，就是废人。

虽然之前经历风风雨雨，终于当上了太子，但帝国主义亡我之心不死，只要万历一天不死，他一天不登基，幕后的阴谋将永不停息，直至将他彻底毁灭。

现实生活不是电影，坏人总是赢，好人经常输，而像朱常洛这种老好人，应该算是稳输不赢。

可是这一次，是个例外。

事实证明，万历二十九年（1601），朱常洛被册立为太子，不过是万里长征走完了第一步，两年后，麻烦就来了。

这是一个很大的麻烦，大到国家动荡，皇帝惊恐，太子不安，连老滑头沈一贯都被迫下台。

但有趣的是，惹出麻烦的，既不是朱常洛，也不是郑贵妃，更不是万历，事实上，幕后黑手到底是谁，直至今日，也无人知晓。

万历三十一年（1603）十一月，一篇文章在朝野之间开始流传，初始还是小范围内传抄，后来索性变成了大字报，民居市场贴得到处都是，识字不识字的都去看，短短十几天内，朝廷人人皆知，连买菜的老大娘都知道了，在没有互联网和手机短信的当年，传播速度可谓惊人。

之所以如此轰动，是因为这篇文章的内容，实在是太过火爆。

此文名叫《续忧危竑议》，全篇仅几百字，但在历史上，它却有一个诡异的名字——"妖书"。

在这份妖书中，没有议论，没有叙述，只有两个人的对话，一个人问，一个人答。问话者的姓名不详，而回答的那个人，叫作郑福成。这个名字，也是文中唯一的主角。

文章一开始，是两个人在谈事。一个说现在天下太平，郑福成当即反驳，说目前形势危急，因为皇帝虽然立了太子，但那是迫于沈一贯的要求，情非得已，很快就会改立福王。

这在当年，就算是反动传单了，而且"郑福成"这个名字，也很有技术含量，郑贵妃、福王、成功三合一，可谓言简意赅。

之所以被称为"妖书"，只说说皇帝太子，似乎还不合格，于是内阁的两位大人，也一起下了水。

当时的内阁共有三人，沈一贯是首辅，另外两人是沈鲤和朱赓。妖书的作者别出心裁，挑选了沈一贯和朱赓，并让他们友情客串，台词如下：

问：你怎么知道皇帝要改立福王呢？

郑福成答：你看他用朱赓，就明白了。朝中有这么多人，为什么一定要用朱赓呢，因为他姓朱，名赓，赓者，更也，真正的意思，就是改日更立啊（佩服，佩服）。

这是整朱赓，还有沈一贯同志：

问：难道沈一贯不说话吗？

郑福成答：沈一贯这个人阴险狡诈，向来是有福独享，有难不当，是不会出头的。

闹到这个份儿上，作者还不甘心，要把妖书进行到底，最后还列出了朝廷中的几位高官，说他们都是改立的同党，是大乱之源。

更为搞笑的是，这篇妖书的结尾，竟然还有作者署名！

落款者分别是吏科都给事中项应祥，四川道御史乔应甲。

这充分说明，妖书作者实在不是什么良民，临了还要耍人一把。难能可贵的是，他们还相当有版权意识，在这二位黑锅的名下还特别注明，项应祥撰（相当于原著），乔应甲书（相当于执笔）。

这玩意儿一出来，大家都蒙了。沈一贯当即上疏，表示自己非常愤怒，希望找出幕后主使人，与他当面对质，同时他还要求辞官，以示清白以及抗议。

而妖书上涉及的其他几位高级官员也纷纷上疏，表示与此事无关，并要求辞职。

最倒霉的人是朱赓，或许是有人恶搞他，竟然把一份妖书放在了他的家门口。这位朱先生是个厚道人，吓得不行，当即把这份妖书和自己的奏疏上呈皇帝，还一把鼻涕一把泪地哭诉，说我今年都快七十了，有如此恩宠已是意外，也没啥别的追求，现在竟然被人诬陷，请陛下让我告老还乡。

朝廷一片混乱，太子也吓得不行，他刚消停两年，就出这么个事，闹不好又得下去，整日坐卧不安，担惊受怕。

要说还是万历同志久经风雨，虽然愤怒，倒不怎么慌，先找太子去聊天，说我知道这不关你的事，好好在家读书，别出门。

然后再发布谕令，安抚大臣，表示相信大家，不批准辞职，一个都别走。

稳定情绪后，就该破案了，像这种天字第一号政治案件，自然轮不上衙门捕快之类的角色，东厂锦衣卫倾巢而出，成立专案组，没日没夜地查，翻天覆地地查。

万历原本以为，来这么几手，就能控制局势，然而这场风暴，却似乎越来越猛烈。

首先是太子，这位兄弟原本胆小，这下更是不得了，窝在家里哪里都不去，唯恐出事。而郑贵妃那边也不好受，毕竟妖书针对的就是她，千夫所指，舆论压力太大，每日只能以泪洗面，不再出席任何公开活动。

内阁也不得消停。沈一贯和朱赓吓得不行，都不敢去上班，待在家里避风头，日常工作只有沈鲤干，经常累得半死。大臣们也怕，因为所有人都知道，平时争个官位，抢个待遇的没啥，这个热闹却凑不得。虽说皇帝大人发话，安抚大家不让辞职，可这没准儿是放长线钓大鱼，不准你走，到时候来个一锅端，那就麻烦大了。

总而言之，从上到下，一片人心惶惶。很多人都认定，在这件事情的背后，有很深的政治背景。

确实如此。

这是明代历史上一件著名的政治疑案，至今仍无答案，但从各种蛛丝马迹之中，真相却依稀可辨。

可以肯定的是，这件事情应该与郑贵妃无关，因为她虽然蠢，也想闹事，却没必要闹出这么大的动静，把自己挤到风口浪尖受罪。而太子也不会干这事，以他的性格，别人不来惹他就谢天谢地、求神拜佛了。

作案人既不是郑贵妃，也不是太子，但可以肯定的是，作案者，必定是受益者。

在当时的朝廷中，受益者不外乎两种，一种是精神受益者，大致包括看不惯郑贵妃欺压良民，路见不平也不吼，专门暗地下黑手的人，写篇东西骂骂出口气。

这类人比较多，范围很大，也没法子查。

第二种是现实受益者。就当时的朝局而言，嫌疑人很少——只有两个。

这两个人，一个是沈一贯，另一个是沈鲤。

这二位仁兄虽然是本家，但要说他们不共戴天，也不算夸张。

万历二十九年（1601），沈一贯刚刚当首辅的时候，觉得内阁人太少，决定挑两个跑腿的，一个是朱赓，另一个是沈鲤。

朱赓是个老实人，高高兴兴地上班了；沈鲤却不买账，推辞了很多次，就是不来，沈一贯以为他高风亮节，也就没提这事。

可两年之后，这位仁兄竟然又入阁了，沈一贯同志这才明白，沈鲤不是不想入阁，而是不买他的账，因为这位本家资历老，名望高，还给皇帝讲过课，关系很好，压根儿就看不起自己。

看不起自然就不合作，外加沈鲤也不是啥善人，两人在内阁里一向是势不两立。

而现在妖书案发，内阁三个人，偏偏就拉上了沈一贯和朱赓，毫无疑问，沈鲤是有嫌疑的。

这是我的看法，也是沈一贯的看法。

这位老油条在家待了好几天，稳定情绪之后，突然发现这是一个绝佳的机会。

他随即恢复工作，以内阁首辅的身份亲自指挥东厂锦衣卫搜捕，而且还一反往日装孙子的常态，明目张胆地对沈鲤的亲信、礼部侍郎郭正域下手，把郭侍郎的老乡、朋友、下属、仆人全都拉去审问。

在这个不寻常的行动背后，是一个不寻常的算盘：

如果事情是沈鲤干的，那么应该反击，这叫报复；如果事情不是沈鲤干的，那么也应该反击，这叫栽赃。

在这一光辉思想的指导下，斗争愈演愈烈，沈鲤的亲信被清算，他本人也未能幸免。锦衣卫派了几百人到他家，也不进去，也不闹事，就是不走，搞得沈鲤门都出不去，十分狼狈。

但沈鲤先生如果没两把刷子，是不敢跟首辅叫板的。先是朱常洛出来帮忙叫屈，又传话给东厂的领导，让他们不要乱来；后来连万历都来了，直接下令不得骚扰沈鲤。

沈一贯碰了钉子，才明白这个冤家后台很硬，死拼是不行的，他随即转换策略，命令锦衣卫限期破案——抓住作案人，不怕黑不了你。

可是破案谈何容易，妖书满街都是，传抄者无数，鬼才知道到底哪一张纸才是源头。十一月十日案发，查到二十日，依然毫无进展。

东厂太监陈矩、锦衣卫都督王之桢急得直跳脚，如果还不破案，这官就算当到头了。

二十一日，案件告破。

应该说，这起妖书案是相当地妖，案发莫名其妙不说，破案也破得莫名其妙。二十一日这天，先是锦衣卫衙门收到一份匿名检举信，后又有群众举报，锦衣卫出动，这才逮住了那个所谓的真凶：皦生光。

皦生光先生是什么人呢？

答案是——什么人都不是。

这位仁兄既不是沈鲤的人，也不是沈一贯的人，他甚至根本就不是官员，而只是一个顺天府的秀才。

真凶到案,却没有人心大快,恰恰相反,刚刚抓到他的时候,朝廷一片哗然,大家都说锦衣卫和东厂太黑,抓不到人了,弄这么个人来背黑锅。

这种猜测很有道理,因为那封妖书,不是一个秀才能写得出来的。

那年头,群众参政议政积极性不高,把肚子混饱就行,谁当太子鬼才关心,更何况沈一贯和朱赓的关系,以及万历迫不得已才同意立长子这些情况,地方官都未必知道,一个小秀才怎么可能清楚?

但细细一查,才发现这位仁兄倒还真有点儿来头。

原来皦生光先生除了是秀才外,还兼职干过诈骗,具体方法是欺负人家不识字,帮人写文章,里面总要带点儿忌讳,不是用皇帝的避讳字,就是加点儿政治谣言,等人家用了,再上门勒索,说你要不给钱,我就跑去报官云云。

后来由于事情干得多了,秀才也被革了,发配到大同当老百姓,最近才又潜回北京。

可即便如此,也没啥大不了,归根结底,他也就是个普通混混儿,之所以被确定为重点嫌疑人,是因为他曾经敲诈过一个叫郑国泰的人。

郑国泰,是郑贵妃的弟弟。

一个穷秀才,又怎么诈骗皇亲国戚呢?

按照锦衣卫的笔录,事情大致是这样的:有个人要去郑国泰家送礼,要找人写文章,偏偏这人不知底细,找到了皦生光。皦秀才自然不客气,发挥特长,文章里夹了很多私货。一来二去,东西送进去了。

一般说来,以郑国泰的背景,普通的流氓是不敢惹的,可皦生光不是普通的流氓,胆贼大,竟然找上了门,要郑大人给钱。至于此事的结局,说法就不同了,有的说郑国泰把皦生光打了一顿,赶出了门;也有的说郑国泰胆小,给钱私了。

但无论如何,皦秀才终究和此事搭上了边,有了这么个说法,事情就好办了。侦查工作随即开始，首先是搜查，家里翻个底朝天，虽说没找到妖书，但发现了一批文稿，据笔迹核对（司法学名：文检），与妖书的初期版本相似（注意，是相似）。

之后是走访当地群众，以皦秀才平日的言行，好话自然没有，加上这位兄弟又有前科，还进过号子，于是锦衣卫最后定案：有罪。

案子虽然定了，但事情还没了结，因为明朝的司法制度十分严格，处决人犯必须经过司法审讯，即便判了死罪，还得由皇帝亲自进行死刑复核，这才能把人拉出去咔嚓一刀。

所以万历下令，鉴于案情重大，将此案送交三法司会审。

之前提过，三法司，即是明朝的三大司法机关：大理寺、都察院、刑部，大致相当于今天的司法部、监察部、最高人民法院等若干部门。

三法司会审，是明代最高档次的审判，也是最为公平的审判，倒不是三法司这帮人有啥觉悟，只是因为参与部门多，把每个人都搞定，比较难而已。例如当年的严世蕃，人缘广，关系硬，都察院、大理寺都有人，偏偏刑部的几个领导是徐阶的人，最后还是没躲过去。

相比而言，像皦秀才这种要钱没钱、要权没权的人，死前能落个三司会审，也就不错了，结案只是时间问题。

可是这起案件，远没有想象中那么简单。

一到三法司，皦秀才就不认账了。虽说之前他曾招供，说自己是仇恨郑国泰，故意写妖书报复，但那是在锦衣卫审讯时的口供，锦衣卫是没有善男信女的，也不搞什么批评教育、政策攻心，除了打就是打，口供是怎么来的，大家心里都有数。现在进了三法司，看见来了文明人，不打了，自然就翻了案。

更麻烦的是，沈一贯和朱赓也不认。

这二位明显是被妖书案整惨了，心有不甘，想借机会给沈鲤点儿苦头吃，上疏皇帝，说证词空泛，不可轻信，看那意思，非要搞出个一二三才甘心。

所以在审讯前，他们找到了萧大亨，准备做手脚。

萧大亨，时任刑部尚书，是沈一贯的亲信，接到指令后心领神会，在审讯时故意诱供，让㦡秀才说出幕后主使。

可是㦡秀才还真够意思，问来问去就一句话：

"无人主使！"

萧大亨没办法，毕竟是三法司会审，搞得太明显也不好，就给具体负责审案的下属、刑部主事王述古写了张条子，还亲自塞进了他的袖口。字条大意是，把这件事情往郭正域、沈鲤身上推。

没想到王述古接到条子，看后却大声反问领导：

"案情不出自犯人口里，却要出自袖中吗？！"

萧大亨狼狈不堪，再也不敢掺和这事。

沈鲤这边也没闲着，他知道沈一贯要闹事，早有防备：你有刑部帮忙，我有都察院撑腰。一声令下，都察院的御史们随即开动，四下活动，灭火降温，准备冷处理此事。

其中一位御史实在过于激动，竟然在审案时，众目睽睽之下，对㦡秀才大声疾呼：

"别牵连那么多人了，你就认了吧。"

审案审到这个份儿上，大家都是哭笑不得，要结案，结不了；不结案，又没个交代，皇帝、太子、贵妃、内阁，谁都不能得罪。万一哪天㦡秀才吃错了药，再把审案的诸位领导扯进去，那真是哭都没眼泪。

三法司的人急得不行，可急也没用，于是有些不地道的人就开始拿案件开涮。

比如有位审案御史，有一天突然神秘地对同事说，他已经确定，此案一定是㦡秀才干的。

大家十分兴奋，认定他有内部消息，纷纷追问他是怎么知道的。

御史答：

"昨天晚上我做梦，观音菩萨告诉我，这事就是他干的。"

当即笑倒一片。

没办法，就只能慢慢磨，开审休审，休审开审，周而复始，终于有一天，事情解决了。

皦生光也受不了了，天天审问，天天用刑，天天折腾，还不如死了好，所以他招供了：

"是我干的，你们拿我去结案吧。"

世界清净了。

万历三十二年（1604）四月，皦生光被押赴刑场，凌迟处死。

妖书案就此结束，虽说闹得天翻地覆，疑点重重，但有一点是肯定的，那就是：皦生光很冤枉。

因为别的且不谈，单说妖书上列出的那些官员，就皦秀才这点儿见识，别说认识，名字都记不全。找这么个人当替死鬼，手真狠，心真黑。

妖书何人所写，目的何在，没人知道，似乎也没人想知道。

因为有些时候，真相其实一点儿也不重要。

妖书案是结了，可轰轰烈烈的斗争又开始了。沈一贯被这案子整得半死不活，气得不行，铆足了劲儿要收拾沈鲤，挖坑、上告、弹劾轮番上阵。可沈鲤同志很是强悍，怎么搞都没倒。反倒是沈一贯，由于闹得太过，加上树大招风，竟然成为了言官们的新目标。骂他的人越来越多，后来竟然成了时尚（弹劾日众）。

沈一贯眼看形势不妙，只好回家躲起来，想要避避风头。没想到这风越刮越大，三年之间，弹劾他的奏疏堆起来足有一人高，于是他再也顶不住了。

万历三十四年（1606），沈一贯请求辞职，得到批准。

有意思的是，这位仁兄走之前，竟然还提了一个要求：我走，沈鲤也要走。

恨人恨到这个份儿上，也不容易。

而更有意思的是，万历竟然答应了。

这是一个不寻常的举动，因为沈鲤很有能力，又是他的亲信，而沈一贯虽说人滑了点儿，办事还算能干，平时朝廷的事全靠这两人办，万历竟然让他们全都走人，动机就一个字——烦。

自打登基以来，万历就没过几天清净日子，先被张居正压着，连大气都不敢出；等张居正一死，言官解放，吵架的来了，天天闹腾。到生了儿子，又开始争国本，堂堂皇帝，竟然被迫就范。

现在太子也立了，某些人还不休息，跟着搞什么妖书案，打算浑水摸鱼，手下这两人还借机斗来斗去，时不时还以辞职相威胁，太过可恶。

既然如此，你们就都滚吧，有多远滚多远，让老子清净点儿！

沈一贯和沈鲤走了，内阁只剩下了朱赓。

这一年，朱赓七十二岁。

朱赓很可怜，他不但年纪大，而且老实，老实到他上任三天，就有言官上疏骂他。首辅大人心态很好，通通不理。

可让他无法忍受的是，他不理大臣，皇帝也不理他。

内阁人少，一个七十多岁的老头儿起早贪黑熬夜，实在扛不住，所以朱赓多次上疏，希望再找几个人入阁。

可是前后写了十几份报告，全都石沉大海，到后来，朱大人忍不住了，可怜七十多岁的老大爷，亲自跑到文华门求见皇帝，等了半天，却还是吃了闭门羹。

换在以前，皇帝虽然不上朝，但大臣还是要见的，特别是内阁那几个人，这样才能控制朝局。比如嘉靖，几十年不上朝，但没事就找严嵩、徐阶聊天，后来索性做了邻居，住到了一起（西苑）。

但万历不同，他似乎是不想干了。在他看来，内阁一个人不要紧，没有人也不要紧，虽然朱首辅七十多岁了，也还活着嘛，能用就用，累死了再说，没事就别见了，也不急这几天，会有人的，会见面的，再等等吧。

就这样，朱老头一边等一边干，一个人苦苦支撑，足足等了一年，既没见到助手，也没见过皇帝。

这一年里，朱老头算被折腾惨了，上疏国政，皇帝不理，上疏辞职，皇帝也不理。到万历三十四年（1606），朱赓忍无可忍，上疏说自己有病，竟然就这么走了。

皇帝还是不理。

终于走光了。

内阁没人待，首辅没人干，经过万历的不懈努力，朝廷终于达到了传说中的最高境界——千山鸟飞绝，万径人踪灭。

自明代开国以来，只有朱元璋在的时候，既无宰相，也无内阁，时隔多年，万历同志终于重现往日荣光。

而对于这一空前绝后的盛况，万历很是沉得住气，没人就没人，日子还不是照样过？

但很快，他就发现这日子没法过了。

因为内阁是联系大臣和皇帝的重要渠道，而且内阁有票拟权，所有的国家大事，都由其拟定处理意见，然后交由皇帝审阅批准。所以即使皇帝不干活，国家也过得去。

朱元璋不用宰相和内阁，原因在于他是劳模，什么都能干，而万历先生连文件都懒得看，你要他去干首辅的活，那就是白日做梦。

朝廷陷入了全面瘫痪，这么下去，眼看就要破产清盘，万历也急了，下令要大臣们推举内阁人选。

几番周折后，于慎行、叶向高、李廷机三人成功入阁，班子总算又搭起来了。

但这个内阁并没有首辅，因为万历特意空出了这个位置，准备留给一个熟人。

机密信件

这个人就是王锡爵，虽说已经告老还乡，但忆往昔，峥嵘岁月稠，之前共背黑锅的革命友谊，给万历留下了深刻的印象。所以他派出专人，去请王锡爵重新出山，并同时请教他一个问题。

王锡爵不出山。

由于此前被人坑过一次，加上都七十四岁了，王锡爵拒绝了万历的下水邀请。但毕竟是多年战友，还教过人家，所以，他解答了万历的那个疑问。

万历的问题是，言官太过凶悍，应该如何应付？

王锡爵的回答是，他们的奏疏你压根儿别理（一概留中），就当是鸟叫（禽鸟之音）！

我觉得，这句话十分中肯。

此外，他还针对当时的朝廷，说了许多意见和看法，为万历提供了借鉴。

然后，他把这些内容写成了密疏，派人送给万历。

这是一封极为机密的信件，其内容如果被曝光，后果难以预料。

所以王锡爵很小心，不敢找邮局，派自己家人携带这封密信，并反复嘱托，让他务必亲手交到朝廷，绝不能流入任何人的手中，也算是吸取之前申时行密疏走光的经验。

但王锡爵做梦也没想到，这一次，他的下场会比申时行还惨。

话说回来，这位送信的同志还是很敬业的，拿到信后立即出发，日夜兼程赶路，一路平安，直到遇见了一个人。

当时他已经走到了淮安，准备停下来歇脚，却听说有个人也在这里，于是他便去拜访了此人。

这个人的名字，叫作李三才。

李三才，字道甫，陕西临潼人，时任都察院右佥都御史，凤阳巡抚。

这个名字，今天走到街上，问十个人估计十个都不知道，但在当年，却是天下皆知。

关于此人的来历，只讲一点就够了：

二十年后，魏忠贤上台时，编了一本《东林点将录》，把所有跟自己作对的人按照水浒一百单八将称号，以实力排序，而排在此书第一号的，就是托塔天王李三才。

总而言之，这是一个十分厉害的人物。

因为淮安正好归他管，这位送信人原本认识李三才，到了李大人的地头，就去找他叙旧。

两人久别重逢，聊着聊着，自然是要吃饭，吃着吃着，自然是要喝酒，喝着喝着，自然是要喝醉。

送信人心情很好，聊得开心，多喝了几杯，喝醉了。

李三才没有醉，事实上，他非常清醒，因为他一直盯着送信人随身携带的那口箱子。

在安置了送信人后，他打开了那个箱子，因为他知道，里面必定有封密信。

得知信中内容之后，李三才大吃一惊，但和之前那位泄露申时行密疏的罗大纮不同，他并不打算公开此信，因为他有更为复杂的政治动机。

手握着这封密信，李三才经过反复思考，终于决定：篡改此信件。

在他看来，篡改信件，更有利于达到自己的目的。

所谓篡改，其实就是重新写一封，再重新放进盒子里，让这人送过去，神不知鬼不觉。

可是再一细看，他就开始感叹：王锡爵真是个老狐狸。

古代没有加密电报，所以在传送机密信件时，往往信上设有暗号，两方约定，要么多写几个字，要么留下印记，以防被人调包。

李三才手中拿着的，就是一封绝对无法更改的信，倒不是其中有什么密码，而是他发现，此信的写作者，是王时敏。

王时敏，是王锡爵的孙子，李三才之所以认定此信系他所写，是因为这位王时敏还有一个身份——著名书法家。

这是真没法了，明天人家就走了，王时敏的书法天下皆知，就自己这笔字，学都没法学，短短一夜时间，又练不出来。

无奈之下，他只好退而求其次，抄录了信件全文，并把信件放了回去。

第二天，送信人走了，他还要急着把这封密信交给万历同志。

当万历收到此信时，绝不会想到，在他之前，已经有很多人知道了信件的内容，而其中之一，就是远在无锡的普通老百姓顾宪成。

这件事可谓疑团密布，大体说来，有几个疑点：

送信人明知身负重任，为什么还敢主动去拜会李三才，而李三才又为何知道他随身带有密信，之后又要篡改密信呢？

这些问题，我可以回答。

送信人去找李三才，是因为李大人当年的老师，就是王锡爵。

非但如此，王锡爵还曾对人说，他最喜欢的学生，就是李三才。两人关系非常地好，所以这位送信人到了淮安，才会去找李大人吃饭。

作为凤阳巡抚，李三才算是封疆大吏，而且他本身就是都察院的高级官员，对朝廷的政治动向十分关心，皇帝为什么找王锡爵，找王锡爵干什么，他都一清二楚，唯一不清楚的，就是王锡爵的答复。

最关键的问题来了，既然是王锡爵的学生，还算他的亲信，李三才同志为什么要背后一刀，痛下杀手呢？

因为在李三才的心中，有一个人，比王锡爵更加重要，为了这个人，他可以出卖自己的老师。

万历二年（1574），李三才考中了进士，经过初期培训，他分到户部，当上了主事。几年之后，另一个人考中进士，也来到了户部当主事，这个人叫顾宪成。

这之后他们之间发生了什么事情，史书上没有写，我也不知道。但是我惊奇地发现，顾宪成和李三才在户部做主事的时候，他们的上司竟然叫赵南星。

联想到这几位后来在朝廷里呼风唤雨的情景，我们有理由相信，在那些日子里，他们谈论的应该不仅仅是仁义道德、君子之交，暗室密谋之类的把戏也没少玩。

李三才虽然是东林党，但道德水平明显一般，他出卖王老师，只是因为一个目的——利益。

而只要分析一下，就能发现李三才涂改信件的真正动机。

当时的政治形势看似明朗，实则复杂，新成立的这个三人内阁，可谓凶险重重，杀机无限。

李廷机倒还好说，这个人性格软弱，属于和平派，谁也不得罪，谁也不搭理，基本可以忽略。

于慎行就不同了，这人是朱赓推荐的，算是朱赓的人，而朱赓是沈一贯的人，沈一贯和王锡爵又是一路人，所以在东林党的眼里，朱赓不是自己人。

剩下的叶向高，则是一个非同小可的人，此后一系列重大事件中，他起到了极为关键的作用。此人虽不是东林党，却与其有着千丝万缕的联系，是个合格的地下党。

这么一摆，你就明白了，内阁三个人，一个好欺负，两个搞对立，遇到事情，必定会僵持不下。

僵持还算凑合，可要是王锡爵来了，和于慎行团结作战，东林党就没戏了。

虽然王锡爵的层次很高，公开表明自己不愿去，但东林党的同志明显不太相信，所以最好的办法，就是打开那封信，看个究竟。

在那封信中，李三才虽然没有看到重新出山的许诺，却看到了毫无保留的支持，为免除后患，他决定篡改。

然而由于写字太差，没法改，但也不能就此拉倒。为了彻底消除王锡爵的威胁，他抄录并泄露了这封密信，而且特意泄露给言官。

因为在信中，王锡爵说言官发言是鸟叫，那么言官就是鸟人了。鸟人折腾事，是从来不遗余力的。

接下来的事情可谓顺理成章，舆论大哗，言官们奋笔疾书，把吃奶的力气拿出来痛骂王锡爵，言辞极其愤怒。怎么个愤怒法，举个例子你就知道了。

我曾翻阅过一位言官的奏疏，内容就不说了，单看名字，就很能提神醒脑——《巨奸涂面丧心比私害国疏》。

在如此重压之下，王锡爵没有办法，只好在家静养，从此不问朝政。后来万历几次派人找他复出，他见都不见，连回信都不写，估计是真的怕了。

事情的发展，就此进入了顾宪成的轨道。

王锡爵走了，朝廷再也没有能担当首辅的人选，于是李廷机当上了首辅。这位兄弟不负众望，上任后不久就没顶住骂，回家休养，谁叫也没用，基本算是罢工了。

而异类于慎行也不争气，刚上任一年就死了。就这样，叶向高成为了内阁的首辅，也是唯一的内阁大臣。

对手被铲除了，这是最好的结局。

必须说明的是，所谓李三才和顾宪成的勾结，并不是猜测，因为在史料翻阅中，我找到了顾宪成的一篇文章。

在文章中，有这样几句话：

"木偶兰溪、四明，婴儿山阴、新建而已，乃在遏娄江之出耳。"

"人亦知福清之得以晏然安于其位者，全赖娄江之不果出……密揭传自漕抚也，岂非社稷第一功哉？"

我看过之后，顿感毛骨悚然。

这是两句惊天动地的话，却不太容易看懂，要看懂这句话，必须解开几个密码。

第一句话中，木偶和婴儿不用翻译，关键在于新建、兰溪、四明、山阴以及娄江五个词语。

这五个词，是五个地名，而在这里，则是暗指五个人。

新建，是指张位（新建人）；兰溪，是指赵志皋（兰溪人）；四明，是指沈一贯（四明人）；山阴，是指朱赓（山阴人）。

所以前半句的意思是，赵志皋和沈一贯不过是木偶，张位和朱赓不过是婴儿！

而后半句中的娄江，是指王锡爵（娄江人）。

连接起来，我们就得到了这句话的真实含义：

赵志皋、沈一贯、张位、朱赓都不要紧，最为紧要的，是阻止王锡爵东山再起！

顾宪成，时任南直隶无锡县普通平民，而赵、张、沈、朱四人中，除张位外，其余三人都当过首辅，首辅者，宰相也，一人之下，万人之上！

然而这个无锡的平民，却在自己的文章中，把这些不可一世的人物，称为木偶、婴儿。

而从文字语气中可以看出，他绝非单纯发泄，而是确有把握，似乎在他看来，除了王锡爵外，此类大人物都不值一提。

一个普通老百姓能牛到这个份儿上，真可谓是前无古人，后无来者。

第二句话的玄机在于两个关键词语：福清和漕抚。

福清所指的，就是叶向高，而漕抚，则是李三才。

叶向高是福建福清人，李三才曾任漕运总督。把这两个词弄清楚后，我们就明白了这句话的意思：

"大家都知道叶向高能安心当首辅，是因为王锡爵不出山……密揭这事是李三才捅出来的，可谓是为社稷立下第一功！"

没有王法了。

一个平民，没有任何职务，远离京城上千里，但他说，内阁大臣都是木偶、婴儿。而现在的朝廷第一号人物能够坐稳位置，全都靠他的死党出力。

纵观二十四史，这种事情我没有听过，也没有看过。

但现在我知道了，在看似杂乱无章的万历年间，在无休止的争斗和吵闹里，一股暗流正在涌动、在沉默中集结，慢慢地伸出手，操纵所有的一切。

第六章

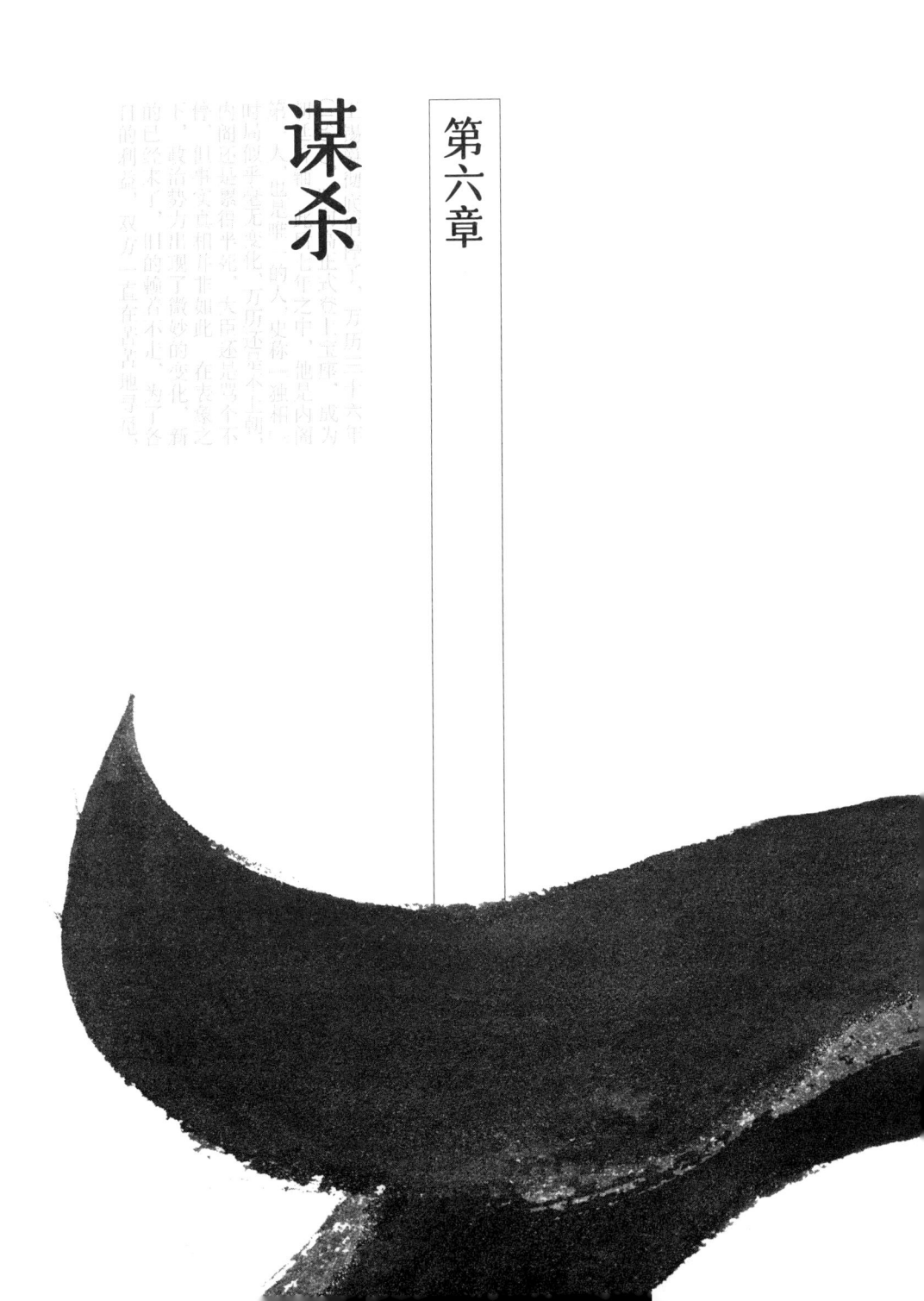

谋杀

万历三十六年正式登上宝座,成为万人之中,他是内阁的人,史称"独相"。

时局似乎毫无变化,万历还是不上朝,内阁还是很得平稳,大臣还是骂个不停,但事实就是如此,在失衡之下,政治势力出现了微妙的变化。新旧的矛盾愈名不止,为了各自的利益,双方一直在苦苦地寻找。

疯子

王锡爵彻底消停了，万历三十六年（1608），叶向高正式登上宝座，成为朝廷首辅。此后七年之中，他是内阁第一人，也是唯一的人，史称"独相"。

时局似乎毫无变化，万历还是不上朝，内阁还是累得半死，大臣还是骂个不停，但事实真相并非如此。

在表象之下，政治势力出现了微妙的变化，新的已经来了，旧的赖着不走，为了各自的利益，双方一直在苦苦地寻觅，寻觅一个置对方于死地的机会。

终于，他们找到了那个最好、最合适的机会——太子。

太子最近过得还不错，自打妖书案后，他很是清净了几年，确切地说，是九年。

万历四十一年（1613），一个人写的一封报告，再次把太子拖下了水。

这个人叫王日乾，时任锦衣卫百户，通俗点儿说，是个特务。

这位特务向皇帝上疏，说他发现了一件非常离奇的事情：有三个人集会，剪了三个纸人，上面分别写着皇帝、皇太后、皇太子的名字，然后在上面钉了七七四十九个铁钉（真是不容易），钉了几天后，放火烧掉。

这是个复杂的过程，但用意很简单——诅咒，毕竟把钉子钉在纸人上，你要说是祈福，似乎也不太靠谱。

这也就罢了，更麻烦的是，这位特务还同时报告，说这事是一个太监指使的，偏偏这个太监，又是郑贵妃的太监。

于是事情闹大了，奏疏送到皇帝那里，万历把桌子都给掀了，深更半夜睡不着觉，四下乱转，急得不行。太子知道后，也是心急火燎，唯恐事情闹大。郑贵妃更是哭天喊地，说这事不是自己干的。

大家都急得团团转，内阁的叶向高却悄无声息。万历气完了，也想起这个人了，当即大骂：

"出了这么大的事，这人怎么不说话？！（此变大事，宰相何无言）"

此时，身边的太监递给他一件东西，很快万历就说了第二句话：

"这下没事了。"

这件东西，就是叶向高的奏疏，事情刚出，就送上来了。

奏疏的内容大致是这样的：

陛下，此事的原告（指王日乾）和被告（指诅咒者）我都知道，全都是无赖混混儿，之前也曾闹过事，还被司法部门（刑部）处理过。这件事情和以往的妖书案很相似，但妖书案是匿名，无人可查，现在原告、被告都在，一审就知道，皇上你不要声张就行了。

这段话再次证明了一点：叶向高是个绝顶聪明的人。

叶向高的表面意思，是说这件事情，是非曲直且不论，但不宜闹大，只要你不说，我不说，把这件事情压下去，一审就行。

这是一个不符合常理的抉择，因为叶向高是东林党的人，而东林党是支持太子的，现在太子被人诅咒，应该一查到底，怎能就此打住呢？

事实上，叶向高是对的。

第二天，叶向高将王日乾送交三法司审讯。

这是个让很多人疑惑的决定，这人一审，事情不就闹大了吗？

如果这样想，那是相当单纯，因为就在叶向高吩咐审讯的后一天，王日乾同志就因不明原因，不明不白地死在了监牢里，死因待查。

什么叫黑？这就叫黑。

而只要分析当时的局势，揭开几个疑点，你就会发现叶向高的真实动机。

首先，最大的疑问是：这件事情是不是郑贵妃干的，答案：无所谓。

自古以来，诅咒这类事数不胜数，说穿了就是想除掉一个人，又没胆跳出来，在家做几个假人，骂骂出出气，是纯粹的阿Q精神。一般也就是老大妈干干（这事到今天还有人干，有多种形式，如"打小人"），而以郑贵妃的智商，正好符合这个档次，说她真干，我倒也信。

但问题在于，她干没干并不重要，反正铁钉扎在假人上，也扎不死人，真正重要的是，这件事不能查，也不能有真相。

追查此事，似乎是一个太子向郑贵妃复仇的机会，但事实上，却是不折不扣的陷阱。

原因很简单，此时朱常洛已经是太子，只要没有什么大事，到时自然接班，而郑贵妃一哭二闹三上吊之类的招数，闹了十几年，早没用了。

但如若将此事搞大，再惊动皇帝，无论结果如何，对太子只有坏处，没有好处。因为此时太子要做的，只有一件事情——等待。

事实证明，叶向高的判断十分正确，种种迹象表明，告状的王日乾和诅咒的那帮人关系紧密，此事很可能是一个精心策划的阴谋，某些人（不一定是郑贵妃）为了某些目的，想把水搅浑，再浑水摸鱼。

久经考验的叶向高同志识破了圈套，危机成功渡过。

但太子殿下一生中最残酷的考验即将到来，在两年之后。

万历四十三年（1615）五月初四黄昏。

太子朱常洛正在慈庆宫中休息。万历二十九年（1601）他被封为太子，住到了这里，但他爹人品差，基础设施一应俱缺，要啥都不给，连身边的太监都是人家淘汰的。皇帝不待见，大臣自然也不买账，平时谁都不上门，十分冷清。

但这一天，一个特别的人已经走到他的门前，并将以一种特别的方式问候他。

他手持一根木棍，进入了慈庆宫。

此时，他与太子的距离，只有两道门。

第一道门无人看守，他迈了过去。

在第二道门，他遇到了阻碍。

一般说来，重要国家机关的门口，都有荷枪实弹的士兵站岗，就算差一点儿的，也有几个保安，实在是打死都没人问的，多少还有个老大爷。

明代也是如此，锦衣卫、东厂之类的自不必说，兵部吏部门前都有士兵看守，然而太子殿下的门口，没有士兵，也没有保安，甚至连老大爷都没有。

只有两个老太监。

于是，他挥舞木棍，打了过去。

众所周知，太监的体能比平常人要差点儿（练过宝典除外），更何况是老太监。

很快，一个老太监被打伤。他越过了第二道门，向着目标前进。

目标，就在前方的不远处。

然而，太监虽不能打，却很能喊，在他尖厉的呼叫声下，其他太监终于出现了。

接下来的事情还算顺理成章，这位仁兄拿的毕竟不是冲锋枪，而他本人不会变形、不会变身，也没能给我们更多惊喜，在一群太监的围攻下，终于束手就擒。

当时太子正在慈庆宫里，接到报告后并不惊慌，毕竟人抓住了，也没进来，他下令将此人送交宫廷守卫处理，在他看来，这不过是件小事。

第六章　谋杀

但接下来发生的一切，将远远超出他的想象。

人抓住了，自然要审，按照属地原则，哪里发案由哪里的衙门审，可是这个案子不同，皇宫里的案子，难道你让皇帝审不成？

推来推去，终于确定，此案由巡城御史刘廷元负责审讯。

审了半天，刘御史却得出个让人啼笑皆非的结论——这人是个疯子。

因为无论他好说歹说，利诱威胁，这人的回答却是驴唇不对马嘴，压根儿就不对路，还时不时蹦出几句谁也听不懂的话，算是个彻头彻尾的疯子。

于是几轮下来，刘御史也不审了，如果再审下去，他也得变成疯子。

但要说一点儿成就没有，那也不对。这位疯子交代，他叫张差，是蓟州人。至于其他情况，就一无所知了。

这个结果虽然不好，却很合适，因为既然是个疯子，自然就能干疯子的事，他闯进皇宫打人的事情就有解释了。没有背景、没人指使，疯子嘛，也不认路，糊里糊涂到皇宫，糊里糊涂打了人，很好，很好。

不错，不错，这事要放在其他朝代，皇帝一压，大臣一捧，也就结了。

可惜，可惜，这是在明朝。

这事刚出，消息就传开了，街头巷尾人人议论，朝廷大臣们更不用说，每天说来说去就是这事，而大家的看法也很一致：这事，就是郑贵妃干的。

所谓舆论，就是群众的议论，随着议论的人越来越多，这事也压不下去了，于是万历亲自出马，吩咐三法司会审此案。

说是三法司，其实只有刑部，审讯的人档次也不算高，尚书、侍郎都没来，只是两个郎中（正厅级）。

但这二位的水平，明显比刘御史要高，几番问下来，竟然把事情问清楚了。

侦办案件，必须找到案件的关键，而这个案子的关键，不是谁干了，而是为什么干,也就是所谓的动机。

经过一番询问,张差说出了自己的动机:在此前不久,他家的柴草堆被人给烧了,他气不过,到地方衙门申冤。地方不管,他就到京城来上访,结果无意中闯入了宫里,心里害怕,就随手打人,如此而已。

如果用两个字来形容张差的说法,那就是——扯淡。

柴草被人烧了,就要到京城上访,这个说法充分说明了这样一点:张差即使不是个疯子,也是个傻子。

因为这实在不算个好理由,要换个人,怎么也得编一个房子烧光、恶霸鱼肉百姓的故事,大家才同情你。

况且到京城告状的人多了去了,有几个能进宫?宫里那么大,怎么偏偏就到了太子的寝宫,您还一个劲儿地往里闯?

对于这一点,审案的两位郎中心里自然有数,但领导的意图他们更有数,这件事,只能往小了办。

这两位郎中的名字,分别是胡士相、岳骏声,之所以提出他们的名字,是因为这两个人,绝非等闲之辈。

于是在一番讨论之后,张差案件正式终结,犯人动机先不提,犯人结局是肯定的——死刑(也算一了百了)。

但要杀人,也得有个罪名。这自然难不倒二位仁兄,不愧是刑部的人,很有专业修养,从《大明律》里,找到这么一条:宫殿射箭、放弹、投砖石伤人者,按律斩。

为什么伤人不用管,伤什么人也不用管,案件到此为止,就这么结案,大家都清净了。

如此结案,也算难得糊涂,事情的真相,将就此被彻底埋葬。

然而,这个世界上,终究还是有不糊涂,也不愿意装糊涂的人。

审讯

五月十一日，刑部大牢。

七天了，张差已经完全习惯了狱中的生活。目前境况，虽然和他预想的不同，但大体正常，装疯很有效，真相依然隐藏在他的心里。

开饭时间到了，张差走到牢门前，等待着今天的饭菜。

但他并不知道，有一双眼睛，正在黑暗中注视着他。

根据规定，虽然犯人已经招供，但刑部每天要派专人提审，以防翻供。

五月十一日，轮到王之寀。

王之寀，字心一，时任刑部主事。

主事，是刑部的低级官员，而这位王先生虽然官小，心眼却不小。他是一个坚定的阴谋论者，认定这个疯子的背后，必定隐藏着某些秘密。

凑巧的是，他到牢房里的时候，正好遇上开饭，于是他没有出声，找到一个隐蔽的角落，静静地注视着那个疯子。

因为在吃饭的时候，一个人是很难伪装的。

之后一切都很正常，张差平静地领过饭，平静地准备吃饭。

然而，王之寀已然确定，这是一个有问题的人。

因为他的身份是疯子，而一个疯子，是不会如此正常的。

所以他立即站了出来，打断了正在吃饭的张差，并告诉看守，即刻开始审讯。

张差非常意外，但随即镇定下来，在他看来，这位不速之客和之前的那些大官，没有区别。

审讯开始，和以前一样，张差装疯卖傻，但他很快就惊奇地发现，眼前这人一言不发，只是静静地看着他。

他表演完毕后，现场又陷入了沉寂，然后，他听到了这样一句话：

"老实说，就给你饭吃，不说就饿死你。（实招与饭，不招当饿死）"

在我国百花齐放的刑讯逼供艺术中，这是一句相当搞笑的话。但凡审讯，一般先是民族大义、坦白从宽，之后才是什么老虎凳、辣椒水。即使要利诱，也是升官发财、金钱美女之类。

而王主事的诱饵，只是一碗饭。

无论如何，是太小气了。

事实证明，张差确实是个相当不错的人，具体表现为头脑简单、思想朴素，在吃一碗饭和隐瞒真相、保住性命之间，他毫不犹豫地选择了前者。

于是他低着头，说了这样一句话：

"我不敢说。"

"不敢说"的意思，不是不知道，也不是不说，而是知道了不方便说。

王之寀是个相当聪明的人，随即支走了所有的人，然后他手持那碗饭，听到了事实的真相：

"我叫张差，是蓟州人，小名张五儿，父亲已去世。

"有一天，有两个熟人找到我，带我见了一个老公公（太监）。老公公对我说，你跟我去办件事，事成后给你几亩地，保你衣食无忧。

"于是我就跟他走，初四（五月四日）到了京城，到了一所宅子里，遇见另一个老公公。

"他对我说，你只管往里走，见到一个就打死一个，打死了，我们能救你。

"然后他给我一根木棍，带我进了宫，我就往里走，打倒了一个公公，然后被抓住了。"

王之寀惊呆了。

他没有想到，外界的猜想竟然是真的，这的的确确，是一次策划已久的政治

第六章 谋杀

暗杀。

但他更没有想到的是，这起暗杀事件竟然办得如此愚蠢。眼前这位仁兄，虽说不是疯子，但说是傻子倒也没错，而且既不是武林高手，也不是职业杀手，最多最多，也就是个彪悍的农民。

过程也极其可笑，听起来，似乎是群众推荐，太监使用，顺手就带到京城，既没给美女，也没给钱，连星级宾馆都没住，一点儿实惠没看到，就答应去打人，这种傻帽儿你上哪儿去找？

再说凶器，一般说来，刺杀大人物，应该要用高级玩意儿。当年荆轲刺秦，还找来把徐夫人的匕首，据说是一碰就死。退一万步讲，就算是杀个老百姓，多少也得找把短刀。可这位兄弟进宫时，别说那些高级玩意儿，菜刀都没一把，拿根木棍就打，算是怎么回事。

从头到尾，这事怎么看都不对劲儿，但毕竟情况问出来了，王之寀不敢怠慢，立即上报万历。

可是奏疏送上去后，却没有丝毫回音，皇帝陛下一点儿反应都没有。

但这早在王之寀的预料之中，他老人家早就抄好了副本，四处散发，本人也四处鼓捣，造舆论要求公开审判。

他这一闹，另一个司法界大腕，大理寺丞王士昌跳出来了，也跟着一起嚷嚷，要三法司会审。

可万历依然毫无反应。这是可以理解的，要知道，人家当年可是经历过争国本的，上百号人一拥而上，那才是大世面，这种小场面算个啥。

照此形势，这事很快就能平息下去，但皇帝陛下没有想到，他不出声，一个不该跳出来的人却跳出来了。

这个人，就是郑贵妃的弟弟郑国泰。

事情的起因，只是一封奏疏。

就在审讯笔录公开后的几天，司正陆大受上了一封奏疏，提出了几个疑问：

"既然张差说有太监找他，那么这个太监是谁？他曾到京城，进过一栋房子，房子在哪里？有个太监和他说过话，这个太监又是谁？"

这倒也罢了，在文章的最后，他还扯了句无关痛痒的话，大意是，以前福王册封的时候，我曾上疏，希望提防奸邪之人，今天果然应验了！

这话虽说有点儿指桑骂槐，但其实也没说什么，可是郑国泰先生偏偏就蹦了出来，写了封奏疏，为自己辩解。

这就是所谓对号入座，它形象地说明，郑国泰的智商指数，和他的姐姐基本属同一水准。

这还不算，在这封奏疏中，郑先生又留下了这样几句话：

"有什么推翻太子的阴谋？又主使过什么事？收买亡命之徒是为了什么？……这些事我想都不敢想，更不敢说，也不忍听。"

该举动生动地告诉我们，原来"蠢"字是这么写的。

郑先生的脑筋实在愚昧到了相当可以的程度。这种货真价实的"此地无银三百两"，言官们自然不会放过，很快，工科给事中何士晋就做出了反应，相当激烈的反应：

"谁说你推翻太子！谁说你主使！谁说你收买亡命之徒！你既辩解又招供，欲盖弥彰！"

郑国泰哑口无言，事情闹到这个地步，已经收不住了。

此时，几乎所有的人都认为，事实真相即将大白于天下，除了王之寀。

初审成功后，张差案得以重审，王之寀也很是得意了几天，然而不久之后，他才发现，自己忽视了一个很重要的问题：

张差装疯非常拙劣，为碗饭就开口，为何之前的官员都没看出来呢？

思前想后，他得出了一个非常可怕的结论：他们是故意的。

第一个值得怀疑的，就是首先审讯张差的刘廷元，张差是疯子的说法，即源于此。经过摸底分析，王之寀发现，这位御史先生，是个不简单的角色。

此人虽然只是个巡城御史，却似乎与郑国泰有着紧密的联系，而此后复审的两位刑部郎中胡士相、岳骏声，跟郑国泰交往也很密切。

这似乎不奇怪，虽然郑国泰比较蠢，实力还是有的，毕竟福王受宠，主动投靠的人也不少。

但很快他就发觉，事情远没有他想象的那么简单。

因为几天后，刑部决定重审案件，而主审官，正是那位曾认定刘廷元结论的郎中，胡士相。

胡士相，时任刑部山东司郎中。就级别而言，他是王之寀的领导，而在审案过程中，王主事惊奇地发现，胡郎中一直闪烁其词，咬定张差是真疯，迟迟不追究事件真相。

一切的一切，给了王之寀一个深刻的印象：在这所谓疯子的背后，隐藏着一股庞大的势力。

而刘廷元、胡士相，只不过是这股势力的冰山一角。

但让他疑惑不解的是，指使这些人的，似乎并不是郑国泰，虽然他们拼命掩盖真相，但郑先生在朝廷里人缘不好，加上本人又比较蠢，要说郑国泰是后台老板，实在是抬举了。

那么这一切，到底是怎么回事呢？

王之寀的感觉是正确的，站在刘廷元、胡士相背后的那个影子，并不是郑国泰。

这个影子的名字，叫作沈一贯。

就沈一贯的政绩而言，在史书中也就是个普通角色，但事实上，这位仁兄的历史地位十分重要，是明朝晚期研究的重点人物。

因为这位兄弟的最大成就,并不是搞政治,而是搞组织。

我们有理由相信,在工作期间,除了日常政务外,他一直在干一件事——拉人。

怎么拉,拉了多少,这些都无从查证,但有一点我们是确定的,那就是这个组织的招人原则——浙江人。

沈一贯是浙江四明人,在任人唯亲这点上,他和后来的同乡蒋介石异曲同工,于是在亲信的基础上,他建立了一个老乡会。

这个老乡会,在后来的中国历史上,被称为浙党。

这就是沈一贯的另一面,他是朝廷的首辅,也是浙党的领袖。

应该说,这是一个明智的决定,因为你必须清楚地认识到这样一点:

在万历年间,一个没有后台(皇帝)、没有亲信(死党)的首辅,是绝对坐不稳的。

所以沈一贯干了五年,叶向高干了七年,所以赵志皋被人践踏,朱赓无人理会。

当然,搞老乡会的绝不仅仅是沈一贯,除浙党外,还有山东人为主的齐党,湖广(今湖北湖南)人为主的楚党。

此即历史上著名的齐、楚、浙三党。

这是三个能量极大、战斗力极强的组织,因为组织的骨干成员,就是言官。

言官,包括六部给事中,以及都察院的御史。给事中可以干涉部领导的决策,和部长(尚书)平起平坐,对中央事务有很大的影响。

而御史相当于特派员,不但可以上疏弹劾,还经常下到各地视察,高级御史还能担任巡抚。

故此,三党的成员虽说都是些六七品的小官,拉出来都不起眼,却是相当地厉害。

必须说明的是,此前明代二百多年的历史中,虽然拉帮结派是家常便饭,但明目张胆地搞组织，并无先例，先例即由此而来。

这是一个很有趣的谜团。

早不出来，晚不出来，为何偏偏在此时出现？

而更有趣的是，三党之间并不敌对，也不斗争，反而和平互助，这实在是件不符合传统的事情。

存在即是合理，一件事情之所以发生，是因为它有发生的理由。

有一个理由让三党陆续成立，有一个理由让他们相安无事。是的，这个理由的名字，叫作东林党。

无锡的顾宪成，只是一个平民，他所经营的，只是一个书院，但几乎所有人都知道，这个书院可以藐视当朝的首辅，说他们是木偶、婴儿；这个书院可以阻挡大臣复起，改变皇帝任命。

大明天下，国家决策，都操纵在这个老百姓的手中，从古至今，如此牛的老百姓，我没有见过。

无论是在野的顾宪成、高攀龙、赵南星，还是在朝的李三才、叶向高，都不是省油的灯，东林党既有社会舆论，又有朝廷重臣，要说它是纯道德组织，鬼才信，反正我不信。

连我都不信了，明朝朝廷那帮老奸巨猾的家伙怎么会信，于是，在这样一个足以影响朝廷、左右天下的对手面前，他们害怕了。

要克服畏惧，最有效、最快捷的方法，就是找一个人来和你一起畏惧。

史云：明朝亡于党争。我云：党争，起于此时。

刘廷元、胡士相不是郑国泰的人，郑先生这种白痴是没有组织能力的，他们真正的身份，是浙党成员。

但疑问在于，沈一贯也拥立过太子，为何要在此事上支持郑国泰呢？

答案是，对人不对事。

沈一贯并不喜欢郑国泰，更不喜欢东林党，因为公愤。

所谓公愤，是他在当政时，顾宪成之类的人总在公事上跟他过不去，他很愤怒，故称公愤。

不过，他最不喜欢的那个人——叶向高，却还不是东林党人，因为私仇，三十二年的私仇。

三十二年前，即万历十一年（1583），叶向高来到京城，参加会试。

叶向高，字进卿，福建福清人，嘉靖三十八年（1559）生人。

必须承认，他的运气很不好，刚刚出世，就经历了生死考验。

因为在嘉靖三十八年（1559），倭寇入侵福建，福清沦陷。确切地说，沦陷的那一天，正是叶向高的生日。

据说他的母亲为了躲避倭寇，躲在了麦草堆里，倭寇躲过了，孩子也生出来了，想起来实在不容易。

大难不死的叶向高，倒也没啥后福，为了躲避倭寇，一两岁就成了游击队，鬼子一进村，他就跟着母亲躲进山里。我相信，几十年后，他的左右逢源、机智狡猾，就是在这儿打的底。

倭寇最猖獗的时候，很多人都丢弃了自己的孩子（累赘），独自逃命，也有人劝叶向高的母亲，然而她说：

"要死，就一起死。"

但他们终究活了下来，因为另一个伟大的明代人物——戚继光。

恩怨

嘉靖四十一年（1562），戚继光发动横屿战役，攻克横屿，收复福清，并最终平息了倭患。

必须说明，当时的叶向高，不叫叶向高，只有一个小名。这个小名在今天看来不太文雅，就不介绍了。

"向高"这个名字，是他父亲取的，意思是一步一步，向高处走。

事实告诉我们，名字这个东西，有时候改一改，还是很有效的。

隆庆六年（1572），叶向高十四岁，中秀才。

万历七年（1579），叶向高二十一岁，中举人。

万历十一年（1583），叶向高二十五岁，第二次参加会试。考试结束，他的感觉非常好。

结果也验证了他的想法，他考中了第七十八名，成为进士。现在，在他的面前，只剩下最后一关——殿试。

殿试非常顺利，翰林院的考官对叶向高十分满意，决定把他的名次排为第一。远大前程正朝着叶向高招手。

然而，接下来的一切，却发生了出人意料的变化。

因为从此刻起，叶向高就与沈一贯结下了深仇大恨，虽然此前，他们从未见过。

要解释清楚的是，叶向高的第七十八名，并非全国第七十八名，而是南卷第七十八名。

明代的进士，并不是全国统一录取，而是按照地域分配名额。具体分为三个区域：南、北、中，录取比例各有不同。

所谓南，就是淮河以南各省，比例为55%。北，就是淮河以北，比例为35%。而中，是指云贵川三省，以及凤阳，比例为10%。

具体说来是这么个意思，好比朝廷今年要招一百个进士，那么分配到各地，就是南部五十五人，北部三十五人，中部十人。这就意味着，如果你是南部人，在考试中考到了南部第五十六名，哪怕你成绩再好，文写得比北部第一名还好，你也没法录取。

而如果你是中部人，哪怕你文写得再差，在南部只能排到几百名之后，但只要能考到中部卷前十名，你就能当进士。

这是一个历史悠久的规定，从二百多年前，朱元璋登基时，就开始执行了。起因是一件非常血腥的政治案件——南北榜案件。

这个案件是笔糊涂账。大体意思是一次考试，南方的举人考得很好，好到北方没几个能录取的，于是有人不服气，说是考官舞弊，事情闹得很大，搞到老朱那里。他老人家是个实在人，也不争论啥，大笔一挥就干掉了上百人。

可干完后，事情还得解决，因为实际情况是，当年的北方教学质量确实不如南方，你把人杀光了也没辙。无奈之下，只好设定南北榜，谁都别争了，就看你生在哪里，南方算你倒霉，北方算你运气。

到明宣宗时期，事情又变了。因为云贵川一带算是南方，可在当年是蛮荒之地，别说读书，混碗饭吃都不容易，要和南方江浙那拨人对着考，就算是绝户。于是皇帝下令，把此地列为中部，作为特区。而凤阳，因为是朱元璋的老家，还特别穷，特事特办，也给列了进去。

当然了，这也是没办法的事，毕竟基础不同，底子不同。在考试上，你想一夜之间人类大同，那是不可能的，所以现在这套理论还在用。我管这个，叫考试地理决定论。

这套理论很残酷，也很真实，主要是玩概率，看你在哪儿投胎。

比如你要是生在山东、江苏、湖北之类的地方，就真是阿弥陀佛了。这些地方经常盘踞着一群读书不要命的家伙，据我所知，有些"乡镇中学"（地图上都找不到）的学生，高二就去高考（不记成绩），大都能考六百多分（七百五十分满分），美其名曰：锻炼素质，明年上阵。

每念及此，不禁胆战心惊，跟这帮人做邻居的结果是：如果想上北大，六百多分，只是个起步价。

应该说，现在还是有所进步的，逼急了还能玩点儿阴招，比如说……更改户口。

不幸的是，明代的叶向高先生没法玩这招，作为南卷的佼佼者，他有很多对手，其中的一个，叫作吴龙。

这位吴先生，也是福建人，但他比其他对手厉害得多，因为他的后台叫沈一贯。

按沈一贯的想法，这个人应该是第一，然后进入朝廷，成为他的帮手。可是叶向高的出现，却打乱了沈一贯的部署。

于是，沈一贯准备让叶向高落榜，至少也不能让他名列前茅。

而且他认定，自己能够做到这一点，因为他就是这次考试的主考官。

但是很可惜，他没有成功，因为一个更牛的人出面了。

主考官固然大，可再大，也大不过首辅。

叶向高虽然没有关系，却有实力，文章写得实在太好，好到其他考官不服气，把这事捅给了申时行。申大人一看，也高兴得不行，把沈一贯叫过去，说这是个人才，必定录取！

这回沈大人郁闷了，大老板出面了，要不给叶向高饭碗，自己的饭碗也难保，但他终究是不服气的，于是最终结果如下：

叶向高，录取，名列二甲第十二名。

这是一个出乎很多人意料的结果，因为若要整人，大可把叶向高同志打发到三甲，就此了事。不给状元，却又给个过得去的名次，实在让人费解。

告诉你，这里面学问大了。

叶向高黄了自己的算盘，自然是要教训的。但问题是，这人是申时行保的，申首辅也是个老狐狸，如果要敷衍他，是没有好果子吃的，所以这个面子不但要给，还要给足。而二甲第十二名，是最恰当的安排。

因为根据明代规定，一般说来，二甲第十二名的成绩，可以保证入选庶吉士，进入翰林院。但这个名次离状元相当远，也不会太风光，恶心一下叶向高，的确是刚刚好。

但不管怎么说，叶向高还是顺顺当当地踏上了仕途。此后的一切都很顺利，直到十五年后。

万历二十六年（1598），就在这一年，叶向高的命运被彻底改变，因为他等到了一个千载难逢的机会。

此时皇长子朱常洛已经出阁读书，按照规定，应该配备讲官，人选由礼部确定。

众所周知，虽说朱常洛不受待见，但按目前形势，登基即位是迟早的事，只要拉住这个靠山，自然不愁前程。所以消息一出，大家走关系拉亲戚，只求能混到这份差事。

叶向高走不走后门我不敢说，运气好是肯定的，因为决定人选的礼部侍郎郭正域，是他的老朋友。

名单定了，报到了内阁，内阁压住了，因为内阁里有沈一贯。

沈一贯是个比较一贯的人，十五年前那档子事，他一直记在心里。讲官这事是张位负责，但沈大人看到叶向高的名字，便心急火燎跑去高声大呼：

"闽人岂可做讲官？！"

这句话是有来由的，在明代，福建一向被视为不开化地带。沈一贯拿地域问题说事，相当地阴险。

张位却不买账，他也不管你沈一贯和叶向高有什么恩怨，这人我看上了，就要用！

于是，在沈一贯的磨牙声中，叶向高正式上任。

叶讲官不负众望，充分发挥主观能动性，在教书的同时，和太子建立了良好的私人关系。

根据种种史料反映，叶先生应该是个相当灵活的人。我们有理由相信，在教书育人的同时，他还广交了不少朋友，比如顾宪成，比如赵南星。

老板有了，朋友有了，地位也有了，万事俱备，要登上最高的舞台，只欠一阵东风。

第六章 谋杀

一年后，风来了，却是暴风。

万历二十六年（1598），首辅赵志皋回家了，虽然没死，也没退，但事情是不管了，张位也走了，内阁只剩下了沈一贯。

缺了人就要补，于是叶向高的机会又来了。

顾宪成是他的朋友，朱常洛是他的朋友，他所欠缺的，只是一个位置。

他被提名了，最终却未能入阁，因为内阁，只剩下了沈一贯。

麻烦远未结束，内阁首辅沈一贯大人终于可以报当年的一箭之仇了。不久后，叶向高被调出京城，到南京担任礼部右侍郎。

南京礼部主要工作，除了养老就是养老，这就是四十岁的叶向高的新岗位。在这里，他还要待很久。

很久是多久？十年。

这十年之中，朝廷里很热闹，册立太子、妖书案，搞得轰轰烈烈。而叶向高这边，却是太平无事。

整整十年，无人理，无人问，甚至也无人骂，无人整。

叶向高过得很太平，也过得很惨，惨就惨在连整他的人都没有。

对于一个政治家而言，最痛苦的惩罚不是免职、不是罢官，而是遗忘。

叶向高，已经被彻底遗忘了。

一个前程似锦的政治家，在政治生涯的黄金时刻，被冷漠地抛弃，对叶向高而言，这十年中的每一天，全都是在痛苦地挣扎。

但十余年之后，他将感谢沈一贯给予他的痛苦经历。要想在这个冷酷的地方生存下去，光有同党是不够的，光有后台也是不够的，必须亲身经历残酷的考验和磨砺，才能在历史上写下自己的名字。

因为他并不是一个普通的首辅，在不久的未来，他将超越赵志皋、张位，甚至申时行、王锡爵。他的名字将比这些人更为响亮夺目。

因为一个极为可怕的人，正在前方等待着他。而他，将是唯一能与之抗衡的人。这个人,叫作魏忠贤。

万历三十五年(1607),沈一贯终于走了,年底,叶向高终于来了。

但沈一贯的一切,都留了下来,包括他的组织、他的势力,以及他的仇恨。

所以刘廷元、胡士相也好,疯子张差也罢,甚至这件事情是否真的发生过,根本就不要紧。

梃击,不过是一个傻子的愚蠢举动,并不重要,重要的是,通过这件事情,能够打倒什么,得到什么。

东林党的方针很明确,拥立朱常洛,并借梃击案打击对手,掌控政权。

所以浙党的方针是,平息梃击案,了结此事。

而王之寀,是一个找麻烦的人。

这才是梃击案件的真相。

对了,还忘了一件事:虽然没有迹象显示王之寀和东林党有直接联系,但此后东林党敌人列出的两大名单(点将录、朋党录)中,他都名列前茅。

再审

王之寀并不简单,事实上,是很不简单。

当他发现自己的上司胡士相有问题时,并没有丝毫畏惧,他随即去找了另一个人——张问达。

张问达,字德允,时任刑部右侍郎、署部事。

所谓刑部右侍郎、署部事,换成今天的话说,就是刑部常务副部长。也就是说,他是胡士相的上司。

张问达的派系并不清晰,但清晰的是,对于胡士相和稀泥的做法,他非常不满。接到王之寀的报告后,他当即下令,由刑部七位官员会审张差。

这是个有趣的组合。七人之中，既有胡士相，也有王之寀，可以听取双方的意见，又不怕人捣鬼，而且七个人审讯，可以少数服从多数。

想法没错，做法错了。因为张问达远远低估了浙党的实力。

在七个主审官中，胡士相并不孤单。大体说来，七人之中，支持胡士相的，有三个人，支持王之寀的，有两个。

于是，审讯出现了戏剧化的场景。

张差恢复了理智，经历了王之寀的突审和反复，现在的张差，已经不再是个疯子。他看上去，十分平静。

主审官陆梦龙发问：

"你为什么认识路？"

这是个关键的问题，一个平民怎样来到京城，又怎样入宫，秘密就隐藏在答案背后。

顺便说明一下：陆梦龙，是王之寀派。

出乎所有人的意料，没有等待，没有反复，他们很快就听到了这个关键的答案：

"我是蓟州人，如果没有人指引，怎么进得去？"

此言一出，事情已然无可隐瞒。

再问："谁指引你的？"

答："庞老公、刘老公。"

完了，完了。

虽然张差没有说出这两个人的名字，但大家的心中，都已经有了确切的答案。

庞老公，叫作庞保；刘老公，叫作刘成。

大家之所以知道答案，是因为这两个人的身份很特殊——他们是郑贵妃的贴身太监。

陆梦龙呆住了。他知道答案，也想过无数次，却没有想到，会如此轻易地得到。

就在他惊愕的那一瞬间，张差又说出了更让人吃惊的话：

"我认识他们三年了，他们还给过我一个金壶、一个银壶（予我金银壶各一）。"

陆梦龙这才明白，之前王之寀得到的口供也是假的，真相刚刚开始！

他立即厉声追问道：

"为什么（要给你）？！"

回答干净利落，三个字：

"打小爷！"

声音不大，如五雷轰顶。

因为所有人都知道，所谓小爷，就是太子爷朱常洛。

现场顿时大乱，公堂吵作一团，交头接耳。而此时，一件更诡异的事情发生了。

作为案件的主审官，胡士相突然拍案而起，大喝一声：

"不能再问了！"

这一下大家又蒙了，张差招供，您激动啥？

但他的三位同党当即反应过来，立刻站起身，表示审讯不可继续，应立即结束。

七人之中，四对三，审讯只能终止。

但形势已不可逆转，王之寀、陆梦龙立即将案件情况报告给张问达，张侍郎十分震惊。

第六章 谋杀

与此同时，张差的口供开始在朝廷内外流传，舆论大哗，很多人纷纷上疏，要求严查此案。

郑贵妃慌了，天天跑到万历那里去哭，但此时，局势已无法挽回。

然而，此刻压力最大的人并不是她，而是张问达。作为案件的主办人，他很清楚，此案背后，是两股政治力量的死磕，还搭上太子、贵妃、皇帝，没一个省油的灯。

案子如果审下去，审出郑贵妃来，就得罪了皇帝。可要不审，群众那里没法交代，还会得罪东林、太子。小小的刑部右侍郎，这拨人里随便出来一个，就能把自己整死。

总而言之，不能审，又不能不审。

无奈之下，他抓耳挠腮，终于想出了一个绝妙的解决方案。

在明代的司法审讯中，档次最高的就是三法司会审，但最隆重的，叫作十三司会审。

明代的六部，长官为尚书、侍郎。部下设司，长官为郎中、员外郎。一般说来是四个司，比如吏部、兵部、工部、礼部都是四个司，分管四大业务，而刑部，却有十三个司。

这十三个司，分别是由明朝的十三个省命名，比如胡士相，就是山东司的郎中。审个案子，竟然把十三个司的郎中全都找来，真是煞费苦心。

此即所谓集体负责制，也就是集体不负责。张问达先生水平的确高，看准了法不责众，不愿意独自背黑锅，毅然决定把大家拉下水。

大家倒没意见，反正十三个人，人多好办事，打板子也轻点儿。

可到审讯那天，人们才真切地感受到，中国人是喜欢热闹的。

除了问话的十三位郎中外，王之寀还带了一批人来旁听，加上看热闹的，足有二十多人。人潮汹涌，搞得跟菜市场一样。

这次张差真的疯了，估计是看到这么多人，心有点儿慌。主审官还没问，他就说了，还说得特别彻底，不但交代了庞老公就是庞保，刘老公就是刘成，还爆出了一个惊人的内幕：

按张差的说法，他绝非一个人在战斗，还有同伙，包括所谓马三舅、李外父、姐夫孔道等人，是货真价实的团伙作案。

精彩的还没完，在审讯的最后，张差一鼓作气，说出了此案中最大的秘密：红封教。

红封教，是个邪教，具体组织结构不详。据张差同志讲，组织头领有三十六号人，他作案，就是受此组织指使。

一般说来，凑齐了三十六个头领，就该去当强盗了。这话似乎太不靠谱，但经事后查证，确有其事。刑部官员们再一查，就不敢查了，因为他们意外发现，红封教的起源地，就是郑贵妃的老家。

而据某些史料反映，郑贵妃和郑国泰，就是红封教的后台。这一点，我是相信的，因为和同时期的白莲教相比，这个红封教发展多年，却发展到无人知晓，有如此成就，也就是郑贵妃这类脑袋缺根弦的人才干得出来。

张差确实实在，可这一来，就害苦了浙党的同胞们，审案时丑态百出。比如胡士相先生，负责做笔录，听着听着写不下去了，就把笔一丢了事。还有几位浙党郎中，眼看这事越闹越大，竟然在堂上大呼一声：

"你自己认了吧，不要涉及无辜！"

但总的说来，浙党还是比较识相的，眼看是烂摊子，索性不管了，同意如实上报。

上报的同时，刑部还派出两拨人，一拨去找那几位马三舅、李外父、孔道姐夫，另一拨去皇宫，找庞保、刘成。

于是郑贵妃又开始哭了，几十年来的保留剧目，屡试不爽，可这一次，万历却对她说：

"我帮不了你了。"

这是明摆着的，张差招供了，他的那帮外父、姐夫一落网，再加上你自己的太监，你还怎么跑？

但老婆出事，不管也是不行的，于是万历告诉郑贵妃，而今普天之下，只有一个人能救她，而这个人不是自己。

"唯有太子出面，方可了结此事。"

还有句更让人难受的话：

"这事我不管，你要亲自去求他。"

郑贵妃又哭了，但这次万历没有理她。

于是不可一世的郑贵妃收起了眼泪，来到了宿敌的寝宫。

事实证明，郑小姐装起孙子来，也是巾帼不让须眉，进去看到太子，一句话不说就跪。太子也客气，马上回跪。双方爬起来后，郑贵妃就开始哭，一边哭一边说，我真没想过要害你，那都是误会。

太子也不含糊，反应很快，一边做垂泪状（真哭是个技术活），一边说，我明白，这都是外人挑拨，事情是张差自己干的，我不会误会。

然后他叫来了自己的贴身太监王安，让他当即拟文，表明自己的态度。随即，双方回顾了彼此间长达几十年的传统友谊，表示今后要加强沟通，共同进步。事情就此圆满结束。

这是一段广为流传的史料，其主题意境是，郑贵妃很狡诈，朱常洛很老实。性格合理，叙述自然，所以我一直深信不疑，直到我发现了另一段史料，一段截然不同的史料：

开头是相同的，郑贵妃去向万历哭诉，万历说自己没办法，但接下来，事情出现变化——他去找了王皇后。

这是一个很聪明的举动，因为皇后没有帮派，还有威望，找她商量是再合适不过的了。

皇后的回答也直截了当：

"此事我也无法，必须找太子面谈。"

很快，老实的太子来了，但他给出的，却是一个截然不同的答案：

"此事必有主谋！"

这句话一出来，明神宗脸色就变了，郑贵妃更是激动异常，伸个指头出来，对天大呼：

"如果这事是我干的，我就全家死光（奴家赤族）！"

这句话说得实在太绝，于是皇帝也吼了一句：

"这是我的大事，你全家死光又如何（稀罕汝家）？！"

贵妃发火了，皇帝也发火了，但接下来的一句话，却浇灭了所有人的激情：

"我看，这件事情就是张差自己干的。"

说这句话的人，就是太子朱常洛。虽然几秒钟之前，他还曾信誓旦旦地要求追查幕后真凶。

于是大家都满意了。为彻底平息事端，万历四十三年（1615）五月二十八日，二十多年不上朝的万历先生终于露面了。他召来了内阁大臣、文武百官，以及自己的太子、皇孙，当众训话，大致意思是：自己和太子关系很好，你们该干吗就干吗，少来瞎搅和。此案是张差所为，把他干掉了事。就此定案，谁都别再折腾。

太子的表现也很好，当众抒发父子深情，给这出闹剧画上了圆满句号。

一天后，张差被凌迟处死。十几天后，庞保和刘成不明不白地死在了刑部大牢里，就杀人灭口而言，干得也还算相当利落。

轰动天下的疯子袭击太子事件就此结束，史称明宫三大案之"梃击"。

梃击是一起复杂的政治案件，争议极大，有很多疑点，包括幕后主使人的真实身份。

因为郑贵妃要想刺杀太子，就算找不到绝顶高手，到天桥附近找个把卖狗皮膏药的，应该也不是问题，选来选去就找了个张差，啥功夫没有，还养了他三年。这且不论，动手时连把菜刀都没有，拿根木棍闯进宫，就想打死太子，相当无聊。

所以有些人认为，梃击案是朝廷某些党派所为，希望浑水摸鱼，借机闹事，甚至有人推测此事与太子有关。因为这事过于扯淡，郑贵妃不傻，绝不会这么干。

但我的看法是，这事是郑贵妃干的，因为她的智商，就是傻子水平。

对于梃击案，许多史书的评价大都千篇一律：郑贵妃狡猾，万历昏庸，太子老实，最后老实的太子在正义的东林官员支持下，战胜了狡猾的郑贵妃。

这都是蒙人的。

仔细分析就会发现，郑贵妃是个蠢人，万历老奸巨猾，太子也相当会来事，而东林官员们，似乎也不是那么单纯。

所以事实的真相应该是，一个蠢人办了件蠢事，被一群想挑事的人利用，结果被老滑头万历镇了下来，仅此而已。

之所以详细介绍此事，是因为我要告诉你：在接下来的叙述中，你将逐渐发现，许多你曾无比熟悉的人，其实十分陌生；许多你曾坚信的事实，其实十分虚伪；而这，只不过是个开头。

第七章

不起眼的敌人

以上，就是万历同志执政四十余年的大致成就。具体说来，就是斗争、斗争、再斗争。

先斗倒张居正，再斗争国本、妖书、梃击，言官、大臣、首辅轮番上阵，一天到晚忙活这些事，几十年不上朝，国家是不怎么管了。山东、山西、河南、江西及大江南北相继告灾，文书送上去，理都不理。而更滑稽的是，最大的受害者不是老百姓，而是官员。

在万历年间，如果你考上进士，也别高兴，因为考上了，未必有官做。

一般说来，朝代晚期，总会出现大量贪官污吏，欺压百姓，摊派剥削。但我可以很负责地讲，万历年间这个问题很不严重，因为压根儿就没官。

老子说过，最好的国家，是老百姓不知道统治者是谁。从某个角度讲，万历同志做到了。

按照以往制度，六部给事中的名额，应该是五十余人，而都察院的名额，应该是一百余人。可到了万历三十五年（1607），六部给事中只有四个人，而且其中五个部没有都给事中，连个管事的都没有。都察院的十三道御史，竟然只剩下五个人，干几十个人的活儿，累得要死。

更要命的是，都察院是监察机构，经常要到全国各地视察。五个人要巡全国十三个省，一年巡到头，连家都回不去。其中最惨的一位兄弟，足足在外巡了六年，才找到个替死鬼，回了京城。

基层御史只有五个，高层御史却是一个都没有，左都御史、右都御史经常空缺。都察院考勤都没人管，来不来，干不干，全都靠自觉。

最惨的，还是中央六部，当时的六部，部长、副部长加起来，一共只有四个。礼部没有部长，户部只有一个副部长，工部连副部长都没有，只有几个郎中死顶。

其实候补进士很多，想当官的人也多，可是万历同志就是不批，你能咋办？

最搞笑的是，即使万历批了，发了委任状，你也当不了官。

比如万历三十七年（1609），朝廷实在顶不住了，软磨硬泡，才让万历先生批了几百名官员的上任凭证。可是几个月过去了，竟然无人上任，再一查才知道，凭证压根儿就没发。

因为根据规定，发放凭证的是吏部都给事中，可这个职位压根儿就没人，鬼来发证？

官员倒霉不说，还连累了犯人。到万历三十八年（1610），刑部大牢里已经关了上千名犯人，一直没人管。有些小偷小摸的，审下来也就是个治安处罚，却被关了好几年。原因很简单，刑部长官退了，又没人接，这事自然无人理。

不过，犯人还是应该感到幸运，毕竟管牢房伙食的人还在。

当官很难，辞官也难。你今天上完班，说明天我不干了，谁都不拦你，但要等你的辞职报告批下来，估计也得等个几年。如果你等不及了，就这么走也行，没人追究你。

总而言之，万历的这个政府，基本属于无政府。如此看来，他应该属于无政府主义者，思想如此超前，着实不易。

一般说来，史料写到这段，总是奋笔疾书，痛斥万历昏庸腐朽，政府失效，人民生活在水深火热之中。

而在我看来，持这种看法的，不是装蒜，就是无知。

因为事实绝非如此。万历年间，恰恰是明代经济最发达的时期，所谓资本主义萌芽，正是兴盛于此。

而老百姓的生活，那真是滋润，想干什么就干什么。明初的时候，出去逛要村里开介绍信，未经许可乱转，抓住就是充军。万历年间，别说介绍信，连户口（黄册）都不要了，你要有本事，跑到美国都没人管你。

至于日常活动，那就更不用说了。许多地方衙门里压根儿就没官，也没人收苛捐杂税、贪污受贿。许多农民涌入城市打工，成为明代的农民工。

这帮人也很自由，今天给你干几天，明天给他干几天。雇主大都是江浙一带的老板，虽说也有些不厚道的老板拖欠民工工资，但大体而言，还算是守规矩。

久而久之，城市的人越来越多，这些人就是所谓的市民。明代著名的市民文化由此而起，而最受广大市民欢迎的文化读物，就是《金瓶梅》、"三言"等。

按照现在的说法，这些书籍大都含有封建糟粕，应该限制传播，至少也要写个此处划掉多少字之类的说明。但当时连朝廷都没人管，哪有人理这个，什么足本、善本满天飘，肆无忌惮。

穿衣服也没谱。朱元璋那时候，衣服的材料、颜色，都要按身份定，身份不到就不能穿，穿了就要打屁股。现在是没人管了，想穿什么穿什么，还逐渐出现了性别混装，也就是男人穿女装，涂脂抹粉，搞女性化（不是太监），公然招摇过市，还大受欢迎。

穿女装还好，而更耸人听闻的是，经常有些人（不是个把人），什么都没穿，光着身子在市面上走来走去，即所谓"裸奔"。刚奔的时候有人见着还喊，奔久了也就见怪不怪了。

至于思想，那更是没法说了。由于王守仁的心学大量传播，特别是最为激进的泰州学派，狂得没边，什么孔子孟子、三纲五常，那都是"放屁""假道学"。总而言之，打倒一切权威，藐视一切准则。

封建礼教也彻底废了，性解放潮流席卷全国。按照"三言"的说法，女人离异再嫁，是再寻常不过的事情，青楼妓院如雨后春笋，艳情小说极其流行，涌现了许多优秀作者和忠实读者群。今天流传下来的所谓明代艳情文学，大都是那时的产物。

说到这个份儿上，我也无话可说了。

自然经济，这是纯粹的自然经济。

万历年间的真相大抵如此，一个政治纷乱、经济繁荣、文化灿烂、生机勃勃的世界。

然而这个世界，终究被毁灭了。

毁灭的起因，是一个人。这人的名字，叫李成梁。

不世之功臣

李成梁，是一个猛人，还不是一般的猛。

他出生于嘉靖五年（1526），世袭铁岭卫指挥佥事，算是高级军官，可到他这辈，混得相当差劲儿，家里能卖的都卖了，非常穷，穷得连进京继承官职的路费都没有。

他本人也混得很差，直到四十岁，还是个穷秀才。后来找人借钱，好歹凑了个数（继承官职，是要行贿的），这才捞到官位，还真不是一般的惨。

但此后，他便一发不可收拾。

当时的辽东很乱，虽然俺答部落改行做了生意，不抢了，但其他部落看俺答发了财，自己又没份儿，更不消停，一窝蜂儿地来抢。什么插汉部、泰宁部、朵颜部、王杲部，乱得一塌糊涂，以致十年之内，明朝竟然有三位大将战死。

然后李成梁来了。然后一切都解决了。

打仗，实际上和打麻将差不多，排兵布阵，这叫洗牌、掷色子，就是开打。战况多变，就是不知道下一张摸什么牌。而要想赢牌，一靠技术，二靠运气。

靠死运气，怎么打怎么赢，所谓福将。

靠死里打，怎么打怎么赢，所谓悍将。

李成梁，应该是福将加悍将。

隆庆四年（1570），李成梁到辽东接任总兵，却没人办交接手续，因为前任总兵王首道，是被蒙古人干掉的。

当时辽东的形势很乱，闹事的部落很多，要全列出来，估计得上百字，大致说来，闹得最凶的有如下几个：

蒙古方面：插汉部，首领土蛮。泰宁部，首领速巴亥。朵颜部，首领董狐狸。

女真方面：建州女真，王杲部。海西女真，叶赫部、哈达部，首领清佳努、孟格部禄。

这些名字很难记，也全都不用记，因为他们很快就会被李成梁干掉。

以上这些人中，最不消停的，是土蛮。他的部落最大，人最多，有十几万人，比较团结。具体表现为抢劫时大家一起来，每次抢的时候，都是漫天烟尘，铺天盖地。明军一看到这些人就跑，压根儿无法抵挡。

所以李成梁来后，第一个要打的，就是这只出头鸟。

自从李大人出马后，土蛮就从没舒坦过。从万历元年（1573）起，李成梁大战五次，小战二十余次，基本上是年年打、月月打。

总打仗不奇怪，奇怪的是，李成梁每次都打赢。

其实他的兵力很少，也就一两万人，之所以每战必胜，大致有两个原因：首先是技术问题，他属下的辽东铁骑，每人配发三眼火铳，对方用刀，他用火枪，明明白白就欺负你。

其次是战术问题，李成梁不但骁勇善战，还喜欢玩阴招，对手来袭时，准备大堆财物，摆在外面，等蒙古人下马抢东西，他就发动攻击。此外，他还不守合同，经常偷袭对手。靠这两大优势，十年之内，他累计斩杀敌军骑兵近五万人，把土蛮折腾得奄奄一息。

看到这段史料，再回忆起他儿子李如松同志的信用问题，不禁感叹：家庭教育，是很重要的。

土蛮歇了，泰宁也很惨，被打得到处跑不说，万历十年（1582），连首领速巴亥都中了埋伏，被砍了脑袋。

蒙古休息了，女真精神了。

女真，世代居住于明朝辽东一带，到万历年间，主要分为四个部落：海西女真、建州女真、黑龙江女真、东海女真。

黑龙江和东海的这两拨人，一直比较穷，吃饭都成问题，连抢劫的工具都没有，基本上可以忽略。

而最让人头疼的，是建州女真。

当时的建州女真，头领叫作王杲。这人用今天的话说，是个给脸不要脸的人。

他原本在这里当地主，后来势力大了，明朝封他当建州卫指挥使，官位不低。这人不满意，自封当了都督。

王杲的地盘靠近抚顺，明朝允许他和抚顺做生意，收入很高。这人不满意，诱杀了抚顺的守将，非要去抢一把。

因为他经常不满意，所以李成梁对他也不满意，万历元年（1573），找个机会打了一仗。

开始明军人少，王杲占了便宜，于是他又不满意了，拼命地追。追到后来，进了李成梁的口袋，又拼命跑，从建州跑到海西。李将军也是个执着的人，从建州追到海西。王杲束手无策，只能投降。

投降后，属下大部分被杀，他本人被送到京城，剐了。

但在乱军之中，有一个人跑了，这个人叫阿台，是王杲的儿子。十年后，祸患即由此而起。

建州女真完了，下一个要解决的，是海西女真。

海西女真中，第一个被解决的，是叶赫部。

应该承认一点：李成梁除掉叶赫部的方法是相当无耻的。

万历十一年（1583），叶赫部首领贝勒清佳努率两千余人来到开原，准备进行马市贸易。在这里，他们将用牲畜换取自己所需的各种物资。

高兴而来，满载而归，过去无数次，他们都是这样做的。

然而，这次不同。

当他们准备进入开原城时，守城明军拦住了他们，说：

"你们人太多了，不能全部入城。"

清佳努想了一下，回答：

"好的，我只带三百人进城。"

但当他入城后，才惊奇地发现，这里没有商人、没有小贩、没有拥挤的人流，只是一片空地。

然后，他听到了炮声。

炮声响起的同时，城内的李成梁下达了攻击令，数千名明军蜂拥而上，短短几分钟之内，清佳努和三百随从全部被杀。城外的明军也很有效率，叶赫部只跑掉了四百四十人。

然后是哈达部。

相对而言，哈达部人数少，也不怎么惹事，李成梁本来也没打算收拾他们。但不幸的是，哈达部有个孟格部禄，孟格部禄又有个想法：和叶赫部联合。

这就有点儿问题了，因为李成梁先生的目标，并不是蒙古，甚至也不是女真，他选择敌人的唯一标准，就是强大。

强大，强大到足以威胁帝国的程度，就必须消灭。

本着这一指导原则，李成梁偷袭了哈达部，将部落主力歼灭，解决了这个问题。

自隆庆四年（1570）至万历十九年（1591），在二十二年的时间里，李成梁把辽东变成了静土，并不干净，却很安静。

如果各部落团结，他就挑事，挑出矛盾后，就开始分类，听话的，就给胡萝卜吃；不听话的，就用大棒。多年来，他作战上百次，大捷十余次，歼敌十多万人，年年立功受奖，年年升官发财，连戚继光都要靠边站，功绩彪炳，无懈可击。

除了万历十一年（1583）的那一场战役。

万历十一年，李成梁得到了一个消息：阿台出现了。

从战火中逃离的阿台，带着对明朝的刻骨仇恨，开始了他的二次创业。经过十年不懈的杀人抢劫，他成功地由小土匪变成了大强盗，并建立了自己的营寨，继续与明朝对抗。

对付这种人，李成梁的办法有，且只有一个。

万历十一年二月，他自抚顺出兵，攻击阿台的营寨。

攻击没有想象中顺利，阿台非常顽强，李成梁竭尽全力，放火强攻全用上，竟然未能攻克。无奈之下，他找来了两个帮手。

这两个帮手，实际上是帮他带路的向导，一个叫尼堪外兰，另一个叫觉昌安。

这两位都是当地部落首领，所以李成梁希望他们出面，去找阿台谈判，签个合同把事情了结。

当然了，遵不遵守合同，那就另说了，先把人弄出来。

两个人就这么去了，但是，李成梁疏漏了一个重要的细节——动机。

同为建州女真，这两个人有着不同的动机和不同的身份。

尼堪外兰是附近的城主，之所以帮助李成梁，是因为除掉阿台，他能够获得利益。

而觉昌安跑过来，只是为了自己的孙女——阿台是他的孙女婿。

当两人来到城寨下时，不同的动机，终将导致不同的行为。

觉昌安对尼堪外兰说，我进去劝降，你在外面等着，先不要动手。

尼堪外兰同意。

觉昌安进入城内，见到了阿台，开始游说。

很可惜，他的口才实在不怎么样，说得口干舌燥，阿台压根儿就没反应。

时间不断逝去，等在城外的尼堪外兰开始不耐烦了。

但他很明白，觉昌安还在里面，无论如何不能动手。

正在这个关键的时刻，李成梁的使者来了，只传达了一句话：

"为何还未解决？"

对李成梁而言，这只是个普通的催促。

但这句话，在尼堪外兰的脑海中，变成了命令。

他之所以跑来，不是为了觉昌安，更不是为了阿台，只是为了利益和地盘，为了李成梁的支持。

于是，他打算用自己的方式去解决。

他走到城寨边，用高亢的声音，开始了自己的谈判：

"天朝大军已经到了，你们已经没有出路，太师（指李成梁）有令，若杀掉阿台者，就是此地之主！"

这是一个谎言。

所谓封官许愿，是尼堪外兰的创造，因为李成梁虽不守信用，但一个小小的营寨，打了就打了，还犯不着许愿开支票。

但事实证明，人穷志短，空头支票，也是很有号召力的。

应该说，游牧民族是比较实诚的，喊完话后，没有思想斗争，没有激烈讨论，就有人抄家伙奔阿台去了。

谁先砍的第一刀无人知晓，反正砍他的人是争先恐后、络绎不绝，最后被乱刀砍死，连觉昌安也未能幸免。

虽然城外的李成梁不知道怎么回事，但他知道该干什么，趁乱带兵杀了进去。

因为他不知道尼堪外兰的那个合同（估计知道了也没用），所以也就没有什么顾忌，办事也绝了点儿——城内共计两千三百人，无一生还。

和觉昌安一起进城的，还有他的儿子塔克世，同样死在城里。

不过对于李成梁而言，这实在无关紧要，多死个把人无所谓。在他的战斗生涯中，这只是次微不足道的战斗，打扫战场，捡完人头报功，回家睡觉。

尼堪外兰倒是高兴，虽然觉昌安是惨了点儿，毕竟讨好了李成梁，也算大功告成。

但在他们看不见的地方，有一个人已经点燃了火种，燎原冲天的烈焰，终将由此而起。他是觉昌安的孙子，他是塔克世的儿子，他的名字，叫作努尔哈赤。

万世之罪首

努尔哈赤很气愤——他应该气愤，他的祖父、父亲死了，而且死得很冤枉。看起来，李成梁害死了他的两位亲人，实际上，是五个。

如果你还记得，觉昌安之所以入城，是为了阿台的妻子，自己的孙女，当然，也就是努尔哈赤的堂姐，她也死在乱军之中，这是第三个。

而阿台，自然就是努尔哈赤的堂姐夫，他是第四个。然而，他和努尔哈赤的关系，远比你想象的复杂得多。

嘉靖三十八年（1559），努尔哈赤生于赫图阿拉，他的祖父觉昌安和父亲塔克世都是女真世袭贵族，曾任建州左卫指挥使。

滑稽的是，虽说家里成分很高，努尔哈赤的生活档次却很低。家里五兄弟，他排行老大，却很像小弟，从小就要帮着干活，要啥没啥。

原因很简单，当时的女真部落，大都穷得掉渣。所谓女真贵族，虽说是不掉渣，但也很穷。所以为了生计，小时候的努尔哈赤曾到他的外祖父家暂住。

他的外祖父，就是我们的老朋友，王杲。

现在，先洗把脸，整理一下他们之间的关系：

努尔哈赤的母亲是王杲的女儿，也就是说，阿台是努尔哈赤的舅舅，但是阿台又娶了努尔哈赤的堂姐，所以他又是努尔哈赤的堂姐夫。这还好，要换到努尔哈赤他爹塔克世这辈，就更乱了，因为阿台既是他的侄女婿，又是他的小舅子。

乱是乱了点儿，考虑到当时女真族的生存状态，反正都是亲戚，也算将就了。

你应该能理解努尔哈赤有多悲痛了，在李成梁的屠刀之下，他失去了祖父觉昌安、外祖父王杲、父亲塔克世、堂姐××（对不起，没查到）以及舅舅阿台（兼堂姐夫）。

悲痛的努尔哈赤找到了明朝的官员，愤怒地质问道：

"我的祖父、父亲何故被害，给我一个说法！"

明朝的官员倒还比较客气，给了个说法：

"对不住，我们不是故意的，误会！"

很明显，这个说法不太有说服力，所以明朝官员还准备了一份礼物，以安抚努尔哈赤受伤的心灵。

这份礼物是三十份敕书、三十匹马、一份都督的任免状。

马和任免状大家都知道，我解释一下这敕书是个什么玩意儿。

所谓敕书，用今天的话说，就是贸易许可证。

当时的女真部落，住在深山老林，除了狗熊，啥都缺，过日子是过不下去了，要动粗，抢劫的经验又比不上蒙古。明朝不愿开放互市，无奈之下，只好找到了这个折中的方式，一份敕书，就能做一笔生意。三十份敕书，就是三十笔生意。

明朝的意思很明白，人死了，给点儿补偿费，你走人吧。

客观地讲，这笔补偿费实在有点儿低，似乎无法平息努尔哈赤的愤怒。

然而，他接受了。

他接受了所有的一切，回到了自己的家乡。

然后，他召集了族人，杀死了一头牛，举行了祭天仪式，拿出了祖上流传下来的十三副铠甲，宣布起兵。

收了赔偿金再起兵，和收了钱不办事，似乎是异曲同工。但无论如何，努尔哈赤向着自己的未来迈出了第一步。这一年，他二十五岁。

按照许多史料书籍的说法，下面将是努尔哈赤同志的光荣创业史：先起兵杀死尼堪外兰，然后统一建州女真，打败海西女真最强的叶赫部落，至万历四十六年（1618），统一女真。

最后是基本类同的几句评价：非常光辉、非常励志、非常艰苦等。

本人同意以上评语，却也要加上四个字：非常诡异。

据说努尔哈赤从小住在林子里，自己打猎、采集蘑菇，到集市上换东西，生活艰苦，所以意志坚定；渴了喝泉水，饿了啃人参，所以身体强壮；天赋异禀，无师自通，所以极会打仗。

有以上几大优惠条件，所以十三副铠甲起兵，便不可收拾。

这绝不可能。

努尔哈赤起兵时，他的武器是弓箭，不是导弹，他带着的十三副铠甲，不是十三件防弹衣。在当时众多的女真部落中，他只不过是个小人物。

然而，这个小人物，只用了三十多年，就统一了女真、建立了政权，占据了原本重兵集结的辽东，并正式向明朝挑战。

第七章　不起眼的敌人

于是，我得出了一个结论：他得到了帮助。

而帮助他的这个人，就是李成梁。

我并不是阴谋论者，却惊奇地发现，在无数的清代史料书籍中，都详细描述了觉昌安的惨死、李成梁的冷漠残酷、努尔哈赤的无助，却不约而同地忽略了这样一个细节——努尔哈赤的祖父觉昌安，是李成梁的朋友。

据某些笔记的记载，努尔哈赤和李成梁之前很早就认识了，不但认识，努尔哈赤还给李成梁打过下手，他们之间，还有一段极为神秘的纠葛。

据说努尔哈赤少年时，曾经因为闹事，被李成梁抓回来管教。不久之后，努尔哈赤被释放了，不是李成梁放的。

放走努尔哈赤的，是李成梁的老婆（小妾），而她放走努尔哈赤的理由也很简单——这人长得好（奇其貌，阴纵之出）。至于他俩有无其他纠葛，我不知道，也不想知道。

相关的说法还有很多，什么努尔哈赤跟李成梁打过仗，一同到过京城，等等。更不可思议的是，据说努尔哈赤和李成梁还是亲家：努尔哈赤的弟弟，叫作舒尔哈齐，这位舒尔哈齐有个女儿，嫁给了李成梁的儿子李如柏做妾。

而种种迹象表明，勇敢而悲痛的努尔哈赤，除了会打仗、身体好外，似乎还很会来事儿。他经常给李成梁送礼，东西是一车车地拉，拍起马屁来，可谓"无所不用其极"（明史学者孟森语）。

所以，我们有理由认为，努尔哈赤和李成梁家族，有着某种不可告人的联系。

当你知道了这一点，再回头审视此前的几条记录，你就会发现，这个流传久远的故事的第二版本，以及隐藏其后的真正秘密。

万历十一年（1583）二月，努尔哈赤的祖父、父亲被误杀，努尔哈赤接受委任，管理部落。

万历十一年十二月，努尔哈赤部的死敌，海西女真中最强大的叶赫部贝勒清佳努被讨伐，所部两千余人全部被杀，势力大减。

此后不久，努尔哈赤率兵攻打尼堪外兰。尼堪外兰自认有功，投奔李成梁，李成梁把他交给了努尔哈赤。

万历十五年（1587），海西女真哈达部孟格部禄联合叶赫部，被李成梁发现，随即攻打，斩杀五百余人。

万历十六年（1588），叶赫部再度强大，李成梁再次出击，杀死清佳努的儿子那林脖罗，斩杀六百余人，叶赫部实力大损，只得休养生息。

万历二十一年（1593），努尔哈赤终于统一建州女真，成为了女真最强大的部落。

万历二十一年九月，面对越来越强大的努尔哈赤，海西女真叶赫部联合哈达部、蒙古科尔沁部等九大部落，组成联军，攻击努尔哈赤，失败，被杀四千余人，史称"古勒山之战"。

战后，努尔哈赤将叶赫部首领分尸，一半留存，一半交给叶赫部。自此，叶赫部与爱新觉罗部不共戴天。据说其部落首领于战败之时，曾放言如下：

"我叶赫部若只剩一女子，亦将倾覆之！"

叶赫部居住于那拉河畔，故又称叶赫那拉。

这是几条似乎毫无关联的历史记载，其中某些之前还提过，但请你联系上下文再看一遍，因为秘密就隐藏其中。

如果你依然不得要领，那么我会给你一个提示——李成梁的习惯。

所谓习惯，是指一个人多年来不会轻易改变的行为方式。比如李成梁，他的习惯是，谁露头就打谁，谁强大就灭谁，蒙古如此，叶赫部如此，哈达部也如此。

然而这个习惯，在努尔哈赤的身上，失效了。

整整十年，努尔哈赤从一个弱小部落逐渐强大，统一了建州女真。对如此庞然大物，李成梁却视而不见，而海西女真四分五裂，叶赫部、哈达部只是刚刚冒泡，就被他一顿猛打，压制下去。

这种举动，我认为可以用一个术语来形容——选择性失明。

更有意思的是，偶然之间，我还发现了一条这样的史料：万历二十年（1592）朝鲜战争爆发，李如松奉命出征。此时，一个人自动请缨，要求入朝作战，保家卫国，支援李如松。当然了，这位仁兄我不说你也能猜到——努尔哈赤。

综上所述，我们可以得到这样一个结论：他们，是一伙的。

一切都从万历十一年（1583）的那场误会开始，劝降、误解、误杀，但接下来，真相被掩盖了。

等待着努尔哈赤的，并不是陌生、冷漠、孤独，而是交情、歉疚、庇护以及无私的帮助。

打击潜在的对手，给予发展的空间，得到的回应是，服从。

李成梁庇护努尔哈赤，和局势无关。只因为他认定，这是一个听话的亲信。

努尔哈赤主动请战，和明朝无关。只因为他认定，李氏家族是他的盟友。

而当若干年后尘埃落定，重整史料时，他们就会发现，一个得到敌人扶持、帮助的首领，是不太体面的。

所以掩盖和创造就开始了，所以几百年后，历史变成了现在的模样。

李成梁做了件不公道的事情，他扶植了努尔哈赤，培养了明朝的敌人。

但公道地讲，他并不是故意的，更不是所谓的汉奸。

因为在他看来，所谓努尔哈赤，不过是一只柔弱的猫，给它吃穿，让它成长，最后成为一只温顺、听话的猫。

这只猫逐渐长大了，它的身躯变得强壮，叫声变得凄厉，脚掌长出了利爪，最后它亮出了獠牙。至此，我们终于知道，它不是猫，而是老虎；它不是宠物，而是野兽。

李成梁的观察能力，那真不是普通地差。

万历十九年（1591），李成梁退休，在此之前，他已打垮了蒙古、叶赫、哈达以及所有强大的部落，除了努尔哈赤。

非但不打，还除掉了努尔哈赤的对手，李成梁实在是个很够意思的人。

十年后，李成梁再次上任，此时的努尔哈赤已经统一了建州女真，极其强大。但在李成梁看来，努尔哈赤似乎还是那只温顺的猫，于是，他做出了一个错误的抉择——放弃六堡。

六堡，是明代在辽东一带的军事基地，是遏制女真的重要堡垒，也是辽东重镇抚顺、清河的唯一屏障。若丢失此处，女真军队将纵横辽东，不可阻挡。

而此时的六堡，没有大兵压境，没有粮食饥荒，无论如何，都是不应该、不需要、不能放弃的。

然而，李成梁放弃了。

万历三十四年（1606），李成梁正式放弃六堡，并迁走了这里的十余万居民，将此地拱手让给了努尔哈赤。

这是一个错误的抉择，也是一个无耻的抉择。李成梁将军不但丢失了战略重地，毁灭了十余万人的家园，还以此向朝廷报功，所谓"招抚边民十余万"，实在不知世上还有"羞耻"二字。

努尔哈赤毫无代价地占领六堡，明朝的繁荣、富饶，以及虚弱全部暴露在他的面前。那一刻，他终于看到了欲望，和欲望实现的可能。

万历四十三年（1615），李成梁去世，年九十。不世之功臣，千秋之罪首。

建功一世，祸患千秋，万死不足恕其罪！

几个月后，万历四十四年（1616），努尔哈赤在赫图阿拉建立政权，年号天命，史称后金，努尔哈赤称天命汗。这说明他还是很给李成梁面子的，至少给了

第七章　不起眼的敌人

几个月的面子。

海西女真、叶赫部、哈达部，这些名词已不复存在，现在的女真，是唯一的女真，是努尔哈赤的女真，是拥有自己文字（努尔哈赤找人造出来的）的女真，是拥有八旗制度和精锐骑兵部队的女真。

辽东已经容不下努尔哈赤了，他从来不是一个老实本分的老百姓，也不是遵纪守法的好公民。当现有的财富和土地无法满足他的欲望时，眼前这个富饶的大明帝国，将是他唯一的选择。

好了，面具不需要了，伪装也不需要了。唯一要做的，是抽出屠刀，肆无忌惮地砍杀他们的士兵，掳掠他们的百姓，抢走他们的所有财富。

杀死士兵，可以得到装备马匹；掳掠百姓，可以获得奴隶；抢夺财富，可以强大后金国。

当然了，这些话是不能明说的。因为一个强盗，杀人放火是不需要借口的，但对一群强盗而言，理由，是很有必要的。

万历四十六年（1618）正月，努尔哈赤在赫图阿拉发出了战争的宣告：

"今岁，必征大明国！"

光喊口号是不够的，无论如何，还得找几个开战的理由。

四月，努尔哈赤找到了理由，七个。

此即所谓七大恨，在文中，努尔哈赤先生列举了七个明朝对不住他的地方。全文就不列了，但值得表扬的是，在挑事方面，这篇文章，还真是下了点儿功夫。

祖父、父亲被杀，自然是要讲一下的；李成梁的庇护，自然是不会提的；某些重大事件，也不能放过，比如边界问题：擅自进入我方边界。经济问题：割了我们这边的粮食。外交问题：十名女真人在边界被害。

其中，最有意思的理由是：明朝偏袒叶赫部、哈达部，对自己不公。

对于这句话，明朝有什么看法不好说，但被李成梁同志打残无数次的叶赫部和哈达部，应该是有话要讲的。

这个七大恨，后来被包括袁崇焕在内的许多人驳斥过，凑热闹的事我就不干了。我只是认为，努尔哈赤先生有点儿多余，想抢，抢就是了，想杀，杀就是了，何苦费那么大劲儿呢？

杀死一切敢于抵抗的人，抢走一切能够抢走的东西，占领一切能够占领的土地，目的十分明确。

抢掠，其实无需借口。

万历四十六年（1618）四月，努尔哈赤将他的马刀指向了第一个目标——抚顺。

有一位古罗马的将领，在与日耳曼军队征战多年后，发出了这样的感叹：

他们不懂军事，却很彪悍；不懂权谋，却很狡猾。

这句简单的话，蕴藏着深厚的哲理。

很多人说过，最好的老师，不是特级教师，不是名牌学校，而是兴趣。

但我要告诉你，这个答案是错误的。

在这个世界上，最优秀的老师，是生存。

为了一块土地，为了一座房子，为了一块肉，为了在这个世界上多活一天，熟悉杀戮的技巧，掌握抢劫的诀窍，无须催促、无须劝说，在每一天生与死的较量中，懂得生存，懂得如何去生存。

生存很困难，所以为了生存，必须更加狡诈、必须更加残暴。

所以在抚顺战役中，我们看到的，并不是纵横驰骋的游牧骑兵，光明正大的英勇冲锋，而是更为阴险狡诈的权谋诡计。

万历四十六年四月十五日，努尔哈赤抵达抚顺近郊。

但他并没有发动进攻，却派人向城里散布了一个消息。

这个消息的内容是，明天，女真部落三千人，将携带大量财物来抚顺交易。

抚顺守将欣然应允，承诺打开城门，迎接商队的到来。

第七章 不起眼的敌人

第二天（十六日）早晨，商队来了，抚顺打开了城门，百姓商贩走出城外，准备交易。

然后，满脸笑容的女真商队拿出了他们携带的唯一交易品——屠刀。

贸易随即变成了抢掠，商队变成了军队，很明显，女真人做无本生意的积极性要高得多。

努尔哈赤的军队再无须隐藏，精锐的八旗骑兵，在"商队"的帮助下，向抚顺城发动了进攻。

守城明军反应很快，开始组织抵抗，然而没过多久，抵抗就停止了，城内一片平静。

对于这个不同寻常的变化，努尔哈赤并不惊讶，因为这一切，都在他的计划之中。

很快，他就见到了计划中的那颗关键棋子——李永芳。

李永芳，是抚顺城的守将之一，简单介绍一下——是个叛徒。

他出卖抚顺城，所换来的，是副将的职称，和努尔哈赤的一个孙女。

抚顺失陷了，努尔哈赤抢到了所有能够抢到的财物、人口，明朝遭受了重大损失。

明军自然不肯甘休，总兵张承胤率军追击努尔哈赤，却遭遇皇太极的伏兵，阵亡，全军覆没。

抚顺战役，努尔哈赤掠夺了三十多万人口、牛马，获得了前所未有的财富，但这一切，只是个开始。

对努尔哈赤而言，继续抢下去，有很多的理由。

女真部落缺少日常用品，拿东西去换太麻烦，发展手工业不靠谱，抢来得最快。而更重要的是，当时的女真正在闹灾荒，草地荒芜，野兽数量大量减少，这帮大爷又不耕地，粮食不够，搞得部落里怨声载道，矛盾激化。

所以继续抢，那是一举多得，既能够填补产业空白，又能解决吃饭问题，而且还能转嫁矛盾。

于是，万历四十六年七月，他再次出击，这次，他的目标是清河。

清河，就是今天的辽宁本溪，此地是通往辽阳、沈阳的必经之地，战略位置十分重要。

而清河的失陷过程也再次证明，努尔哈赤，实在是个狡猾狡猾的家伙。

七月初，他率军出征，却不打清河，反而跑到相反方向去闹腾。对外宣称是去打叶赫部，然后掉转方向，攻击清河。

到了清河，也不开打，又是老把戏，先派奸细，打扮成商贩进了城，然后发动进攻，里应外合。清河人少势孤，守军一万余人全军覆没。

之后的事情比较雷同，城内的十几万人口被努尔哈赤全数打包带走。有钱、有奴隶、有粮食，空白填补了，粮食保证了，矛盾缓和了。

但他留下的，是一片彻底的白地，是无数被抢走口粮而饿死的平民，是无数家破人亡的惨剧，痛苦、无助。

无论什么角度、什么立场、什么观点、什么利益、什么目的、什么动机、什么想法、什么情感、什么理念，都应该承认一点，至少一点：

这是抢掠，是自私、无情、带给无数人痛苦的抢掠。

征服的荣光背后，是无数的悲泣与哀号。

第七章　不起眼的敌人

第八章

萨尔浒

努尔哈赤是一个伟大的军事家,至少没有进过私塾,也没有受过系统军事训练的游牧民族首领努尔哈赤懂得什么是战争,也懂得如何赢得战争,他的战役指挥水平,已经达到了炉火纯青的地步。在抚顺、清河以及之后一系列的战役中,他表现出了惊人的军事天赋。无论是判断对方动向、选择战机,还是玩阴耍诈,都可谓是无

努尔哈赤是一位伟大的军事家，至少我是这样认为。

作为一名没有进过私塾、没有上过军校、没有受过系统军事训练的游牧民族首领，努尔哈赤懂得什么是战争，也懂得如何赢得战争。他的战役指挥水平，已经达到了炉火纯青的地步。

在抚顺、清河以及之后一系列的战役中，他表现出了惊人的军事天赋，无论是判断对方动向、选择战机，还是玩阴耍诈，都可谓是无懈可击。

毫无疑问，他是这个时代最杰出的军事将领——在那两个人尚未出现之前。

但对明朝而言，这位十分优秀的军事家，只是一名十分恶劣的强盗。不仅恶劣，而且残忍。

清河、抚顺战役结束后，抢够杀完的努尔哈赤非但没有歉意，不打收条，还做了一件极其无耻的事情。

他挑选了三百名当地平民，在抚顺关前，杀死了二百九十九人，只留下了一个。

努尔哈赤割下了这个人的耳朵，并让他带回一封信，以说明自己无端杀戮的理由：

"如果认为我做得不对，就约定时间作战！如果认为我做得对，你就送金银布帛吧，可以息事宁人！"

绑匪见得多了，但先撕票再勒索的绑匪，倒还真是第一次见。

明朝不是南宋，没有送礼的习惯。他们的方针，向来是不向劫匪妥协，何况是撕了肉票的劫匪。既然要打，那咱就打真格的。

万历四十七年（1619）三月，经过长时间的准备，明军集结完毕，向赫图阿拉发起进攻。

明军共分东、西、南、北四路，由四位总兵率领，统帅及进攻路线如下：

东路指挥官刘綎，自朝鲜进攻。

西路指挥官杜松，自抚顺进攻。

北路指挥官马林，自开原进攻。

南路指挥官李如柏，自清河进攻。

进攻的目标只有一个，赫图阿拉。

以上四路明军，共计十二万人，系由各地抽调而来，而这四位指挥官，也都大有来头。

李如柏的身份最高，他是李成梁的儿子、李如松的弟弟，但水平最低，你要说他不会打仗，比较冤枉；你要说他很会打仗，比较扯淡。

马林的父亲，是马芳。这个人之前没提过，但很厉害，厉害到他的儿子马林，本来是个文人，都当上了总兵。至于马先生的作战水平，相信你已经清楚。

这两路的基本情况如此，就指挥官来看，实在没什么戏。

但另外两路，就完全不同了。

东路指挥官刘綎，也是老熟人了，使一百二十多斤重的大刀，还"轮转如飞"，先打日本，后扫西南，"万历三大征"打了两大征，让他指挥东路，可谓志在必得。

但四路军中，最大的主力却并不是东路，最猛的将领也并不是刘綎。这两大殊荣，都属于西路军，以及它的指挥官，杜松。

杜松，陕西榆林人，原任陕西参将，外号"杜太师"。

前面提过，太师是朝廷的正一品职称，拿到这个头衔的，很少很少，除了张居正外，其他获得者一般都是死人、追认。

但杜将军得到的这个头衔，确确实实是别人封的，只不过……不是朝廷。

他在镇守边界的时候，经常主动出击蒙古，极其生猛，前后共计百余战，无一败绩。蒙古人被他打怕了，求饶又没用，听说明朝官员中太师最大，所以就叫他太师。

而杜将军不但勇猛过人，长相也过人。因为他常年冲锋肉搏，所以身上脸上到处都是伤疤，面目极其狰狞，据说让人看着就不住地打哆嗦。

但这位刘綎都甘拜下风的猛人，这次前来上任，居然是戴着镣铐来的，因为在不久之前，他刚犯了错误。

杜松虽然很猛，却有个毛病：小心眼。

所谓小心眼，一般是生气，跟别人过不去，可是让人哭笑不得的是，杜松先生小心眼，总是跟自己过不去。

比如之前，他曾经跟人吵架，以武将的脾气，大不了一气之下动家伙砍人，可是杜兄一气之下，竟然出家当和尚了。

这实在是个奇怪的事，让人怎么都想不明白，可还没等别人想明白，杜松就想明白了，于是又还俗，继续干他的杀人事业。

后来他升了官，到辽东当上了总兵，可是官升了，脾气一点儿没改。上阵打仗吃了亏（不算败仗），换了别人，无非写了检讨，下次再来。

可这位兄弟不知哪根筋不对，竟然要自杀，好歹被人拦住还是不消停，一把火把军需库给烧了，论罪被赶回了家。这一次是重返故里。

虽说过了这么多年，经历了这么多事，但他的同事们惊奇地发现，这人一点儿没改，刚到沈阳（明军总营）报到，就开始咋呼：

"我这次来，就是活捉努尔哈赤的，你们谁都别跟我抢！"

又不是什么好事，谁跟你抢？

事实也证明，这个光荣任务，没人跟他抢，连刘綎都不敢，于是最精锐的西路军，就成为了他的部属。

以上四路明军，共计十二万人，大致情况也就是这样。大明人多，林子太大，什么人都有，什么鸟都飞，浑人、文人、猛人，一应俱全。

说漏了，还有个鸟人——辽东经略杨镐。

杨镐，是一个出过场的人。说实话，我不太想让这人再出来，但可惜的是，我不是导演，没有换演员的权力。

作为一个无奈的旁观者，看着它的开幕和结束，除了叹息，只有叹息。

参战明军由全国七省及朝鲜、叶赫部组成，并抽调得力将领指挥，全军共十二万人，号称四十七万，这是自"土木堡之变"以来，明朝最大规模的军事行动。

要成事，需要十二万人，但要坏事，一个人就够了。

从这个角度讲，杨镐应该算是个很有成就的人。

自从朝鲜战败后，杨镐很是消停了一阵。但这个人虽不会搞军事，却会搞关系，加上他本人还比较老实，二十年后，又当上了兵部左侍郎兼都察院右都御史。此外，他还加入了组织——浙党。

当时的朝廷首辅，是浙党的铁杆方从哲。浙党的首辅，自然要用浙党的将领，于是这个光荣的任务，就落在了杨镐的身上。

虽然后来许多东林党拿杨镐说事，攻击方从哲，但公正地讲，在这件事上，方先生也是个冤大头。

我查了一下，杨镐兄的出生年月日不详，但他是万历八年（1580）的进士，考虑到他的智商和表现，二十岁之前考中的可能性实在很小，三十而立、四十不惑都是有可能的。

如此算来，万历四十七年（1619）的时候，杨大爷至少也有六十多岁了。在当时的武将中，资历老、打过仗的，估计也就他了。

方首辅没有选择的余地。

所以，这场战争的结局，也没有选择的余地。

万历四十七年（1619）二月二十一日，杨镐坐镇沈阳，宣布出兵。

下令后不久，回报：

今天下大雨，走不了。

走不了，那就休息吧。

这一休息就是四天。二月二十五日，杨镐说，今天出兵。

下令后不久，又回报：

辽东地区降雪，道路模糊，请求延后。

几十年来，杨镐先生虽说打仗是不太行，做人倒还行，很少跟人红脸，对于合理化建议，他也比较接受，既然下大雨延期他能接受，下大雪延期，似乎也没什么问题。

在这个世界上，好人不怕，坏人也不怕，就怕时好时坏、无端抽风的人。

杨镐偏偏就是个抽风的人，不知是哪根筋有问题，突然发火了：

"国家养士，只为今日，若临机推阻，军法从事！"

完事把尚方宝剑挂在门外，那意思是，谁敢再说话，来一个干一个。

窝囊了几十年，突然雄起，也算可喜可贺。

然而，接下来发生的一幕，就让杨先生雄不起来了。

按照惯例，出师之前，要搞个仪式，一般是找个叛徒、汉奸类的人物杀掉祭旗，然后再杀几头牲口祭天。

祭旗的时候，找了抚顺的一个逃兵，一刀下去，干掉了，可祭天的时候，却出了大问题。

事实证明，有时候，宰牲口比宰人要难得多，祭天的这头牛，不知是牛魔王下凡，还是杀牛刀太钝，反正是用刀捅、用脚踹，折腾了好几次，才把这头牛干掉。

封建社会，自然要搞点儿封建迷信，祭天的时候出了这事，大家都议论纷纷，然而杨镐先生却突然超越了时代，表现出了不信鬼神的大无畏精神。他坚定地下达了命令：

出征！

然后，他就干了件蠢事，一件蠢得让人毛骨悚然的事。

在出征之前，杨镐将自己的出征时间、出征地点、进攻方向写成一封信，并托人送了出去，还反复叮嘱，必定要保证送到。

收信人的名字，叫努尔哈赤。

对于他的这一举动，许多后人都难以理解，还有人认为，他有汉奸的嫌疑。

但我认为，以杨镐的智商，做出这样的事情，实在是不奇怪的。

在杨镐看来，自己手中有十二万大军，努尔哈赤下属的全部兵力，也只有六万，手下的杜松、刘綎，身经百战、经验丰富，要对付山沟里的这帮游击队，毫无问题。

基于这种认识，杨镐认为，作为天朝大军，写这封信，是很有必要的。

在成功干掉一头牛，以及写信示威之后，四路大军正式出征，史称"萨尔浒之战"，就此拉开序幕。

但在序幕拉开之前，战役的结局，实际上已经注定。

因为几百年来几乎所有的人，都忽略了一个基本的问题：单凭这支明军，是无法消灭努尔哈赤的。

努尔哈赤的军队，虽然只有六万人，却身经百战，极其精锐，且以骑兵为主。明军就不同了，十二万人，来自五湖四海，那真叫一个东拼西凑，除杜松、刘綎部外，战斗力相当不靠谱。

以指挥水平而论，就更没法说了。要知道，这位努尔哈赤先生并不是山寨的土匪，当年跟着李成梁混饭吃，那是见过大世面的，加上这位仁兄天赋异禀，极具军事才能。如果李如松还活着，估计还有一拼，以杜松、刘綎的能力，是顶不住的。

实力，这就是失败的真相。

杨镐的错误，并不是他干了什么，而是他什么也没干。

其实从他接手的那天起，失败就已注定，因为以当时明军的实力，要打赢是不容易的，加上他老人家，那就变成是不可能的。

可惜这位大爷对此毫无意识，还把军队分成了四部。

在这四支部队中，他把最精锐的六万余人交给了杜松，由其担任先锋。其余三部各两万人，围攻努尔哈赤。

这个想法，在理论上是很合理的，但在实践中，是很荒谬的。

按照杨镐的想法，仗是这么打的：努尔哈赤要待在赫图阿拉，不许随便乱动，等到明朝四路大军压境，光荣会师，战场上十二万对六万（最好分配成两个对一个），也不要骑马，只能步战，然后决一死战，得胜回朝。

有这种脑子的人，只配去撞墙。

要知道，努尔哈赤先生的日常工作是搞游击，抢了就分，打了就跑，也从来不修碉堡炮楼、严防死守。

这就意味着，如果努尔哈赤集中兵力，杜松将不具备任何优势，再加上杜将军的脑筋向来缺根弦，和努尔哈赤这种老狐狸演对手戏，必败无疑。

而当努尔哈赤听到明军四路进军的消息后，只说了一句话：

"凭尔几路来，我只一路去。"

我仿佛看见，一出悲剧正上演，剧中没有喜悦。

二月二十八日，明军先锋杜松抵达抚顺近郊。

为了抢头功，他命令士兵日夜不停行军，但由于路上遭遇女真部队阻击，辎重落后。三月一日，他终于停下了脚步，就地扎营。

他扎营的地点，叫作萨尔浒。

死战

此时的杜松，已经有点儿明白了，自他出征以来，大仗没有，小仗没完，今天放火、明天偷袭，后勤也被切断，只能扎营固守。

多年的战争经验告诉他，敌人就在眼前，随时可能发动进攻，情况非常不利。部下建议，应撤离此地。

但他并未撤退，却将手下六万人分为两部，分别驻守于吉林崖和萨尔浒。

杜松并未轻敌，事实上，他早已判定，隐藏在自己附近的，是女真军队的主力，且人数至少在两万以上。

以自己目前的兵力，攻击是不可能的，但防守还是不成问题的，所以没有撤退的必要。

应该说，他的判断是准确的，只不过埋伏在这里的，并不是女真部队的主力，而是全部。

四路大军出发的时候，努尔哈赤已经明确，真正的主力，是杜松的西路军。所以他即刻动员全部兵力，向抚顺前进，寻求决战。

当然，在决战之前，他还要玩点儿老把戏，摸哨、夜袭、偷粮食之类的活没少干，等到杜松不堪骚扰，在萨尔浒扎营的时候，他已然是胜券在握。

接下来发生的一切，已无悬念。

三月二日，努尔哈赤发动八旗中的六旗，共计四万余人，猛攻明军萨尔浒大营。明军寡不敌众，全军覆没。

站在吉林崖大营的杜松，亲眼看到了萨尔浒营的覆灭。他一言不发，穿上了自己的盔甲，集合了剩余的士兵，准备迎接最后的战斗。

努尔哈赤再次发动了进攻，这一次，他带齐了八旗的全部兵力，向吉林崖发动了总攻。

面对有绝对优势的敌人，杜松毫无畏惧，他率领明军拼死作战，激战直至夜晚，重创敌军。

然而实力就是实力，勇猛无畏的杜松终究还是战死了，和他一起阵亡的，还有上万名宁死不屈的士兵。

西路明军就此全军覆没。

其实无论是决策错误，还是指挥错误，都已经不重要了。作为一名勇敢的将军，杜松已经尽到了自己的职责。

因为，他是战死的。

最先知道西路军覆没消息的，是马林。

因为此时，他距离萨尔浒只有几十里。

作为一个文人，马林没有实践经验，但再没经验，也知道大祸就要临头。

关键时刻，马林表现出了惊人的理论天赋，他将所部两万余人分为三部，互相呼应，并且挖掘壕沟，加强防御，等待着努尔哈赤的攻击。

无论从哪个角度讲，作为第一次上战场的将军，有如此表现，就算不错了。

可是不错是不够的。

一天之后，努尔哈赤发动了攻击。事实证明，马林的部署给他造成了相当大的麻烦，六万多人打了半天，一点儿进展都没有。努尔哈赤没有办法，竟然带了一千亲兵上阵冲锋，才打开突破口。

于是马林同志的表现也就到此为止了，毕竟他面对的，是三倍于己的敌人。而作为文人，他的观念也有点儿问题，最后关头抛下了两个弟弟，自己先跑了。

北路马林军就此覆没。

西路军完了，北路军也完了，这个消息很快就传遍了辽东。

但东路的刘綎却对此毫不知情，因为他连路都没找到。

刘綎的运气相当不好（或者说是相当好），由于他的行军道路比较偏，走后不久就迷了路，敌人没找着他，当然，他也没找到敌人。

但这种摸黑的游戏没能持续多久。努尔哈赤已经擦掉了刀上的血迹，开始专心寻找刘綎。

三月初四，他找到了。

此时，刘綎的兵力只有一万余人，是努尔哈赤军的四分之一。胜负未战已分。

然而，还在山谷中转悠的刘綎并没有听到震耳的冲杀声，却等来了一个使者，杜松的使者。

使者的目的只有一个：传达杜松的命令，希望刘綎去与他会合。

此时，杜松已经死去，所以这个使者，是努尔哈赤派人假冒的。

但是刘綎并没有上当，他当即回绝了使者的要求。

不过他回绝的理由，确实有点儿搞笑：

"我是总兵，杜松也是总兵，他凭什么命令我！"

这下连假使者也急了，连说带比画，讲了一堆好话，刘綎才最终同意，前去与杜松会师。

然后，他依据指引，来到了一个叫阿布达里岗的地方，这里距离赫图阿拉只有几十里。

在这里，他看见了杜松的旗帜和军队。

但当这支军队冲入队列，发动攻击时，他才知道自己上当了。

寡不敌众、深陷重围，必败无疑，必死无疑。

但刘綎仍然镇定地拔出了刀，开始奋战。

之后的一切，史书上是这样介绍的：

阵乱，刘綎中流矢，伤左臂，又战。

复伤右臂，犹鏖战不已。

内外断绝，面中一刀，截去半颊，犹左右冲突。

歼数十人而死。

用今天的话说，大致是这样：

阵乱了，刘綎中箭，左臂负伤，继续作战。

在战斗中，他的右臂也负伤了，依然继续奋战。

身陷重围无援，他的脸被刀砍掉了一半，依然继续奋战，左冲右杀。

最后，他杀死了数十人，战死。

这就是一个身陷绝境的将领的最后记录。

这是一段毫无感情，也无对话的文字，但在冷酷的文字背后，我听到了刘綎最后的遗言和呼喊：

宁战而死，绝不投降！

刘綎战死，东路军覆灭。

现在，只剩下南路军了。

南路军的指挥官，是李如柏。

因为他的部队速度太慢，走了几天，才到达预定地点，此时其他三路军已经全军覆没。

于是在坐等一天之后，他终于率领南路军光荣回朝，除因跑得过快，自相践踏死了点儿人外，毫发无伤。

就军事才能而言，他是四人之中最差的一个，但他的运气却实在很好，竟然能够全身而退。

或许这一切，并不是因为运气。

因为许多人都依稀记得，他是李成梁的儿子，而且他还曾经娶过一个女子，这位女子偏偏就是努尔哈赤的弟弟舒尔哈齐的女儿。

无论是运气太好还是太早知道，反正他是回来了。

但在战争，尤其是败仗中，活下来的人是可耻的，李如柏终究还是付出了代价。

回来后，他受到了言官的一致弹劾，而对于这样一个独自逃跑的人，所有人的态度都是一致的——鄙视。

偷生的李如柏终于受不了了，在这种生不如死的环境中，他选择了自尽，结束自己的生命。

萨尔浒大战就此结束，此战明军大败，死伤将领共计三百一十余人，士兵死伤四万五千八百七十余人，财物损失不计其数。

消息传回京城，万历震怒了。

我说过，万历先生不是不管事，是不管小事，打了这么个烂仗，实在太窝囊。

觉得窝囊了，自然要找人算账，几路总兵都死光了，自然要找杨镐。

杨镐倒是相当镇定，毕竟他的关系搞得好。自他回来后，言官弹劾不绝于耳，但有老上级兼老同党方从哲保着，他也不怎么慌。

可这事实在是太大了，皇帝下旨追查，言官拼命追打，特别是一个叫杨鹤的御史，三天两头上疏，摆明了是玩命的架势。那边努尔哈赤还相当配合，又攻陷了铁岭。几棍子抢下来，杨镐实在是扛不住了。

不久后，他被逮捕，投入诏狱，经审讯判处死刑，数年后被斩首。

责任追究完了，但就在追究责任的时候，努尔哈赤也没歇着，还乘势攻下了全国比较大的城市——铁岭。

至此，辽东北部全部被努尔哈赤占领，明朝在辽东的根据地，只剩下了沈阳和辽阳。

看上去，局势十分危急，但事实上，是万分危急。

萨尔浒之战后，明军陷入了彻底的混乱。许多地方不见敌人，听到风声就跑，老百姓跑，当兵的也跑，个别缺德的骑兵为了不打仗，竟然故意把马饿死。

而由于指挥系统被彻底打乱，朝廷的军饷几个月都无法发放，粮食也没有，对努尔哈赤而言，此地已经唾手可得。

但他终究没有得到，因为接替杨镐的人已经到任。他的名字，叫作熊廷弼。

熊廷弼，是个不讨人喜欢的家伙。

熊廷弼，字飞白，江夏（今湖北武汉）人，自小聪明好学，乡试考中第一，三十岁就成为进士，当上了御史。

可此人脾气太坏，坏到见谁和谁过不去，坏到当了二十年的御史都没升官。

他还有个嗜好——骂人，且骂得很难听，后来连他都察院的同事都受不了，压根儿不搭理他，基本算是人见人厌。

但如果没有这个人见人厌的家伙，相信明朝差不多就可以收摊，下场休息去了。

万历四十七年（1619），萨尔浒大战后，在一片混乱之中，新任经略熊廷弼带着几个随从，进入了辽东。

他从京城出发的时候，开原还没有失陷，但当他到达辽东的时候，连铁岭都丢掉了。

等他到达辽阳的时候，才发现，明朝仅存的沈阳和辽阳，已几乎都是空城。

他命令下属前往沈阳，稳定局势，叫来一个，竟然吓得直哭，打死都不敢去；再换一个，刚刚走出城，就跑回来了，说打死也不敢再走。

于是熊廷弼说：

"我自己去。"

他从辽阳出发，一路走一路看，遇到逃跑的百姓，就劝他们回去，遇到逃跑的士兵，就收编他们，遇到逃跑的将领，就抓起来。

就这样，到沈阳的时候，他已经集结了上万平民、数千名士兵，还有王捷、王文鼎等几位逃将。

安置了平民，整顿了士兵，就让人把逃将拉出去，杀头。

逃将求饶，说我们逃出来已经不容易了，何必要杀我们。
熊廷弼说：如果不杀你们，怎么对得起那些没有逃跑的人？
然后，他去见了李如桢。
李如桢是铁岭的守将，但后金军队进攻的时候，他却一直待在沈阳。
不但一直待在沈阳，铁岭被敌军攻击的时候，他连救兵都不派，坐视铁岭失守，让人十分费解，不知是反应迟钝，还是另有密谋。
熊廷弼倒不打算研究这个问题，他只是找来这位仁兄，告诉他：你给我滚。

李如桢当时还是总兵，不是说免就能免的，可熊廷弼实在太过凶恶，李总兵当即就滚了，回去后又挨了熊廷弼的弹劾，最后被关入监狱，判处死刑（后改充军）。
至此，一代名将李成梁的光荣世家彻底完结，除李如松外，都没啥好下场，连老家铁岭都被当年手下的小喽啰努尔哈赤占据，可谓是干干净净、彻彻底底。
在当年的史料记载中，李成梁的事迹可谓数不胜数，和他同时期的戚继光，几乎完全被他的光芒所掩盖。
但几百年后，戚继光依然光耀史册，万人景仰，而李成梁，却几乎已不为人知。
我知道，历史只会夸耀那些值得夸耀的人。

当所有人都认为，熊廷弼的行动已告一段落时，他却又说了一句话：
"我要去抚顺。"
大家认为熊廷弼疯了。
当时的抚顺，已经落入努尔哈赤的手中，以目前的形势，带几个人去抚顺，无疑就是送死。
但熊廷弼说，努尔哈赤认定我不敢去，所以我现在去，反而是最安全的。

说是这么说，但敢不敢去，那是另外一码事。

熊廷弼去了，大家战战兢兢，他却毫不惊慌，优哉游哉地转了一圈。

当所有人都胆战心惊的时候，他又下了个让人抓狂的命令：吹号角。

随行人员快要疯了，这就好比是孤身闯进山贼的山寨，再大喊抓贼。偷偷摸摸地来，你还大声喧哗，万一人家真的冲出来，你怎么办？

但命令是必须执行的，人来了，号角吹了，后金军却一动不动。熊廷弼大摇大摆地回了家。

几天后，努尔哈赤得知了事情的真相，非但不恼火，反而派人堵住了抚顺进出的关口，严令死守，不得随意出击。

努尔哈赤之所以表现得如此低调，只是因为他和头号汉奸李永芳的一次对话。

当熊廷弼到来的消息传到后金时，李永芳急忙跑去找努尔哈赤，告诉他，这是个猛人。

努尔哈赤不以为然：辽东已经到了这个地步，这蛮子（后金对明朝将领的通称）就是再厉害，也只有一个人，如何挽回危局？

李永芳回答：只要有他，就能挽回危局！

此后发生的一切，都证明了李永芳的判断。只用了短短几个月，熊廷弼就稳定了局势。此后他一反常态，除了防御外，还组织了许多游击队，到后金占领地区进行骚扰，搞得对方疲于奔命，势头非常凶猛。

于是，努尔哈赤决定，暂时停止对明朝的进攻，休养生息，等待时机。

这个时机的期限，只有一年。

然而，正是这关键的一年挽救了明朝。因为此时的朝廷，即将发生几件惊天动地的大事。

在很多的史书中，万历中后期的历史基本上是这个样子：皇帝老休息，朝政无人管，大臣无事干。

前两条或许是正确的，但第三条是绝对不正确的。

隐藏在平静外表下的，是无比激烈的斗争。而斗争的主角，是东林党。

在许多人的印象中，东林党是道德与正义的象征，一群胸怀理想的知识分子，为了同一个目标，走到一起来了。他们怀揣着抱负，参与政治，并曾一度掌控政权，却因为被邪恶的势力坑害，最终失败。

我认为，这是一个比较客观的说法。但是，很多人忽略了一个问题，一个很有趣的问题：

一群只会读书的书呆子、知识分子，是如何掌控政权的呢？

正义和道德是值得景仰的，值得膜拜的，值得三拜九叩的。但是，正义和道德不能当饭吃，不能当衣服穿，更不可能掌控朝廷。

因为掌控朝廷的唯一方式，就是斗争。

第九章

东林党的实力

道德文固然有趣，却是无法解决问题的。

最先认识到这一点的人，应该是顾宪成。

在万历二十一年（1593）的那次京察中，吏部尚书孙鑨——撤职了，考功司郎中赵南星——回家了，首辅王锡爵——辞职了，而这事幕后的始作俑者，从五品的小官，考功司员外郎顾宪成——升官了（吏部文选司郎中）。

升官了还不说，连他的上级，继任吏部尚书陈有年，也都是他老人家安排的，甚至后来回无锡当老百姓，他依然对朝廷动向了如指掌。李三才偷看信件，王锡爵打道回府，朝廷的历任首辅，在他眼中不是木偶，就是婴儿。

这是一团迷雾，迷雾中的一切，似乎和他有关系，又似乎没有关系。

拨开这团迷雾之后，我看到了一样东西——实力。

顾宪成的实力，来自他的官职。

在吏部中，最大的是尚书（部长），其次是侍郎（副部长），再往下就是四个司的郎中（司长），分别是文选司、验封司、稽勋司、考功司。

但是，这四个司的地位是不同的，而其中最厉害的，是文选司和考功司，文选司负责人事任免，考功司负责官员考核。这两个司的官员向来无人敢惹，升官还是免职，发达还是破产，那就是一句话的事。

相对而言，验封司、稽勋司就一般了，一般到不用再介绍。

有鉴于此，明代的吏部尚书和侍郎，大都由文选司和考功司的郎中接任。

而顾宪成先生的升迁顺序是：吏部考功司主事——考功司员外郎（副职）——文选司郎中。

这就意味着，那几年中，大明的所有官员（除少数高官），无论是升迁，还是考核，都要从顾宪成手底下过，即使不过，也要打个招呼，就是不打招呼，也得混个脸熟。

此外，我们有理由相信，顾宪成大人也是比较会来事的，因为一个不开窍的书呆子，是混不了多久的。

在这个世界上，实力和道德，经常是两码事。

东林党之中，类似者还有很多，比如李三才。

李三才先生的职务，之前已经说过，是都察院佥都御史，巡抚凤阳，兼漕运总督。

都察院佥都御史多了去了，凤阳是个穷地方，不巡也罢，真正关键的职务，是最后那个。

自古以来，漕运就是经济运转的主要途径，基本算是坐地收钱，肥得没边。普天之下，唯一可以与之相比的，只有盐政。

坐在这个位置上，要想不捞外快，一靠监督，二靠自觉。

很可惜，李三才不自觉。从种种史料分析，他很有钱，有钱得没个谱，请客吃饭，都是大手笔。

至于监督，那就更不用说了。这位李先生本人就是都察院的御史，自己去检举自己，估计他还没这个觉悟。

作为东林党的重量级人物，李三才在这方面的名声，那真是相当地大。大到几十年后，著名学者夏允彝到凤阳寻访，还能听到相关事迹，最后还叹息一声，给了个结论——负才而守不洁。

列举以上两人，只是为了说明一点：

东林，是书院，但不仅仅是书院；是道德，但不仅仅是道德。它是一个有实力、有能力、有影响力、有斗争意识的政治组织。

事实上，它的能量远远超出你的想象。

明白了这一点，你就会发现，那段看似平淡无奇的历史，每一分、每一秒，都是你死我活的争斗。

争斗的方式，是京察。

万历二十一年（1593），顾宪成失望地回家了，他虽费尽气力，却终究未能解决对手，京察失败。

但这一切，仅仅是个开始。

十二年后，即万历三十三年（1605），京察开始，主持者杨时乔，他的公开身份，是吏部左侍郎，他的另一个公开身份，是东林党。

当时的首辅，是浙党首领沈一贯，对于这位东林党下属，自然很不待见，于是，他决定换人。

沈一贯是朝廷首辅，杨时乔只是吏部二把手，然而意外发生了，虽然沈大人上蹿下跳，连皇帝的工作都做了，却依然毫无用处。杨侍郎该怎么来，还怎么来，几板斧抡下来，浙党、齐党、楚党、宣党……反正非东林党的，通通下课，沈一贯拼了老命，才算保住几个亲信。

那么现在，请你再看一遍之前列举过的几条史料，玄机就在其中：

万历三十三年，京察，沈一贯亲信以及三党干将被逐。

万历三十五年（1607），沈一贯退休回家。

同年，王锡爵的密信被李三才揭发，复出无望。

一年后，东林派叶向高成为首辅，开始执掌朝廷大权。

是的，这一切的一切，不是偶然。

而最终要获得的，正是权力。

权力已经在握，但还需要更进一步。

万历三十九年（1611），辛亥京察，主持人吏部尚书孙丕杨，东林党。

此时的首辅已经是叶向高了，东林党人遍布朝廷，对于那些非我族群而言，清理回家之类的待遇估计是免不了了。

然而一个人的掺和，彻底改变了这一切。这个人就是李三才。

此时的李三才已经升到了户部尚书，作为东林党的干将，他将进入内阁，更进一步。

算盘大致如此，可打起来就不是那么回事了。

听说李三才要入阁，朝廷顿时一片鸡飞狗跳，闹翻了天，主要原因在于李先生的底子不算干净，许多人对他有意见。

而更重要的是，这人实在太猛、太有能力，东林党已经如此强大，如果再让他入阁，三党的人估计就只能集体歇业了。

于是，一场空前猛烈的反击开始。

明代的京察，按照地域，分为南察和北察。北察由尚书孙丕杨负责，而南察的主管者，是吏部侍郎史继楷，三党成员。他选定的考察对象都是同一个类型——支持李三才的人。

很快，浙、楚、齐三党轮番上阵，对李三才发起了最后的攻击。他们的动机十分明确，明确到《明神宗实录》都写了出来——"攻淮（李三才）则东林必救，可布一网打尽之局"。

在集中火力打击之下，李三才没能顶住，回家养老去了。

但就整体而言，此时的东林党依然占据着优势，叶向高执政，东林党掌权，非常强大，强大得似乎不可动摇。

然而就在此时，强大的东林党，犯了一个致命的错误。

一直以来，东林党的指导思想，是我很道德，强大之后，就变成了你不道德。工作方针，原先是党同伐异，强大之后，就变成了"非我族类，其心必异"。总而言之，不是我的同党，就是我的敌人。

第九章　东林党的实力

这种只搞单边主义的混账做法，最终导致了一个混账的结果：

在东林党人的不懈努力下，齐、浙、楚三党终于抛弃了之前的成见，团结一致跟东林党死磕了。

他们的折腾，得到了立竿见影的回报：

万历四十二年（1614），叶向高退休回家。

万历四十五年（1617），京察开始，主持京察的，分别是吏部尚书郑继之、刑部尚书李志。

郑继之是楚党，李志是浙党。

"有冤报冤，有仇报仇"的时候到了，但凡是东林党，或者与东林党有关的人，二话不说，收拾包袱走人，其中还包括那位揭发了"梃击案"真相的王之寀。

萨尔浒之战前，朝廷斗争情况大致如此。这场斗争的知名度相当小，但在历史上的地位相当重要，对明朝而言，其重要程度，基本等于努尔哈赤＋皇太极＋李自成＋张献忠。

因为这是一场延续了几十年的斗争，是一场决定明朝命运的斗争。

因为在不久之后，东林党将通过一个人的帮助，彻底击败浙、齐、楚三党。

然后，土崩瓦解的三党将在另一个人的指挥下，实现真正的融合，继续这场斗争，而那时，他们将有一个共同的名字——阉党。

万历四十五年的京察，标志着东林党的没落，所谓东林党三大巨头，顾宪成已经死了，邹元标到处逛，赵南星家里蹲。

两大干将也全部消停，叶向高提早退休，李三才回家养老。

此时的首辅，是浙党的方从哲，此时的朝廷，是三党的天下。对东林党而言，前途似乎一片黑暗。

但新生的机会终会到来，因为一个人的死去。

万历四十八年（1620）七月二十一日，万历不行了。

高拱、张居正、申时行、李成梁、东林党、朝鲜、倭寇、三大征、萨尔浒、资本主义萌芽、不上朝、太子、贵妃、争国本、梃击。

我只能说，他这辈子应该比较忙。

关于这位兄弟的评论，我想了很久，很久，却是很久，很久，也想不出来。

你说他没干过好事吧，之前二十多年，似乎干得也不错。你说他软弱吧，他还搞了三大征，把日本鬼子赶回了老家。你说他不理朝政吧，这几十年来哪件大事他不知道？

一个被张居正压迫过的人，一个勤于政务的人，一个被儿子的问题纠缠了几十年的人，一个许多年不见大臣、不上班的人，一个终生未出京城，生于深宫、死于深宫的人。

一个复杂得不能再复杂的人，一个简单得不能再简单的人。

于是，我最终懂得了这个人。

一个热血沸腾的青年，一个励精图治的君主，一个理想主义者，在经历残酷的斗争，无休止的吵闹，无数无效的抗争，无数无奈的妥协后，最终理解了这个世界，理解了现实的真正意义，并最终成为了这个世界的牺牲品。

大致如此吧。

明神宗朱翊钧，万历四十八年逝世，年五十八岁。

在这个残酷的世界面前，他还不够勇敢。

明光宗朱常洛

虽然几十年来，万历都不喜欢自己的长子朱常洛，但在生命的最后一刻，他终于做出了抉择，将皇位传给了这个久经考验的儿子。

担惊受怕几十年的朱常洛终于熬出头了。万历四十八年（1620）八月一日，朱常洛正式登基，即后世所称之明光宗，定年号为泰昌。

由于此时还是万历年间，按照惯例，要等老爹这一年过完，明年才能另起炉灶，用自己的年号。

可几乎所有的人都没有想到，这个年号，竟然没能用上。

因为朱常洛活了三十八年，明光宗却只活了一个月。

一个撑了三十八年，经历无数风雨险阻到达目标的人，却在一个月中意外死亡，是很不幸的。

导致死亡与不幸的罪魁祸首，是郑贵妃。

郑贵妃

应该说，朱常洛是个好孩子，至少比较厚道。

几十年来，他一直夹着尾巴做人，目睹了父亲的冷漠、朝廷的冷清，感受到了国家的凋敝、时局的危险。

他不愿意再忍受下去。于是，当政后的第一天，他用几道谕令显示了自己的决心。

大致说来，他是把他爹没办的事给办了，包括兑现白条——给辽东前线的士兵发工资，废除各地矿税，以及补充空缺的官员。

这几件事情，办得很好，也很及时，特别是最后一条，把诸多被万历同志赶下岗的仁兄拉了回来，实在是大快官心。于是一时之间，光宗的人望到达了顶点，朝廷内外无不感恩戴德，兴高采烈。

但有一个人不高兴，非但不高兴，而且很害怕。

万历死后，郑贵妃终于明白，自己是多么地虚弱，今日之城内，已是敌人之天下。所谓贵妃，其实也不贵，如果明光宗要对付她，贱卖的可能性是相当地大。

很快，一件事情就证明了她的判断。

考虑到万历死后不好办，之前郑贵妃软磨硬泡，让万历下了道遗嘱，讲明，一旦自己死后，郑贵妃必须晋封皇后。

如此一来，等万历死后，她就成了太后，无论如何，铁饭碗是到手了。

明光宗看上去倒也老实，丝毫不赖账，当即表示，如果父皇如此批示，那就照办吧。

但他同时表示，这是礼部的事，我批下去，让他们办吧。

按说皇帝批下来就没问题了，可是礼部侍郎孙如游不知怎么回事，非但不办，还写了个奏疏，从理论、辈分、名分上论证了这件事，最后得出结论——不行。

光宗同志似乎也不生气，还把孙侍郎的奏疏压了下来，但封皇后这事再也没提。

郑贵妃明白了，这就是个托。

很明显，这位看上去很老实的人，实际上不怎么老实。既然如此，必须提前采取行动。

经过深思熟虑，她想出了一个计划，而这个计划的第一步，是一件礼物。

十天之后，她将这件礼物送给了朱常洛，朱常洛很高兴地收下了。

光宗皇帝的性命，就丢在了这份礼物上。

这份礼物，是八个美女。

对于常年在宫里坐牢，哪儿都不能去，啥也没有的朱常洛而言，这是一份丰厚的礼物。辛辛苦苦、畏畏缩缩了几十年，终于可以放纵一下了。

古语有云：一口吃不成胖子，但朱常洛应该算是不同凡响，他几天就变成了瘦子。在史料上，含蓄的文言文是这样描述的：

"是夜，连幸数人，圣容顿减。"

白天日理万机，晚上还要辛勤工作，身体吃不消，实在是件十分自然的事情。于是不久之后，朱常洛就病倒了。

这一天是万历四十八年（1620）八月十日。

计划的第二步即将开始实现，四天之后。

万历四十八年八月十四日。

皇帝的身体依然很差，身体差就该看医生，于是崔文升出场了。

崔文升，时任司礼监秉笔太监，前面讲过，这是一个十分重要的职务，仅次于司礼监掌印太监。

可是这人来，并不是要给皇帝写遗嘱，而是看病。因为这位崔兄多才多能，除了能写外，还管着御药房，搞第二产业。

后来的事情告诉我们，第二产业是不能随便乱搞的。

诊断之后，崔大夫胸有成竹，给病人开了一服药，并且乐观地表示，药到病除。

他开的这服药，叫泻药。

一个夜晚辛勤工作，累垮了身体的人，怎么能服泻药呢？

所以后来很多史书都十分肯定地得出了结论：这是个蹩脚庸医。

虽然我不在现场，也不懂医术，但我可以认定：崔文升的诊断，是正确的。

因为之前的史料中，有这样六个字：是夜，连幸数人。

这句话的意思大家应该知道，就不解释了，但大家也应该知道，要办到这件事情，难度是很大的。对光宗这种自幼体弱的麻秆而言，基本就是个不可能的任务。

但是他完成了。

所以唯一的可能性是，他找了帮手，而这个帮手，就是药物。

是什么药物，大家心里也有数，我就不说了。这类药物在明代宫廷里，从来就是必备药。从明宪宗开始，到天天炼丹的嘉靖，估计都没少用。明光宗初来乍到，用用还算正常。

可这位兄弟明显是用多了，加上身体一向不好，这才得了病。

在中医理论中，服用了这种药，是属于上火，所以用泻药清火，也还算对症下药。

应该说，崔文升是懂得医术的，可惜，是半瓶水。

根据当时史料反映，这位仁兄下药的时候，有点儿用力过猛，手一哆嗦，下大了。

错误是明显的，后果是严重的，光宗同志服药之后，一晚上拉了几十次，原本身体就差，这下子更没戏了，第二天就卧床不起，算彻底消停了。

崔大夫看病经历大致如此，就这么看上去，似乎也就是个医疗事故，虽说没法私了，但毕竟大体上没错，也没在人家身体里留把剪刀、手术刀之类的东西当纪念品，态度还算凑合。

可问题是，这事一冒出来，几乎所有的人都立刻断定，这是郑贵妃的阴谋。

因为非常凑巧，这位下药的崔文升，当年曾经是郑贵妃的贴身太监。

这真是跳进黄河也洗不清，要看病，不找太医，偏找太监，找了个太监，偏偏又是郑贵妃的人，这太监下药，偏又下猛了，说他没问题，实在有点儿困难。

对于这件事情，你说它不是郑贵妃的计划，我信，因为没准儿就这么巧。说它是郑贵妃的计划，我也信，因为虽说下药这招十分拙劣，谁都知道是她干的，但以郑贵妃的智商，以及从前表现，这种蠢事，她是干得出来的。

无论动机如何，结果是肯定的，明光宗已经奄奄一息，一场惊天大变即将拉开序幕。

但这一切还不够，要达到目的，这些远远不够，即使那个人死去，也还是不够。

必须把控政权，把未来所有的一切，都牢牢抓在手中，才能确保自己的利益。

于是在开幕之前,郑贵妃找到了最后一个同盟者。

这位同盟者的名字,不太清楚。

目前可以肯定的是,她姓李,是太子的嫔妃。

当时太子的嫔妃有以下几种:大老婆叫太子妃,之后分别是才人、选侍、淑女等。

而这位姓李的女人,是选侍,所以在后来的史书中,她被称为"李选侍"。

李选侍应该是个美女,至少长得还不错,因为皇帝最喜欢她,而且皇帝的儿子,那个未来的天才木匠——朱由校,也掌握在她的手中。正是因为这一点,郑贵妃找上了她。

就智商而言,李选侍还算不错(相对于郑贵妃);就人品而言,她和郑贵妃实在是相见恨晚。经过一番潜规则后,双方达成协议,成为了同盟,为了不可告人的目的。

现在一切已经齐备,只等待着一个消息。

所有的行动,将在那一刻展开;所有的野心,将在那一刻实现。

小人物

目标就在眼前,一切都很顺利。

皇帝的身体越来越差,同党越来越多,帝国未来的继承人尽在掌握之中,在郑贵妃和李选侍看来,前方已是一片坦途。

然而,她们终究无法前进,因为一个微不足道的小人物。

明光宗即位后,最不高兴的是郑贵妃,最高兴的是东林党。

这是很正常的,从一开始,东林党就把筹码押在这位柔弱的太子身上,争国本、妖书案、梃击案,无论何时何地,他们都坚定地站在这一边。

现在回报的时候终于到了。

明光宗非常够意思，刚上任，就升了几个人的官，这些人包括刘一燝、韩爌、周嘉谟、邹元标、孙如游等。

这几个人估计你不知道，其实也不用知道，只要你知道这几个人的职务，就能明白，这是一股多么强大的力量。

刘一燝、韩爌，是东阁大学士、内阁成员，周嘉谟是吏部尚书，邹元标是大理寺丞，孙如游是礼部侍郎。当然，他们都是东林党。

在这群人中，有内阁大臣、人事部部长、法院院长、部级高官，然而，在后来那场你死我活的斗争中，他们只是配角，真正力挽狂澜的人，是一个看似微不足道的小人物。

这个人的名字，叫作杨涟。

杨涟，字文孺，号大洪，湖广（湖北）应山人，万历三十五年（1607）进士，任常熟知县，后任户科给事中、兵科给事中。

这是一份很普通的履历，因为这人非但当官晚，升得也不快，明光宗奄奄一息的时候，也才是个七品给事中。

但在这份普通履历的后面，是一个不普通的人。

上天总是不公平的，有些人天生就聪明，天生就牛，天生就是张居正、戚继光，而绝大多数平凡的人，天生就不聪明，天生就不牛，天生就是二傻子，没有办法。

但上天依然是仁慈的，它给出了一条没有天赋，也能成功的道路。

对于大多数平凡的人而言，这是最好的道路，也是唯一的道路，它的名字，叫作纯粹。

纯粹的意思，就是专心致志、认真、一根筋、二杆子，等等。

纯粹和执着，也是有区别的。所谓执着，就是不见棺材不掉泪；而纯粹，是

第九章　东林党的实力

见了棺材,也不掉泪。

纯粹的人,是这个世界上最可怕的人。他们的一生,往往只有一个目标。为了达到这个目标,他们可以不择手段,不顾一切;他们无法被收买,无法被威逼,他们不要钱,不要女色,甚至不要权势和名声。

在他们的世界里,只有一个目标,以及坚定的决心和意志。

杨涟,就是一个纯粹的人。

他幼年的事迹并不多,也没有什么砸水缸之类的壮举,但从小就为人光明磊落,还很讲干净,干净到当县令的时候,廉政考核全国第一。此外,这位仁兄也是个不怕事的人。比如万历四十八年(1620),万历生病,半个月不吃饭,杨涟听说了,也不跟上级打招呼,就跑去找首辅方从哲:

"皇上生病了,你应该去问安。"

方首辅胆子小,脾气也好,面对这位小人物,丝毫不敢怠慢:

"皇上一向忌讳这些问题,我只能去问宫里的内侍,也没消息。"

朝廷首辅对七品小官,面子是给足了,杨先生却不要这个面子,他先举了个例子,教育了首辅大人,又大声强调:

"你应该多去几次,事情自然就成了(自济)!"

末了,还给首辅大人下了个命令:

"这个时候,你应该住在内阁值班,不要到处走动!"

毫无惧色。

根据以上史料,以及他后来的表现,我们可以认定:在杨涟的心中,只有一个目标——为国尽忠,匡扶社稷。

事实上,在十几天前的那个夜晚,这位不起眼的小人物,就影响过这个帝国的命运。

万历四十八年七月二十一日,夜,乾清宫。

万历就快撑不住了,在生命的最后时刻,他反省了自己一生的错误,却也犯下了一个十分严重的错误——没有召见太子。

一般说来，皇帝死前，儿子应该在身边，除了看着老爹归西、号几声壮胆以外，还有一个重要意义——确认继位。

虽说太子的名分有了，但中国的事情一向难说，要不看着老爹走人，万一隔天突然冒出几份遗嘱，或是几个顾命大臣，偏说老头子临死前改了主意，还找人搞了公证，这桩官司可怎么打？

但不知万历兄是忘了，还是故意的，反正没叫儿子进来。

太子偏偏是个老实孩子，明知老头子不行了，又怕人搞鬼，在宫殿外急得团团转，可就是不敢进去。

关键时刻，杨涟出现了。

在得知情况后，他当机立断，派人找到了一个极为重要的人物——王安。

王安，时任太子侍读太监，在明代的历史中，这是一个重量级人物。此后发生的一系列事件里，他都起着极为关键的作用。

而在那个夜晚，杨涟只给王安带去了一句话，一句至关紧要的话：

"皇上已经病得很重了（疾甚），不召见太子，并不是他的本意。太子应该主动进宫问候（尝药视膳），等早上再回去。"

这就是说，太子您之所以进宫，不是为了等你爹死，只是进去看看，早上再回去嘛。

对于这个说法，太子十分满意，马上就进了宫，问候父亲的病情。

当然，第二天早上，他没回去。

朱常洛就此成为了皇帝，但杨涟并没有因此获得封赏，他依然是一个不起眼的给事中。不过，这对于杨先生而言，实在是个无所谓的事。

他平静地回到暗处，继续注视着眼前的一切。他很清楚，真正的斗争才刚刚开始。

事情正如他所料，崔大夫开了泻药，皇帝陛下拉得七荤八素，郑贵妃到处活

第九章 东林党的实力

动，李选侍经常串门。

当这一切被组合起来的时候，那个无比险恶的阴谋已然暴露无遗。

形势十分危急，不能再等待了。

杨涟决定采取行动，然而现实很残酷：他的朋友虽然多，却很弱小；他的敌人虽然少，却很强大。

周嘉谟、刘一燝、韩爌这拨人，级别固然很高，但毕竟刚上来，能量不大。而郑贵妃在宫里几十年，根基极深，一手拉着李选侍，一手抓着皇长子，屁股还拼命往皇太后的位置上凑。

按照规定，她应该住进慈宁宫，可这女人脸皮相当厚，死赖在乾清宫不走，看样子是打算长住。

因为乾清宫是皇帝的寝宫，可以监视皇帝的一举一动，一旦光宗同志有啥三长两短，她必定是第一个采取行动的人。那时，一切都将无可挽回。

而要阻止这一切，杨涟必须做到两件事情。首先，他要把郑贵妃赶出乾清宫；其次，他要把郑贵妃当太后的事情彻底搅黄。

这就是说，先要逼郑老寡妇搬家，再把万历同志临死前封皇后的许诺当屁放，把郑贵妃翘首企盼的申请拿去垫桌脚。

杨涟先生的职务，是七品兵科给事中，不是皇帝。

事实上，连皇帝本人也办不了。光宗同志明明不喜欢郑贵妃，明明不想给她名分，也没法拍桌子让她滚。

这就是七品芝麻官杨涟的任务，一个绝对、绝对无法完成的任务。

但是他完成了，用一种匪夷所思的方式。

他的计划是，让郑贵妃自己搬出去，自己撤回当皇太后的申请。

这是一个看上去绝不可能的方案，却是唯一可能的方案。因为杨涟已经发现，眼前的这个庞然大物，有一个致命的弱点，只要伸出手指，轻轻地点一下，就够了。

这个弱点有个名字，叫作郑养性。

郑养性，是郑贵妃哥哥郑国泰的儿子，郑国泰死后，他成为了郑贵妃在朝廷中的联系人，平日十分嚣张。

然而，杨涟决定，从这个人入手。因为经过细致的观察，他发现，这是一个外强中干、性格软弱的人。

万历四十八年（1620）八月十六日，杨涟直接找到了郑养性，和他一同前去的，还有周嘉谟等人。

一大帮子人上门，看架势很像逼宫，而事实上，确实是逼宫。

进门也不讲客套，周嘉谟开口就骂：

"你的姑母（指郑贵妃）把持后宫多年，之前争国本十几年，全都是因为她。现在竟然还要封皇太后，赖在乾清宫不走，还给皇上奉送美女，到底有什么企图？！"

刚开始时，郑养性还不服气，偶尔回几句嘴，可这帮人都是职业选手，骂仗的业务十分精湛，说着说着，郑养性有点儿扛不住了。

白脸唱完了，接下来是红脸：

"其实你的姑母应该也没别的意思，不过是想守个富贵。现在朝中的大臣都在这里，你要听我们的话，这事就包在我们身上。"

红脸完了，又是唱白脸：

"要是不听我们的话，总想封太后，不会有人帮你！你总说没这想法，既然没这想法，就早避嫌疑！"

最狠的，是最后一句：

"如此下去，别说富贵，身家性命能否保得住，都未可知！"

郑养性彻底崩溃了。眼前的这些人，听到的这些话，已经打乱了他的思维。于是，他去找了郑贵妃。

其实就时局而言，郑贵妃依然占据着优势，她有同党，有帮手，如果赖着不走，谁也拿她没办法。什么富贵、性命，这帮闹事的书呆子，也就能瞎嚷嚷几句而已。

然而关键时刻，郑贵妃不负白痴之名，再次显露她的蠢人本色，在慌乱的外甥面前，她也慌乱了。

经过权衡利弊，她终于做出了决定：搬出乾清宫，不再要求当皇太后。

至此，曾经叱咤风云的郑贵妃，正式退出了历史舞台。这位大妈费尽心机，折腾了三十多年，却啥也没折腾出来。此后，她再也没能翻过身来。

这个看似无比强大的对手，就这样，被一个看似微不足道的人，轻而易举地解决了。

但在杨涟看来，这还不够，于是三天之后，他把目标对准了另一个人。

万历四十八年八月十九日，杨涟上疏，痛斥皇帝。

杨先生实在太纯粹，在他心中，江山社稷是第一位的，所以在他看来，郑大妈固然可恶，崔大夫固然可恨，但最该谴责的，是皇帝。

明知美女不应该收，你还要收；明知春药不能多吃，你还要吃；明知有太医看病，你还要找太监，不是脑袋有病吧。

基于愤怒，他呈上了那封改变他命运的奏疏。

在这封奏疏里，他先谴责了蹩脚庸医崔文升，说他啥也不懂就敢乱来，然后笔锋一转，对皇帝提出了尖锐的批评——勤劳工作，不爱惜自己的身体。

必须说明的是，杨先生不是在拍马屁，他的态度是很认真的。

因为在文中，他先暗示皇帝大人忙的不是什么正经工作，然后痛骂崔文升，说他如何没有水平，不懂医术，最后再转回来：就这么个人，但您还是吃他的药。

这意思是说，崔大夫已经够没水平了，您比他还要差。

所以这封奏疏刚送上去，内阁就放出话来，杨先生是没有好下场的。

三天后，这个预言得到了印证。

明光宗突然派人下令，召见几位大臣，这些人包括方从哲、周嘉谟、孙如游,当然,还有杨涟。此外,他还命令,锦衣卫同时进宫,听候指示。

命令一下来,大家就认定,杨涟要完蛋了。

因为在这拨人里,方从哲是首辅,周嘉谟是吏部尚书,孙如游是礼部尚书,全都是部级干部,只有杨涟先生,是七品给事中。

而且会见大臣的时候,召集锦衣卫,只有一种可能——收拾他。

由于之前的举动,杨涟知名度大增,大家钦佩他的人品,就去找方从哲,让他帮忙求个情。

方从哲倒也是个老好人,找到杨涟,告诉他,等会儿进宫的时候,你态度积极点儿,给皇上磕个头,认个错,这事就算过去了。

但是杨涟的回答,差点儿没让他一口气背过去:

"死就死(死即死耳),我犯了什么错?!"

旁边的周嘉谟连忙打圆场:

"方先生(方从哲)是好意。"

可到杨先生这里,好意也不好使:

"知道是好意,怕我被人打死。要得了伤寒,几天不出汗,也就死了,死有什么可怕!但要我认错,绝无可能!"

就这样,杨涟雄赳赳气昂昂地进了宫,虽然他知道,前方等待着他的,将是锦衣卫的大棍。

可是他错了。

那位躺在床上,病得奄奄一息的皇帝陛下非但没有发火,反而和颜悦色说了这样一句话:

"国家的事情,全靠你们尽心为我分忧了。"

虽然称呼是复数,但他说这句话的时候,眼睛只看着杨涟。

这之后,他讲了许多事情,从儿子到老婆,再到郑贵妃。最后,他下达了两条命令:

一、赶走崔文升。

第九章　东林党的实力

二、收回封郑贵妃为太后的谕令。

这意味着，皇帝陛下听从了杨涟的建议，毫无条件、毫无抱怨。

当然，对于他而言，这只是个顺理成章的安排。

但他绝不会想到，他这个无意间的举动，将对历史产生极重要的影响。

因为他并不知道，此时此刻，在他对面的那个人心中的想法。

从这一刻起，杨涟已下定了决心——以死相报。

一直以来，他都只是个小人物，虽然他很活跃、很有抱负，声望也很高，他终究只是小人物。

然而眼前的这个人，这个统治天下的皇帝，却毫无保留地尊重并认可了自己的情感、抱负，以及纯粹。

所以他决定，以死相报，至死不休。

这种行为，不是愚忠，不是效命，甚至也不是报答。

它起源于一个无可争议、无可辩驳的真理：

士为知己者死。

这一天是万历四十八年（1620）八月二十二日，明光宗活在世上的时间，还有十天。

这是晚明历史上最神秘莫测的十天。一场更为狠毒的阴谋，即将上演。

第十章

小人物的奋斗

八月二十三日。

内阁大学士刘一璟、韩爌照常到内阁上班。在内阁里，他们遇见了一个人。

这个人的名字叫李可灼，时任鸿胪寺丞，他来这里的目的，是要进献"仙丹"。

此时首辅方从哲也在场，他对这玩意儿兴趣不大，毕竟皇帝刚吃错药，再乱来，这个黑锅就背不起了。

刘一璟、韩爌更是深恶痛绝，但也没怎么较真儿，直接把这人打发走了。

很明显，这是一件小事，而小事是不应该过多关注的。

但某些时候，这个理论是不可靠的。

两天后，八月二十五日。

明光宗下旨，召见内阁大臣、六部尚书等朝廷重臣。此外，他特意叫上了杨涟。

对此，所有的人都很纳闷。

更让人纳闷的是，此后直至临终，他召开的每一次会议，都叫上杨涟。

毫无理由，也毫无必要，或许是他的直觉告诉他：这个叫杨涟的人，非常之重要。

他的直觉非常地准。

此时的光宗，已经是奄奄一息，所以，几乎所有的大臣都认定，今天的会议，将要讨论的，是关乎国家社稷的重要问题。

然而，他们没有想到，这次内阁会议的议题，只有一个——老婆。

光宗同志的意思是，自己的后妃李选侍，现在只有一个女儿，她伺候自己那么多年，太不容易，考虑给她升官，封皇贵妃。

此外，他还把皇长子朱由校领了出来，告诉诸位大人，这孩子的母亲也没了，以后，就让李选侍照料他。

在场的所有人都目瞪口呆。

明明您都没几天蹦头了，趁着脑袋还管用，赶紧干点儿实事，拟份遗嘱，哪怕找口好棺材，总算有个准备。竟然还想着老婆的名分，实在令人叹服。

在现场的人们看来，这是一个尊重妇女、至死不渝的模范丈夫。

但是事实并非如此。

八月二十六日。

出乎许多人的意料，明光宗再次下旨，召开内阁会议，与会人员包括内阁大臣及各部部长，当然还有杨涟。

会议与昨天一样，开得十分莫名其妙。这位皇帝陛下把人叫进来，竟然先拉一通家常，又把朱由校拉进来，说我儿子年纪还小，你们要多照顾，等等。

这么东拉西扯，足足扯了半个时辰（一个小时），皇上也扯累了。正当大家认为会议即将结束的时候，扯淡又开始了。

如昨天一样，光宗再次提出，要封李选侍为皇贵妃。大家这才明白，扯来扯去不就是这件事吗？

礼部尚书孙如游当即表示，如果您同意，那就办了吧（亦无不可）。

然而就在此时，一件令人震惊的事情发生了。

第十章 小人物的奋斗

一个人突然闯了进来，公然打断了会议，并在皇帝、内阁、六部尚书的面前，拉走了皇长子朱由校。

这个人，就是李选侍。

所有人都蒙了，没有人去阻拦，也没有人去制止。原因很简单，这位李选侍毕竟是皇帝的老婆，皇帝大人都不管，谁去管。

而更让人难以置信的是，很快，他们就听见了严厉的斥责声，李选侍的斥责声。她斥责的，是皇帝的长子。

于是，一个空前绝后的场面出现了。

大明帝国未来的继承人，被一个女人公然拉走，当众责骂，而皇帝、首辅、各部尚书，全部毫无反应，放任这一切的发生。

所有的人静静地站在那里，听着那个女人的责骂，直到骂声结束为止。

然后，尚未成年的朱由校走了进来。他带着极不情愿的表情，走到了父亲的身边，说出了这样一句话：

"要封皇后！"

谜团就此解开，莫名其妙的会议，东拉西扯的交谈，终于有了一个明确的答案——胁迫。

开会是被胁迫的，闲扯是被胁迫的。一个奄奄一息的丈夫，一个年纪幼小的孩子，要不胁迫一把，实在有点儿说不过去。

李选侍很有自信，因为她很清楚，这个软弱的丈夫不敢拒绝她的要求。

现在，她距离自己的皇后宝座，只差一步。

但是这一步，她到死都没迈过去。

因为就在皇长子刚说出那四个字的时候，另一个声音随即响起：

"皇上要封皇贵妃，臣必定会尽快办理！"

说这句话的人，是礼部尚书孙如游。

李选侍太过天真了，和朝廷里这帮老油条比起来，她也就算个学龄前儿童。

孙尚书可谓聪明绝顶，一看情形不对，知道皇上顶不住了，果断出手，只用了一句话，就把皇后变成皇贵妃。

光宗同志也很机灵，马上连声回应：好，就这么办。

李小姐的皇后梦想就此断送，但她是不会放弃的，因为她很清楚，在自己的手中，还有一张王牌——皇长子。

只要那个奄奄一息的人彻底死去，一切都将尽在掌握之中。

但她并不知道，此时，一双眼睛已经死死地盯住了她。

杨涟已经确定，眼前这个飞扬跋扈的女人，不久之后，将是一个十分可怕的敌人。而在此之前，必须做好准备。

八月二十九日。

此前的三天里，光宗的身体丝毫不见好转，于是在这一天，他再次召见了首辅方从哲等朝廷重臣。

光宗同志这次很清醒，一上来就直奔主题：

"寿木如何？寝地如何？"

寿木就是棺材，寝地就是坟，这就算是交代后事了。

可是方从哲老先生不知是不是老了，有点儿犯糊涂，张口就是一大串，什么你爹的坟好、棺材好、请你放心之类的话。

光宗同志估计也是哭笑不得，只好拿手指着自己，说了一句：

"是我的（朕之寿宫）。"

方首辅狼狈不堪，然后他听到了皇帝陛下的第二个问题：

"听说有个鸿胪寺的医官进献金丹，他在何处？"

对于这个问题，方从哲并未多想，便说出了自己的回答：

"这个人叫李可灼，他说自己有仙丹，我们没敢轻信。"

他实在应该多想想的。

因为金丹不等于仙丹，轻信不等于不信。

正是这个模棱两可的回答，导致了一个错误的判断：

"好吧，召他进来。"

于是，李可灼进入了大殿，他见到了皇帝，他为皇帝号脉，他为皇帝诊断。最后，他拿出了仙丹。

仙丹的名字，叫作红丸。

红丸

此时，是万历四十八年（1620）八月二十九日上午，明光宗服下了红丸。

他的感觉很好。

按照史书上的说法，吃了红丸后，浑身舒畅，且促进消化，增加食欲（思进饮膳）。

消息传来，宫外焦急等待的大臣们十分高兴，欢呼雀跃。

皇帝也很高兴。于是，几个时辰后，为巩固疗效，他再次服下了红丸。

下午，劳苦功高的李可灼离开了皇宫，在宫外，他遇见了等待在那里的内阁首辅方从哲。

方从哲对他说：

"你的药很有效，赏银五十两。"

李可灼高兴地走了，但他并没有领到这笔赏银。

方从哲以及当天参与会议的人都留下了，他们住在了内阁，因为他们相信，明天，身体好转的皇帝将再次召见他们。

六个时辰之后。

凌晨，住在内阁的大臣们突然接到了太监传达的谕令：

即刻入宫觐见。

所有的人都明白，这意味着什么，但当他们尚未赶到的时候，就已得到了第二个消息——皇上驾崩了。

万历四十八年九月初一，明光宗在宫中逝世，享年三十九岁，享位一月。

皇帝死了，这十分正常；皇帝吃药，这也很正常；但吃药之后就死了，这就不正常了。

明宫三大案之"红丸案"，就此拉开序幕。

没有人知道，所谓的红丸，到底是什么药，也没有人知道，在死亡的背后，到底隐藏着什么样的阴谋。

此时向乾清宫赶去的人，包括内阁大臣、各部长官，共计十三人。在他们的心中，有着不同的想法和打算，因为皇帝死了，官位、利益、权力，一切的一切都将改变。

只有一个人例外。

杨涟十分悲痛，因为那个赏识他的人，已经死了，而且死得不明不白。

此时此刻，他只有一个念头。

查出案件的真相，找出幕后的黑手，揭露恶毒的阴谋，让正义得以实现，让死去的人得以瞑目。

这就是杨涟的决心。

但此时，杨涟即将面对的，却是一个更为复杂、更为棘手的问题。

虽然大家都住在内阁，同时听到消息，毕竟年纪不同，体力不同。比如内阁的几位大人，方从哲老先生都七十多了，刘一璟、韩爌年纪也不小，反应慢点儿、到得晚点儿十分正常。

所以首先到达乾清宫的，只有六部的部长、都察院左都御史，当然还有杨涟。

这几个人已经知道了皇帝去世的消息。既然人死了，那就不用急了，就应该考虑尊重领导了，所以他们决定，等方首辅到来再进去。

进不了宫，眼泪储备还不能用，而且大清早的，天都没亮。反正是等人，闲着也是闲着，于是，他们开始商讨善后事宜。

继承皇位的，自然是皇长子朱由校了。但问题是，他的父亲死了，母亲也死了，而且年纪这么小，宫里没有人照顾，怎么办呢？

于是，礼部尚书孙如游、吏部尚书周嘉谟、左都御史张问达提出：把朱由校交给李选侍。

这个观点得到了绝大多数人的支持。事实上，反对者只有一个。

然后，他们就听到了这个唯一反对者的声音：

"万万不可！"

其实就官职和资历而言，杨涟没有发言的资格，因为此时他不过是个小小的七品给事中，说难听点儿，他压根儿就不该待在这里。

然而在场的所有人，都保持了沉默，静静地等待着他的发言，因为他是皇帝临死前指定的召见者，换句话说，他是顾命大臣。

杨涟十分激动，他告诉所有的人，朱由校很幼稚，如果把他交给一个女人，特别是一个用心不良的女人，一旦被人胁迫，后果将不堪设想。

这几句话，彻底唤起了在场朝廷重臣们的记忆，因为就在几天前，他们目睹了那个凶恶女人的狰狞面目。

他们同意了杨涟的意见。

但事实上，皇帝已经死了，未来的继承人，已在李选侍掌握之中。

所以，杨涟说出了他的计划：

"入宫之后，立刻寻找皇长子，找到之后，必须马上带出乾清宫，脱离李选侍的操纵，大事可成！"

十三位顾命大臣终于到齐了，在杨涟的带领下，他们走向了乾清宫。

一场你死我活的斗争即将开始。

从大门口开始。

当十三位顾命大臣走到门口的时候，被拦住了。

拦住他们的，是几个太监。毫无疑问，这是李选侍的安排。

皇帝去世的时候，她就在宫内，作为一位智商高于郑贵妃的女性，她的直觉告诉她，即将到来的那些顾命大臣，将彻底毁灭她的野心。

于是她决定，阻止他们入宫。

应该说，这个策略是成功的。太监把住大门，好说歹说就不让进，一帮老头加书呆子，不懂什么"枪杆子里出政权"的深刻道理，只能干瞪眼。

幸好，里面还有一个敢玩命的：

"皇上已经驾崩，我们都是顾命大臣，奉命而来！你们是什么东西！竟敢阻拦！且皇长子即将继位，现情况不明，你们关闭宫门，到底想干什么？！"

对付流氓加文盲，与其靠口，不如靠吼。

在杨涟的怒吼之下，吃硬不吃软的太监闪开了，顾命大臣们终于见到了已经歇气的皇上。

接下来是例行程序，猛哭猛磕头。哭完磕完，开始办正事。

大学士刘一璟首先发问：

"皇长子呢？他人在哪里？"

没人理他。

"快点儿交出来！"

还是没人理他。

李选侍清醒地意识到，她手中最重要的棋子，就是皇长子。只要控制住这个未来的继承人，她的一切愿望和野心，都将得到满足。

这一招很绝，绝到杨涟都没办法。宫里这么大，怎么去找，一帮五六十岁的老头，哪有力气玩捉迷藏？

杨涟焦急万分，毕竟这不是家里，找不着就打地铺，明天接着找，如果今天没戏，明天李选侍一道圣旨下来，是死是活都不知道！

第十章 小人物的奋斗

必须找到，现在，马上，必须！

在这最为关键的时刻，一个太监走了过来，在大学士刘一璟的耳边，低声说出了两个字：

"暖阁。"

这个太监的名字，叫作王安。

王安，河北雄县人，四十多年前，他进入皇宫，那时，他的上司叫冯保。

二十六年前，他得到了新的任命，到一个谁也不愿意去的地方，陪一个谁也不愿意陪的人。这个人就是没人待见，连名分都没有的皇长子朱常洛。

王安是个好人，至少是个识货的人。当朱常洛地位岌岌可危的时候，他坚定且始终站在了原地，无论是"争国本"，还是"梃击"都竭尽全力，证明了他的忠诚。

朱常洛成为明光宗之后，他成为了司礼监秉笔太监，掌控宫中大权。

这位王安仁兄最喜欢的人，是东林党，因为一直以来，东林党都是皇帝陛下的朋友。

而他最不喜欢的人，就是李选侍，因为这个女人经常欺负后宫的一位王才人，而这位王才人，恰好就是皇长子朱由校的母亲。

此刻还不下烂药，更待何时？

刘一璟大怒，大吼一声：

"谁敢藏匿天子！"

可是吼完了，就没辙了，因为这毕竟是宫里，人躲在里面，你总不能破门而入去抢人吧。

所以最好的方法，是让李选侍心甘情愿地交人，然后送到门口，挥手致意。

这似乎绝不可能，但是王安说，这是可能的。

随后，他进入了暖阁。

面对李选侍，王安体现出了一个卓越太监的素质，他虽没有抢人的体力，却有骗人的智力。

他对李选侍说，现在情况特殊，必须让皇长子出面，安排先皇的丧事，安抚大家的情绪，事情一完，人就能回来。

其实这谎扯得不圆，可是糊弄李选侍是够了。

她立即叫出了朱由校。

然而，就在她把人交给王安的那一瞬间，却突然醒悟了过来！她随即拉住了朱由校的衣服，死死拉住，不肯松手。

王安知道，动粗的时候到了，他决定欺负眼前这个耍赖的女人。因为太监虽说不男不女，可论力气，比李小姐还是要大一些。

王安一把拉过朱由校，冲出了暖阁。当门外的顾命大臣们看见皇长子的那一刻，他们知道，自己胜利了。

于是，在先皇的尸体（估计还热着）旁，新任皇帝接受了顾命大臣们的齐声问候：万岁！

"万岁"喊完了，就该跑了。

在人家的地盘上，抢了人家的人，再不跑就真是傻子了。

具体的逃跑方法是，王安开路，刘一璟拉住朱由校的左手，英国公张维贤拉住朱由校的右手，包括方从哲在内的几个老头走中间，杨涟断后。就这样，朱由校被这群活像绑匪（实际上也是）的朝廷大臣带了出去。

事情正如所料，当他们刚刚走出乾清宫的时候，背后便传来了李选侍尖厉的叫喊声：

"哥儿（指朱由校），回来！"

李大姐这嗓子太突然了，虽然没要人命，却把顾命大臣们吓了一跳。他们本来在乾清宫外准备了轿子，正在等轿夫来把皇子抬走，听到声音后，脚一跺，不能再等了！

不等，就只能自己抬，情急之下，几位高干一拥而上，去抬轿子。

这四位高级轿夫分别是吏部尚书周嘉谟、给事中杨涟、内阁大学士刘一燝、英国公张维贤。

前面几位大家都熟，而最后这位张维贤，是最高世袭公爵，他的祖先，就是跟随明成祖朱棣在靖难中阵亡的第一名将张玉。

也就是说，四个人里除杨涟外，职务最低的是部长。我又查了一下年龄，最年轻的杨涟，当时也已经四十八岁了，看来人急眼了，还真敢拼命。

就这样，朱由校在这帮老干部的簇拥下，离开了乾清宫。他们的目标，是文华殿，只要到达那里，完成大礼，朱由校就将成为新一代的皇帝。

而那时，李选侍的野心将彻底破灭。

当然，按照电视剧逻辑，坏人们是不会甘心失败的，真实的历史也是如此。

毕竟老胳膊老腿，走不快。很快，大臣们就发现，他们被人追上了。

追赶他们的，是李选侍的太监。一个带头的二话不说，恶狠狠地拦住大臣，高声训斥：

"你们打算把皇长子带到哪里去？"

一边说，还一边动手去拉朱由校，很有点儿动手的意思。

对于这帮大臣而言，搞阴谋、骂骂人是长项，打架是弱项。于是，杨涟先生再次出场了。

他大骂了这个太监，并且鼓动朱由校：

"天下人都是你的臣子，何须害怕！"

一顿连骂带捧，把太监们都镇住了，领头的人见势不妙，就撤了。

这个被杨涟骂走的领头太监，名叫李进忠，是个不出名的人。但不久之后，他将更名改姓，改为另一个更有名的名字——魏忠贤。

在杨涟的护卫下，朱由校终于来到了文华殿。在这里，他接受了群臣的朝拜，成为了新的皇帝，史称明熹宗。

明熹宗朱由校

这就算即位了，但问题在于，毕竟也是大明王朝，不是杂货铺，程序还要走，登基还得登。

有人建议，咱就今天办了得了，可是杨涟同志不同意。这位仁兄认定，既然要登基，就得找个良辰吉日，一查，那就九月初六吧。

这是一个极为错误的决定。

今天是九月初一，只要皇长子没登基，乾清宫依然是李选侍的天下。而且，她依然是受命照顾皇长子的人，对于她而言，要翻盘，六天足够了。

然而杨涟本人，却没有意识到这一点。

就在他即将步入深渊的时候，一个人拉住了他，并且把一口唾沫吐在了他的脸上。

这个人的名字，叫作左光斗。

左光斗，字遗直，安徽桐城人。万历三十五年（1607）进士。现任都察院巡城御史，杨涟最忠实的战友，东林党最勇猛的战士。

虽然他的职位很低，但他的见识很高。刚一出门，他就揪住了杨涟，对着他的脸，吐了口唾沫：

"到初六登基，今天才初一，如果有何变故，怎么收拾，怎么对得起先皇？！"

杨涟醒了，他终于明白，自己犯下了一个不可饶恕的错误。

皇长子还在宫内，一旦李选侍掌握他，号令群臣，到时必定死无葬身之地！

但事已至此，只能明天再说，毕竟天色已晚，皇宫不是招待所，杨大人不能留宿。无论如何，必须等到明天。

杨涟走了，李选侍的机会来了。

当天傍晚，朱由校再次来到乾清宫。他不能不来，因为他父亲的尸体还在这里。

可是他刚踏入乾清宫，就被李选侍扣住了。尸体没带走，还搭进去一个活人。

眼看顾命大臣们就要完蛋，王安又出马了。

这位太监可谓是智慧与狡诈的化身，当即挺身而出，去和李选侍交涉。按说被人抢过一次，总该长点儿记性，可是王安先生几番忽悠下来，李选侍竟然又交出了朱由校。

这是个很难理解的事，要么是李小姐太弱智，要么是王太监太聪明，无论如何，最终的结果是，李选侍失去了一个机会，最后的机会。

因为第二天，杨涟将发起最为猛烈的进攻。

九月初二。

吏部尚书周嘉谟和御史左光斗同时上疏，要求李选侍搬出乾清宫。

这是一个十分聪明的战略。因为乾清宫是皇帝的寝宫，只要李选侍搬出去，她将无法制约皇帝，失去所有政治能量。

但要赶走李选侍，自己动手是不行的，毕竟这人还是后妃，拉拉扯扯成何体统？

经过商议，杨涟等人统一意见：让她自己走。

左光斗主动承担了这个艰巨的任务。为了彻底赶走这个女人，他连夜写出了一封奏疏，一封堪称恶毒无比的奏疏。

文章大意是说，李小姐你不是皇后，也没人选你当皇后，所以你不能住乾清宫，而且这里也不需要你。

然后他进一步指出，朱由校才满十六岁，属于青春期少年，容易冲动，和你住在一起是不太合适的。

话说到这里，已经比较露骨了。

更露骨的还在后面。

在文章的最后，左光斗写出了一句画龙点睛的话：

"武氏之祸，再现于今，将来有不忍言者！"

所谓武氏，就是武则天。也就是说，左光斗先生担心，如此下去，武则天夺位的情形就会重演。

如果你认为这是一句非常过分的话，那你就错了。事实上，是非常非常过分，因为左光斗是读书人，有时候，读书人比流氓还流氓。

希望你还记得，武则天原先是唐太宗的妃子，高宗是太宗的儿子。

后来，她又成了唐高宗的妃子。

现在，李选侍是明光宗的妃子，熹宗是光宗的儿子，后来……

所以左光斗先生的意思是，李选侍之所以住在乾清宫，是想趁机勾引她的儿子（名义上的）。

李选侍急了，这很正常，你看你也急，问题在于，你能咋办？

李选侍想出的主意，是叫左光斗来谈话。事实证明，这是个不折不扣的馊主意，因为左光斗的回答是这样的：

"我是御史，天子召见我才会去，你算是个什么东西（若辈何为者）？"

九月初三。

左光斗的奏疏终于送到了皇帝的手中，可是皇帝的反应并不大，原因很简单：他看不懂。

拜他父亲所赐，几十年来躲躲藏藏、提心吊胆，儿子的教育是一点儿没管，所以朱由校小朋友不怎么读书，却很喜欢做木工，常年钻研木工技巧。

幸好，他的身边还有王安。

王太监不负众望，添油加醋解说一番，略去儿童不宜的部分，最后得出结论：李选侍必须滚蛋。

朱由校决定，让她滚。

第十章 小人物的奋斗

很快，李选侍得知了这个决定，她决定反击。

九月初四。

李选侍反击的具体形式，是谈判。

她派出了一个使者，去找杨涟，希望这位钢铁战士会突然精神失常，放弃即将到手的胜利，相信她是一个善良、无私的女人，并且慷慨大度地表示，你可以继续住在乾清宫，继续干涉朝政。

人不能愚蠢到这个程度。

但她可以。

而她派出的那位使者，就是现在的李进忠，将来的魏忠贤。

这是两位不共戴天的死敌第一次正面交锋。

当然，当时的杨涟并没有把这位太监放在眼里，见面二话不说：

"她（指李选侍）何时移宫？"

李进忠十分客气：

"李选侍是先皇指定的养母，住在乾清宫，其实并没有什么问题。"

杨涟很不客气：

"你给我记好了，回去告诉李选侍，现在皇帝已经即位，让她立刻搬出来。如果乖乖听话，她的封号还能给她，如果冥顽不灵，就等皇帝发落吧！"

最后还捎带一句：

"你也如此！"

李进忠沉默地走了，他很清楚，现在自己还不是对手，在机会到来之前，必须等待。

李选侍绝望了，但她并不甘心。在最后失败之前，她决心最后一搏，于是她去找了另一个人。

九月初五，登基前最后一日。

按照程序规定，明天是皇帝正式登基的日期，但是李选侍却死也不肯搬，摆明了要耍赖。于是，杨涟去找了首辅方从哲，希望他能号召群臣，逼李选侍走人。

然而，方从哲的态度让他大吃一惊，这位之前表现积极的老头突然改了口风：

"让她迟点儿搬，也没事吧（迟亦无害）。"

杨涟愤怒了：

"明天是皇上登基的日子，难道要让他躲在东宫，把皇宫让给那个女人吗？！"

方从哲保持沉默。

李选侍终于聪明了一次，不能争取杨涟，就争取别人，比如说方从哲。

因为孤独的杨涟，是无能为力的。

但她错了，孤独的杨涟依然是强大的，因为在他的心中，始终都留存着一个信念：

当我只是个小人物的时候，光宗体谅我的激奋，接受我的意见，相信我的才能，将其身后之事托付于我。

所以，我会竭尽全力，战斗至最后一息，绝不放弃。

因为光宗的信任和尊重。

在这最后的一天里，杨涟不停地到内阁以及各部游说，告诉大家形势危急，必须立刻挺身而出。整整一天，即使遭遇冷眼，被人讥讽，他依然不断地说着、不断地说着。

最终，许多人被他打动，并在他的率领下，来到了宫门前。

面对着阴森的皇宫，杨涟喊出了执着而响亮的宣言：

"今日，除非你杀掉我，若不移宫，宁死不离（死不去）！"

由始至终，李选侍都是一个极为贪婪的女人，为达到目的，可以不择手段、不顾一切，虐待朱由校的母亲，逼迫皇帝，责骂皇长子，只为她的野心和欲望。

但现在，她退缩了，她决定放弃。因为她已然发现，这个叫杨涟的人，是很勇敢的，敢于玉石俱焚，敢于同归于尽。

无奈地叹息之后，她退出了乾清宫。从此，她消失了，消失得无影无踪。她或许依然专横、撒泼，却已无人知晓，因为，她已无关紧要。

随同她退出的，还有她的贴身太监们，时移势易，混口饭吃也不容易。

然而，一位太监留了下来，他知道，自己的命运还未终结，因为他已经发现了一个新的目标——另一个女人。

从这个女人的身上，他将得到新的前途，以及新的名字。

第十一章

强大，无比强大

万历四十八年(1620)九月初六,明光宗朱常洛死后的第二十九天,明熹宗朱由校即位,定年号为天启。

历经万历、泰昌两朝的折腾,朱常洛死后,杨涟终于达成了他的目的,扶立皇长子即位,虽说过程比较复杂,却又精彩纷呈。

但事实上,故事还没有结束,更大的波澜仍然在后面。

就从那天说起吧,九月初一,朱常洛死后,在杨涟等人的拥戴下,皇长子进入了乾清宫。但随即,他就被李选侍抢了回去。

杨涟、刘一璟等人随即冲入乾清宫,面对凶神恶煞的太监,他们奋勇向前,拉拉扯扯,死缠烂打,终于把皇长子抢了出来。

然后,为了防止李选侍再抢人,他们决定找个地方躲起来。

躲哪儿呢?这是个问题。

最终,他们找到了一个比较靠谱的地方——慈庆宫。

据史料记载,在短短十余天里,这座宫殿就成为了皇长子朱由校的落脚点。他成功了。

但事实上,当天晚上,这位未来的皇帝朱由校,还是回到了乾清宫,因为他已一月有余没洗澡,全身臭气熏天,且此地还算安全。

在皇位上,看着这个为他殚精竭虑、尽心而勤的大臣,他知道,自己应当回报。

万历四十八年（1620）九月初六，明熹宗朱由校在乾清宫正式登基，定年号为天启。

一个复杂无比，却又精彩绝伦的时代就此开始。

杨涟终于完成了他的使命。自万历四十八年（1620）八月二十二日起，在短短十五天之内，他无数次绝望，又无数次奋起，召见、红丸、闯宫、抢人、拉拢、死磕，什么恶人、坏人都遇上了，什么阴招、狠招都用上了。

最终，他成功了。

据史料记载，在短短十余天里，他的头发已一片花白。

当天启皇帝朱由校坐在皇位上，看着这个为他顺利即位费尽心血的人时，他知道，自己应该回报。

几日后，杨涟升任兵科都给事中。一年后，任太常少卿，同年，升任都察院左佥都御史，后任左副都御史。短短一年内，他从一个从七品的芝麻官，变成了从二品的部级官员。

当然，得到回报的，不仅是他。

东林党人赵南星，退休二十多年后，再度复出，任吏部尚书。

东林党人高攀龙，任光禄寺丞，后升任光禄寺少卿。

东林党人邹元标，任大理寺卿，后任刑部右侍郎、都察院左都御史。

东林党人孙慎行，升任礼部尚书。

东林党人左光斗，升任大理寺少卿，一年后，升任都察院左佥都御史。

以下还有若干官、若干人，篇幅过长，特此省略。

小时候，老师告诉我，个人是渺小的，集体才是伟大的。现在，我相信了。

当皇帝的当皇帝，升官的升官，滚蛋的滚蛋，而那个曾经统治天下的人，却似乎已被彻底遗忘。

明光宗朱常洛，作为明代一位极具特点（短命）的皇帝，他的人生可以用四个字来形容——苦大仇深。

出生就不受人待见，母亲被冷遇，长大了，书读不上，太子立不了，基本算"三不管"，吃穿住行级别很低，低到连刺杀他的人，都只是个普通农民，拿着根木棍，就敢往宫里闯。

好不容易熬到登基，还要被老婆胁迫。忍了几十年，放纵了一回，身体搞垮了，看医生，遇见了蹩脚庸医，想治病，就去吃仙丹，结果真成仙了。

更搞笑的是，许多历史书籍到他这里，大都只讲三大案、郑贵妃、李选侍，基本上没他什么事，原因很简单，他只当了一个月的皇帝。

在他死后，为了他的年号问题，大臣们展开了争论，因为万历四十八年（1620）七月，万历死了，九月，他就死了。而他的年号泰昌，还没来得及用。

问题来了，如果把万历四十八年（1620）当作泰昌元年，那是不行的，因为直到七月，他爹都还活着。

如果把第二年（1621）当作泰昌元年，那也是不行的，因为去年八月，他就已经死了。

这是一个无法解决的问题。

问题终究被解决了。凭借大臣们无比高超的和稀泥技巧，一个前无古人，后无来者的处理方案隆重出场：

万历四十八年（1620）一月到七月，为万历四十八年。八月，为泰昌元年。明年（1621），为天启元年。

这就是说，在这一年里，前七个月是他爹的，第二年是他儿子的，而他的年份，只有一个月。

原因很简单，他只当了一个月的皇帝。

他很可怜，几十年来畏畏缩缩，活着没有待遇，死了没有年号。事实上，他人才刚死，就有一堆人在他尸体旁边你死我活，抢儿子抢地方，忙得不亦乐乎。

原因很简单，他只当了一个月的皇帝。

有人曾对我说，原来，历史很有趣。但我对他说，其实，历史很无趣。

因为在绝大多数情况下，历史没有正恶，只有成败。

左都御史、左副都御史、吏部尚书、刑部侍郎、大理寺丞，等等，政权落入了东林党的手中。

它很强大，强大到无以复加的地步。对于这一现象，史称"众正盈朝"。

按照某些史书的传统解释，从此，在东林党人的管理下，朝廷进入了一个公正、无私的阶段，许多贪婪的坏人被赶走，许多善良的好人留下来。

对于这种说法，用两个字来评价就是：胡说。

用四个字来评价就是：胡说八道。

之前我说过，东林党不是善男信女，现在，我再说一遍。

掌权之后，这帮兄弟干的第一件事，就是追查红丸案。

追查，是应该的。毕竟皇帝死得蹊跷，即使里面没有什么猫腻，但两位庸医，一个下了泻药，让他拉了几十次，另一个送仙丹，让他飞了天，无论如何，也应该追究责任。

退一万步讲，就算你追究责任后还不过瘾，非要搞几个幕后黑手出来，郑贵妃、李选侍这几位重点嫌疑犯，名声坏，又歇了菜，要打要杀，基本都没个跑。

可是现成的偏不找，找来找去，找了个老头——方从哲。

天启元年（1621），礼部尚书孙慎行上疏，攻击方从哲。大致意思是说，方从哲和郑贵妃有勾结，而且他还赏赐过李可灼，出事后，只把李可灼赶回了家，没有干掉，罪大恶极，应予严肃处理。

这就真是有点儿无聊恶搞了。之前说过，李可灼最初献药，还是方老头赶回去的，后来赏钱那是皇帝同意的。所谓红丸到底是什么玩意儿，鬼才知道，稀里糊涂把人干掉，确实不好。

所以无论从哪个角度看，方从哲都没错。而且此时东林党掌权，方老头识时务，也不打算待了，准备回家养老去了。

可孙部长用自己的语言，完美地解释了"强词夺理"这个词的含义：

"（方）从哲纵无弑之心，却有弑之罪，纵辞弑之名，难免弑之实。"

这意思是，你老兄即使没有干掉皇帝的心思，也有干掉皇帝的罪过，即使你退休走人，也躲不过去这事。

强词夺理还不算，还要赶尽杀绝：

"陛下宜急讨此贼，雪不共之仇！"

所谓此贼，不是李可灼，而是内阁首辅，他的顶头上司方从哲。

很明显，他很激动。

孙部长激动之后，都察院左都御史邹元标也激动了，跟着上疏过了把瘾。不搞定方从哲，誓不罢休。

这是一件十分奇怪的事。

七十多岁的老头，都快走人了，为什么就是揪着不放呢？

因为他们有着一个不可告人的目的。

郑贵妃不重要，李选侍不重要，甚至案件本身也不重要。之所以选中方从哲，把整人进行到底，真正的原因在于：他是浙党。

只要打倒了方从哲，借追查案件，就能解决一大批人，将政权牢牢地抓在手中。

他们的目的达到了。不久之后，崔文升被发配南京，李可灼被判流放，而方从哲，也永远地离开了朝廷。

明宫三大案就此结束，东林党大获全胜。

局势越来越有利，天启元年（1621）十月，另一个重量级人物回来了。

这个人就是叶向高。

东林党之中，最勇猛的，是杨涟；最聪明的，就是这位仁兄了。而他担任的职务，是内阁首辅。

作为名闻天下的老滑头，他的到来，标志着东林党进入了全盛时期。

内忧已除，现在，必须解决外患。

因为他们得知了这样一个消息——沈阳失陷。

沈阳是在熊廷弼走后，才失陷的。

熊廷弼驻守辽东以来，努尔哈赤十分消停。因为这位熊大人做人很粗，做事很细，防守滴水不漏。在他的管理下，努尔哈赤成了游击队长，只能时不时去抢个劫，大事一件也没干成。

出于对熊廷弼的畏惧和愤怒，努尔哈赤给他取了个外号：熊蛮子。

这是一个名副其实的外号，不但对敌人蛮，对自己人也蛮。

熊大人的个性前面说过了，彪悍异常，且一向不肯吃亏，擅长骂人，骂完努尔哈赤，还不过瘾，一来二去，连兵部领导、朝廷言官也骂了。

这就不太好了，毕竟他还归兵部管，言官更不用说，平时只有他们骂人，没有被人骂的，索性敞开了双方对骂，闹到最后，熊大人只好走人。

接替熊廷弼的，是袁应泰。

在历史中，袁应泰是个评价很高的人物，为人清正，为官廉洁，为政精明，只有一个缺点，不会打仗。

这就没戏了。

他到任后，觉得熊廷弼很严厉，很不近人情，城外有那么多饥民（主要是蒙古人），为什么不放进来呢？就算不能打仗，站在城楼上充数也不错嘛。

于是他打开城门，放人入城，亲自招降。

一个月后，努尔哈赤率兵进攻，沈阳守将贺世贤拼死抵抗。关键时刻，之前招安的蒙古饥民开始大肆破坏，攻击守军，里应外合之下，沈阳陷落。贺世贤战死，七万守军全军覆没。

这一天，是天启元年（1621）三月十二日。

袁应泰没有时间后悔，因为他只多活了六天。

攻陷沈阳后，后金军队立刻整队，赶往下一个目标——辽阳。

当年，辽阳的地位，大致相当于今天的沈阳，是辽东地区的经济、文化、军事中心，也是辽东的首府。此地历经整修，壕沟围绕，防守严密，还有许多火炮，堪称辽东第一坚城。

守了三天。

战斗经过比较简单，袁应泰率三万军队出战，被努尔哈赤的六万骑兵击败，退回坚守。城内后金奸细放火破坏，城内大乱，后金军乘虚而入，辽阳陷落。

袁应泰看见了城池的陷落，他非常镇定，从容穿好官服，佩带着宝剑，面向南方，自缢而死。

他不是一个称职的大明将领，却是一个称职的大明官员。

辽阳的丢失，标志着局势的彻底崩溃，标志着辽东成为了后金的势力范围，标志着从此他们想去哪里，就去哪里，想抢哪里，就抢哪里。

局势已经坏得不能再坏了。所以，不能用的人，也不能不用了。

固守？荡平？

天启元年（1621）七月，熊廷弼前往辽东。

在辽东，他遇见了王化贞。

他不喜欢这个人，从第一次见面开始。因为他发现，这人不买他的账。

熊廷弼此时的职务是辽东经略，而王化贞是辽东巡抚。从级别上看，熊廷弼是王化贞的上级。

> 角色并不重要，关键在于会不会抢戏。
> ——小品演员陈佩斯

王化贞就是一个很会抢戏的人。因为他有后台，所以他不愿意听话。

关于这两个人的背景，有些历史书上的介绍大致如此：熊廷弼是东林党支持的，王化贞是阉党支持的。最终结局也再次证明，东林党是多么地明智，阉党是多么地愚蠢。

胡扯。

不是胡扯，就是装糊涂。

因为最原始的史料告诉我们，熊廷弼是湖广人，他是楚党的成员，而在大多数时间里，楚党是东林党的敌人。

至于王化贞，你说他跟阉党有关，倒也没错，可是他还有个老师，叫作叶向高。

天启元年（1621）的时候，阉党都靠边站，李进忠还在装孙子，连名字都没改，要靠这帮人，王化贞早被熊先生赶去看城门了。

他之所以敢嚣张，敢不听话，只是因为他的老师是朝廷首辅，朝中的第一号人物。

熊廷弼是对的，所以他是东林党，或至少是东林党支持的；王化贞是错的，所以他是阉党，或至少是阉党赏识的。大致如此。

我并非不能理解好事都归自己，坏事都归别人的逻辑，也并不反对。但对某些坏人一棍子打死再踩上一脚的行为，我认为，做人，还是要厚道。

王化贞不听熊廷弼的话，很正常，因为他的兵比熊廷弼的多。

当时明朝在辽东的剩余部队，大约有十五万人，全都在王化贞的手中。而熊廷弼属下，只有五千人。

所以每次王化贞见熊廷弼时，压根儿就不听指挥，说一句顶一句，气得熊大人恨不能拿刀剁了他。

但事实上，王化贞是个很有能力的人。

王化贞，山东诸城人。万历四十一年（1613）进士。原先是财政部的一名处级干部（主事），后来不知怎么回事，竟然被调到了辽东广宁（今辽宁北宁）。

此人极具才能，当年蒙古人闹得再凶，到他的地头，都不敢乱来。后来辽阳、沈阳失陷，人心一片慌乱，大家都往关内跑，他偏不跑。

辽阳城里几万守军，城都丢了，广宁城内，只有几千人，还是个破城，他偏要守。

他非但不跑，还召集逃兵，整顿训练，居然搞出了上万人的队伍。此外，他多方联络，稳定人心，坚守孤城，稳定了局势。所谓"提弱卒，守孤城，气不慑，时望赫然"，天下闻名，那也真是相当地牛。

熊廷弼也是牛人，但对于这位同族，他却十分不感冒，不仅因为牛人相轻，更重要的是，此牛非彼牛也。

很快，熊大人就发现，这位王巡抚跟自己，压根儿不是一个思路。

按他自己的想法，应该修筑堡垒，严防死守，同时调集援兵，长期驻守。

可是王化贞却认定，应该主动进攻，去消灭努尔哈赤。他还说，只要有六万精兵，他就可以一举荡平。

熊廷弼觉得王化贞太疯，王化贞觉得熊廷弼太熊。

最后王化贞闭口了，他停止了争论，因为争论没有意义。

兵权在我手上，我想干吗就干吗，和你讨论，是给你个面子，你还当真了？

一切都按照王化贞的计划进行着，准备粮草，操练士兵，寻找内应，调集外援，忙得不亦乐乎。

忙活到一半，努尔哈赤来了。

天启二年（1622）正月十八日，努尔哈赤亲率大军，进攻广宁。

之前半年，努尔哈赤听说熊廷弼来了，所以他不来。后来他听说，熊廷弼压根儿没有实权，所以他来了。

实践证明，王巡抚胆子很大，脑子却很小。面对努尔哈赤的进攻，他摆出了一个十分奇怪的阵形，先在三岔河布阵，作为第一道防线，然后在西平堡设置第二道防线，其余兵力退至广宁城。

就兵力而言，王化贞大概是努尔哈赤的两倍，可大敌当前，他似乎不打算"一举荡平"，也不打算御敌于国门之外，因为外围两道防线的总兵力也才三万人，是不可能挡住努尔哈赤的。

用最阴暗的心理去揣摸，这个阵形的唯一好处，是让外围防线的三万人和努尔哈赤死拼，拼完，努尔哈赤也就差不多了。

事实确实如此，正月二十日，努尔哈赤率军进攻第一道防线三岔河，当天即破。

第二天，他来到了第二道防线西平堡，发动猛烈攻击，但这一次，他没有如愿。

因为西平堡守将罗一贯，是个比较一贯的人。努尔哈赤进攻，打回去，汉奸李永芳劝降，骂回去，整整一天，后金军队毫无进展。

王化贞的反应还算快，他立即派出总兵刘渠、祁秉忠以及他的心腹爱将孙得功，分率三路大军，增援西平堡。

努尔哈赤最擅长的，就是围点打援。所以明军的救援，早在他意料之中。

但在他意料之外的，是明军的战斗力。

总兵刘渠、祁秉忠率军出战，两位司令十分勇猛，亲自上阵，竟然打得后金军队连连败退。于是，作为预备队的孙得功上阵了。

按照原先的想法，孙得功上来，是为了加强力量，可没想到的是，这位兄弟刚上阵，却当即溃败，惊慌之余，孙大将还高声喊了一嗓子：

"兵败了！兵败了！"

您都兵败了，那还打什么？

后金军随即大举攻击，明军大败，刘渠阵亡，祁秉忠负伤而死，孙得功逃走，所属数万明军全军覆没。

现在，在努尔哈赤面前的，是无助、毫无遮挡的西平堡。

罗一贯很清楚，他的城池已被团团包围，不会再有援兵，不会再有希望，对于胜利，他已无能为力。

但他仍然决定坚守，因为他认为，自己有这个责任。

正月二十二日，努尔哈赤集结所属五万人，发动总攻。

罗一贯率三千守军，拼死守城抵抗。

双方激战一天，后金军以近二十倍的兵力优势，发起了无数次进攻，却无数次败退，败退在孤独却坚定的罗一贯眼前。

明军凭借城堡大量杀伤敌军，后金损失惨重，毫无进展，只得围住城池，停止进攻。

但出乎他们意料的是，城头突然陷入了死一般的寂静，没有了呐喊，没有了杀声。

因为城内的士兵，已经放出了最后一支弓箭，发射了最后一发火炮。

在这最后的时刻，罗一贯站在城头，向着京城的方向，行叩拜礼，说出了他的遗言：

"臣力竭矣！"

随即自刎而死。

这是努尔哈赤自起兵以来，损失空前惨重的一战。据史料记载，和西平堡三千守军一同阵亡的，有近七千名后金军。

罗一贯尽到了自己的职责，王化贞也准备这样做。

得知西平堡失陷后，他连夜督促加强防守，并对逃回来的孙得功既往不咎，鼓励守城将士众志成城，击退后金军队。

然后，他就去睡觉了。

王化贞不是个怕事的人，当年辽阳失守，他无兵无将都敢坚守，现在手上有几万人，自然敢睡觉。

但还没等他睡着，就听见了随从的大叫：

"快跑！"

王化贞跑出卧房。

他看见无数百姓和士兵丢弃行李兵器，夺路而逃，原本安静祥和的广宁城，已是一片混乱，彻底的混乱。

而此时的城外，并没有努尔哈赤，也没有后金军，一个都没有。

这莫名其妙的一切，起源于两个月前的一个决定。

王化贞不是白痴，他很清楚努尔哈赤的实力。在那次谈话中，他之所以告诉熊廷弼，说六万人一举荡平，是因为他已找到了努尔哈赤的弱点。

这个弱点，叫作李永芳。

李永芳是明朝叛将，算这一带的地头蛇，许多明军将领跟他都有交情，毕竟还是同胞兄弟，所以在王化贞看来，这是一个可以争取的人。

于是，他派出了心腹孙得功，前往敌营，劝降李永芳。

几天后，孙得功回报，李永芳深明大义，表示愿意归顺，在进攻时作为内应。

王化贞十分高兴。

两个月后，孙得功西平堡战败，惊慌之下，大喊"兵败"，导致兵败。

是的，你的猜测很正确，孙得功是故意的，他是个叛徒。

孙得功去劝降李永芳，却被李永芳劝降。原因很简单，不是什么忠诚、爱国、民族、大同之类的屁话，只是他出价更高。

为了招降李永芳，努尔哈赤送了一个孙女，一个驸马（额驸）的头衔，还有无数金银财宝。很明显，王化贞出不起这个价。

努尔哈赤从来不做赔本买卖，他得到了极为丰厚的回报。

孙得功帮他搞垮了明朝的援军，但这还不够，这位誓把无耻进行到底的败类，决定送一份更大的礼物给努尔哈赤——广宁城。

因为自信的王化贞，将城池的防守任务交给了他。

接下来的事顺理成章，从被窝里爬起来的王大人慌不择路，派人去找马，准备逃走。可是没想到，孙心腹实在太抠门，连马都弄走了，搞得王大人只找到了几头骆驼。最后，他只能骑着骆驼跑路。

还好，那天晚上，孙心腹忙着带领叛军捣乱，没顾上逃跑的王巡抚，否则以他的觉悟，拿王大人的脑袋去找努尔哈赤换个孙女，也是不奇怪的。

第二天，失意的王巡抚在逃走的路上，遇到了一个比他更为失意的人。

熊廷弼用实际行动证明，他不是一个慈悲的人，至少不会放过落水狗。

当王巡抚痛哭流涕、反复检讨错误时，熊廷弼用一句话表示了他的同情：

"六万大军一举荡平？现在如何？"

王化贞倒还算认账，关键时刻，也不跟熊廷弼吵，只是提出，现在应派兵，坚守下一道防线——宁远。

这是一个十分明智的判断，可是熊大人得理不饶人，还没完了：

"现在这个时候，谁肯帮你守城？晚了！赶紧掩护百姓和士兵入关，就足够了！"

这句话的潜台词是，当初不听我的，现在我也不听你的。

事情到这份儿上，就没什么可说的了。作为丧家犬，王化贞没有发言权。

于是，战局离开了王化贞的掌控，走上了熊廷弼的轨道。

从王化贞到熊廷弼，从掌控到轨道，这是一个有趣的变化。

变化的前后有很多不同点，也有一个共同点：都是错误的。

虽然敌情十分紧急，城池空虚，但此时明军主力尚存，若坚定守住，估计也没什么问题。可是熊先生来了牛脾气，不由分说，宁远也不守了，把辽东的几十万军民全部撤回关（山海关）内，放弃了所有据点。

熊大人没有意识到，他已经做到了无数敌人、无数汉奸、无数叛徒想做却做不到的事情，因为事实上，他已放弃了整个辽东。

自明朝开国以来，稳固统治二百余年的辽东，就这么丢了。无论从哪个角度看，熊廷弼都没有理由、没有借口、没有道理这样做。

但是他做了。

我认为，他是为了一口气。

当初不听我的话，现在看你怎么办？

就是这口气，最后要了他的命。

率领几十万军民，成功撤退的两位仁兄终于回京了，明朝政府对他俩的处理，是相当一视同仁的——撤职查办。

无论谁对谁错，你们把朝廷在辽东的本钱丢得精光，还有脸回来？这个黑锅你们不背，谁背？

当然，最后处理结果还是略有不同，熊大人因为脾气不好，得罪人多，三年后，即天启五年（1625），就被干掉了。

相对而言，王大人由于关系硬，人缘好，又多活了七年，崇祯五年（1632）才正式注销户口。

对于此事，许多史书都说，王化贞死得该，熊廷弼死得冤。

前者我同意，后者，我保留意见。

事实上，直到王化贞逃走后的第三天，努尔哈赤才向广宁进发。他没有想到，明军竟然真的不战而逃，而此时以他的兵力，并不足以占据辽东。

然而当他到达广宁，接受孙得功投降之时，才发现，整个辽东，已经没有敌人。

因为慷慨的熊蛮子，已把这片广阔的土地毫无保留地交给了他。

白给的东西不能不要，于是在大肆抢掠之后，他率军向新的目标前进——山海关。

可是走到半路，他发现自己的算盘打错了。

因为熊蛮子交给他的，不是辽东，而是一个空白的辽东。

为保证不让敌人抢走一粒粮，熊先生干得相当彻底，房子烧掉，水井埋掉，百姓撤走，基本上保证了千里无鸡鸣，万里无人烟。

要这么玩，努尔哈赤先生就不干了。他辛苦奔波，最终的目的是为了抢东西，您把东西都搬走了，我还去干吗？

而且从广宁到山海关，几百里路空无一人，很多坚固的据点都无人看守，别说抢劫，连打仗的机会都没有。

于是，当军队行进到一个明军据点附近时，努尔哈赤决定：无论这些地方有多广袤，无论这些据点有多重要，都不要了，撤退。

努尔哈赤离开了这里，踏上了归途，但他不会想到，自己已经犯下了一个致命的错误。

因为四年之后，他将再次回到这里，并为争夺这个他曾轻易放弃的小地方，失去所有的一切。

这个他半途折返的地点，叫作宁远。

堪与匹敌者，此人也

自万历四十六年（1618），努尔哈赤起兵以来，短短三年时间，抚顺、铁岭、开原、辽阳、沈阳，直至整个辽东，全部陷落。

从杨镐、刘綎到袁应泰、王化贞、熊廷弼，不能打的完了，能打的也完了，熊人死了，牛人也死了。

辽东的局势，说差，那是不恰当的，应该说，是差得不能再差，差到官位摆在眼前，都没人要。

比如总兵，是明军的高级将领，全国不过二十人左右。用今天话说，是军区司令员，要想混到这个职务，不挤破头是不大可能的。

一般说来，这个职务相当安全，平日也就是看看地图，指手画脚而已。然而，这几年情况不同了，辽东打仗，明朝陆续派去了十四位总兵，竟然全部阵亡，无一幸免。

总兵越来越少，而且还在不断减少。因为没人干，某些在任总兵甚至主动辞职，宁可回家种田，也不干这份工作。

但公认最差的职业，还不是总兵，是辽东经略。

总兵可以有几十个，辽东经略只有一个。总兵可以不干，辽东经略不能不干。

可是连傻子都知道，辽东都没了，人都撤回山海关了，没兵没地没百姓，还经略个啥？

大家不是傻子，大家都不去。

接替辽东经略的第一人选，是兵部尚书张鹤鸣。天启为了给他鼓劲儿，先升他为太子太保（从一品），又给他尚方宝剑，还亲自送行。

张尚书没说的，屁股一拍，走了。

走是走了，只是走得有点儿慢，从京城到山海关，他走了十七天。

这条路线前不久我走过，坐车三个钟头。

张大人虽说没车，马总是有的，就二百多公里，爬也爬过去了。

这还不算，去了没多久，这位大人又说自己年老力衰，主动辞职回家了。

没种就没种，装什么蒜？

相比而言，接替他的宣府巡抚就好得多了。

这位巡抚大人接到任命后，连上三道公文，明白跟皇帝讲：我不去。

天启先生虽说是个木匠，也还有点儿脾气，马上下达谕令：不去，就滚（革职为民，永不叙用）。

不想去也好，不愿去也好，替死鬼总得有人当。于是，兵部侍郎王在晋出场了。

王在晋，字明初，江苏太仓人。万历二十年（1592）进士。这位仁兄从没打过仗，之所以让他去，是因为他不能不去。

张尚书跑路的时候，他是兵部副部长，代理部长（署部事）。换句话说，轮也轮到他了。

史书上对于这位仁兄的评价大都比较一致。什么废物、愚蠢，不一而足。

对此，我都同意，但我认为，他至少是个勇敢的人。

明知是黑锅，依然无怨无悔、义无反顾地去背，难道不勇敢吗？

而他之所以失败，实在不是态度问题，而是能力问题。

因为他面对的敌人，是努尔哈赤。

努尔哈赤，明朝最可怕的敌人，战场应变极快，骑兵战术使用精湛，他的军事能力，可与大明历史上的任何一位名将相媲美。

毫无疑问，他是这个时代最为强悍、最具天赋的军事将领之一。

他或许很好、很强大，却绝非没有对手。

事实上，他宿命的克星已然出现，就在他的眼前——不止一个。

第十一章 强大，无比强大

王在晋到达辽东后，非常努力、非常勤奋。他日夜不停地勘察地形，考量兵力部署，经过几天几夜的刻苦钻研，终于想出了一个防御方案。

具体方案是这样的，王在晋认为，光守山海关是不够的，为了保证防御纵深，他决定再修一座新城，用来保卫山海关，而这座新城就在山海关外八里的八里铺。

王在晋做事十分认真，他不但选好了位置，还拟好了预算、兵力等，然后一并上交皇帝。

天启皇帝看后大为高兴，立即批复同意，还从国库中拨出了工程款。

应该说，王在晋的热情是值得肯定的，态度是值得尊重的，创意是值得鼓励的，而全盘的计划，是值得唾弃的。

光守山海关是不够的，因为一旦山海关被攻破，京城就将毫无防卫，唾手可得。虽说山海关沿线很坚固、很结实，但毕竟是砖墙，不是高压电网，如果努尔哈赤玩一根筋，拼死往城墙上堆人，就是用嘴啃，估计也啃穿了。

在这一点上，王在晋的看法是正确的。

但这也是他唯一正确的地方，除此之外，都是胡闹。

哪里胡闹，我就不说了，等一会儿有人说。

总之，如按此方案执行，山海关破矣，京城丢矣，大明亡矣。

对于这一结果，王在晋不知道，天启自然也不知道，而更多的人，是知道了也不说。

就在一切几乎无可挽回的时候，一封群众来信，彻底改变了这个悲惨的命运。

这封信是王在晋的部下写的，并通过朝廷渠道，直接送到了叶向高的手中，文章的主题思想只有一条：王在晋的方案是错误的。

这下叶大人头疼了，他干政治是老手，干军事却是菜鸟，想来想去，这个主意拿不了，于是他跑去找皇帝。

可是皇帝大人除了做木工是把好手，其他基本都是抓瞎，他也吃不准。于是，他又去找了另一个人。

惊天动地，力挽狂澜，由此开始。

"夫攻不足者守有余，度彼之才，恢复固未易言，令专任之，犹足以慎固封守。"

这句话，来自一个人的传记。

这句话的大致意思是：以此人的才能，恢复失去的江山，未必容易，但如果信任他，将权力交给他，稳定固守现有的国土，是可以的。

这是一个至高无上的评价。

因为这句话，出于《明史》。说这句话的人，是清代的史官。

综合以上几点，我们可以认定，在清代，这是一句相当反动的话。

它的隐含意思是：

如果此人一直在任，大清是无法取得天下的。

在清朝统治下，捧着清朝饭碗，说这样的话，是要掉脑袋的。

可是他们说了，他们不但说了，还写了下来，并且流传千古，却没有一个人，因此受到任何惩罚。

因为他们所说的，是铁一般的事实，是清朝统治者无法否认的事实。

与此同时，他们还用一种十分特殊的方式，表达了对此人的崇敬。

在长达二百二十卷、记载近千人事迹的《明史》传记中，无数为后人熟知的英雄人物，都要和别人挤成一团。

而在这个人的传记里，只有他自己和他的子孙。

这个人不是徐达，徐达的传记里，有常遇春。

不是刘伯温，刘伯温的传记里，有宋濂、叶琛、章溢。

不是王守仁，王守仁的传记里，还搭配了他的门人冀元亨。

也不是张居正，张大人和他的老师徐阶、老对头高拱在一个传记里。

当然，更不是袁崇焕，袁将军住得相当挤，他的传记里，还有十个人。

这个人是孙承宗。

明末最伟大的战略家，努尔哈赤父子的克星，京城的保卫者，皇帝的老师，忠贞的爱国者。

举世无双，独一无二。

在获得上述头衔之前，他是一个不用功的学生，一个讨生活的教师，一个十六年都没有考上举人的落魄秀才。

第十二章

天才的敌手

嘉靖四十二年（1563），孙承宗出生在北直隶保定府高阳（今河北省高阳县）。

生在这个地方，不是个好事。

作为明朝四大防御要地、蓟州防线的一部分，孙承宗基本是在前线长大的。

这个地方不好，或者说是太好。蒙古人强大的时候，经常来；女真人强大的时候，经常来；后来改叫金国，也常来，来抢。

来一次，抢一次，打一次。

这实在不是个适合人类居住的地方，别的小孩都怕，可孙承宗不怕。

非但不怕，还过得特别滋润。

他喜欢战争，喜欢研究战争。从小，别人读四书，他读兵书。成人后，别人往内地跑，他往边境跑，不为别的，就想看看边界。

万历六年（1578），保定府秀才孙承宗做出了一个决定——外出游学。这一年，他十六岁。在此后十余年的时间里，孙秀才游历四方，努力向学，练就了一身保国的本领。

当然，这是史料里正式的说法。

实际上，这位仁兄在这十几年来，大都是游而不学。要知道，他当年之所以考秀才,不是为了报国,说到底,是混口饭吃。游学?不用吃饭啊?

还好,孙秀才找到了一份比较好的工作——老师。从此,他开始在教育战线上奋斗,而且越奋斗越好,好到名声传到了京城。

万历二十年(1592),在兵部某位官员的邀请下,孙秀才来到京城,成为了一位优秀的私人教师。

但是慢慢地,孙秀才有思想活动了。他发现,光教别人孩子是不够的,能找别人教自己的孩子,才是正道。

于是第二年(1593),他进入了国子监,刻苦读书,再一年后(1594),他终于考中了举人。这一年,他三十二岁。

一般说来,考上举人,要么去考进士,要么去混个官。可让人费解的是,孙举人却依然安心当他的老师,具体原因无人知晓,估计他的工资比较高。

但事实证明,正是这个奇怪的决定,导致了他奇特的人生。

万历二十七年(1599),孙承宗的雇主奉命前往大同,就任大同巡抚。官不能丢,孩子的教育也不能丢,于是孙承宗跟着去了。

我记得,在一次访谈节目中,有一名罪犯说过:无论搞多少次普法教育,都是没用的,只要让大家都去监狱住两天,亲自实践,就不会再犯罪了。

我同意这个说法,孙承宗应该也同意。

在那个地方,孙承宗发现了一个陌生而又熟悉的世界,拼死的厮杀、血腥的战场、智慧的角逐、勇气的考验。

战争,是这个世界上最神秘莫测、最飘忽不定、最残酷、最困难、最考验智商的游戏。在战场上,兵法没有用,规则没有用。因为在这里,最好的兵法,就是实战,唯一的规则,就是没有规则。

大同的孙老师没有实践经验,也无法上阵杀敌。然而,一件事情的发生却足以证实,他已经懂得了战争。

在明代，当兵是一份工作，是工作，就要拿工资，拿不到工资，自然要闹。一般人闹，无非是堵马路、喊几句。当兵的闹，就不同了，手里有家伙，要闹就往死里闹，专用名词叫作哗变。

这种事，谁遇上谁倒霉，大同巡抚运气不好，偏赶上了。有一次工资发得迟了点儿，当兵的不干，加上有人挑拨，于是大兵们二话不说，操刀就奔他家去了。

巡抚大人慌得不行，里外堵得严严实实，门都出不去，想来想去没办法，寻死的心都有了。

关键时刻，他的家庭教师孙承宗先生出马了。

孙老师倒也没说啥，看着面前怒气冲冲、刀光闪闪的壮丽景象，他只是平静地说：

"饷银非常充足，请大家逐个去外面领取，如有冒领者，格杀勿论。"

士兵一哄而散。

把复杂的问题弄简单，是一个优秀将领的基本素质。

孙承宗的镇定、从容、无畏表明：他有能力用最合适的方法处理最纷乱的局势，应对最凶恶的敌人。

大同，在长达五年的时间里，孙承宗看到了战争，理解了战争，懂得了战争，并最终掌握了战争。他的掌握，来自他的天赋、理论以及每一次的感悟。

辽东，大他三岁的努尔哈赤正在讨伐女真哈达部的路上。此时的他，已经是一位精通战争的将领，他的精通，来自砍杀、冲锋以及每一次拼死的冒险。

两个天赋异禀的人，以他们各自不同的方式，进入了战争这个神秘的领域，并获知了其中的奥秘。

二十年后，他们将相遇，以实践来检验他们的天才与成绩。

相遇

万历三十二年（1604），孙承宗向他的雇主告别，踏上了前往京城的道路。他的目标，是科举。这一年，他四十二岁。

经过几十年的风风雨雨，秀才、落魄秀才，教师、优秀教师，举人、军事观察员，目睹战争的破坏、聆听无奈的哀号、体会无助的痛苦，孙承宗最终确定了自己的道路。

他决定放弃稳定舒适的生活，他决定以身许国。

于是在几十年半吊子生活之后，考场老将孙承宗打算认真地考一次。

这一认真，就有点儿过了。

放榜的那天，孙承宗得知了自己的考试名次——第二，全国第二。

换句话说，他是榜眼。

按照明朝规定，榜眼必定是庶吉士，必定是翰林。于是在上岗培训后，孙承宗进入翰林院，成为了一名正七品编修。

之前讲过，明代朝廷是讲出身的，除个别特例外，要想进入内阁，必须是翰林出身。否则，即使你工作再努力、能力再突出，也是白搭。这是一个公认的潜规则。

但请特别注意，要入内阁，必须是翰林，是翰林，却未必能入内阁。

毕竟翰林院里不止一个人，什么学士、侍读学士、侍讲、修撰、检讨，多了去了，内阁才几个人，还得排队等，前面的人死一个才能上一个，实在不易。

孙承宗就是排队等的人之一，他的运气不好，等了足足十年，都没结果。

第十一年，机会来了。

万历四十二年（1614），孙承宗调任詹事府谕德。

这是一个小官，却有着远大的前程，因为它的主要职责是给太子讲课。

从此，孙承宗成为了太子朱常洛的老师，在前方等待着他的，是无比光明的未来。

光明了一个月。

万历四十八年（1620），即位仅一个月的明光宗朱常洛去世。

但对于孙承宗而言，这没有什么影响，因为他已经找到了一个新的学生——朱由校。

教完了爹再教儿子，真可谓是"诲人不倦"。

天启皇帝朱由校这辈子没读过什么书，就好做个木工，所以除木匠师傅外，他对其他老师极不感冒。

但孙承宗是唯一的例外。

由于孙老师长期从事儿童（私塾）教育，对于木头型、愚笨型、死不用功型的小孩，一向都有点儿办法，所以几堂课教下来，皇帝陛下立即喜欢上了孙老师，他从没有叫过孙承宗的名字，而代以一个固定的称谓，"吾师"。

这个称呼，皇帝陛下叫了整整七年，直到去世为止。

他始终保持对孙老师的信任，无论何人，以何种方式挑拨、中伤，都无济于事。

我说的这个"何人"，是指魏忠贤。

正因为关系紧、后台硬，孙老师在仕途上走得很快，近似于飞。一年时间，他就从五品小官，升任兵部尚书，进入内阁成为东阁大学士。

所以，当那封打小报告的信送上来后，天启才会找到孙承宗，征询他的意见。

可孙承宗同志的回答，却出乎皇帝的意料：

"我也不知如何决断。"

幸好后面还有一句：

"让我去看看吧。"

天启二年（1622），兵部尚书兼东阁大学士孙承宗来到山海关。

孙承宗并不了解王在晋，但到山海关和八里铺转了一圈后，他对王大人便有了一个直观且清晰的判断——这人是个白痴。

他随即找来了王在晋，开始了一段在历史上极其有名的谈话。

在谈话的开头，气氛是和谐的，孙承宗的语气非常客气：

"你的新城建成之后，是要把旧城的四万军队拉过来驻守吗？"

王在晋本以为孙大人是来找麻烦的，没想到如此友善，当即回答：

"不是的，我打算再调集四万人来守城。"

但王大人并不知道，孙先生是当过老师的人，对笨人从不一棍子打死，总是慢慢地折腾：

"照你这么说，方圆八里之内，就有八万守军了，是吗？"

王大人还没回过味来，高兴地答应了一声：

"是的，没错啊。"

于是，张老师算账的时候到了：

"只有八里，竟然有八万守军？你把新城修在旧城前面，那旧城前面的地雷、陷马坑，你打算让我们自己人去吗？！"

"新城离旧城这么近，如果新城守得住，还要旧城干什么？！"

"如果新城守不住，四万守军败退到旧城城下，你是准备开门让他们进来，还是闭关守城，看着他们死绝？！"

王大人估计被打蒙了，半天没言语，想了半天，才憋出来一句话：

"当然不能开门，但可以让他们从关外的三道关进来。此外，我还在山上建好了三座军寨，接应败退的部队。"

这么蠢的孩子，估计孙老师还没见过，所以他真的发火了：

"仗还没打，你就准备接应败军？不是让他们打败仗吗？而且我军可以进入

第十二章 天才的敌手

军寨，敌军就不能进吗？现在局势如此危急，不想着恢复国土，只想着躲在关内，京城永无宁日！"

王同学彻底无语了。

事实证明，孙老师是对的，如果新关被攻破，旧关必定难保，因两地只隔八里，逃兵无路可逃，只能往关里跑，到时逃兵当先锋，努尔哈赤当后队，不用打，靠挤，就能把门挤破。

这充分说明，想出此计划的王在晋，是个不折不扣的蠢货。

但聪明的孙老师，似乎也不是什么善类，他没有帮助迟钝生王在晋的耐心，当即给他的另一个学生——皇帝陛下写了封信，直接把王经略调往南京养老去了。

赶走王在晋后，孙承宗想起了那封信，便向身边人吩咐了这样一件事：

"把那个写信批驳王在晋的人叫来。"

很快，他就见到了那个打上级小报告的人，他与此人彻夜长谈，一见如故，感佩于这个人的才华、勇气和资质。

这是无争议的民族英雄孙承宗，与有争议的民族英雄袁崇焕的第一次见面。

孙承宗非常欣赏袁崇焕。他坚信，这是一个必将震撼天下的人物，虽然当时的袁先生，只不过是个正五品兵备佥事。

事实上，王在晋并不是袁崇焕的敌人，相反，他一直很喜欢袁崇焕，还对其信任有加，但袁崇焕仍然打了他的小报告，且毫不犹豫。

对于这个疑问，袁崇焕的回答十分简单：

"因为他的判断是错的，八里铺不能守住山海关。"

于是孙承宗问出了第二个问题：

"你认为，应该选择哪里？"

袁崇焕回答，只有一个选择。

然后，他的手指向了那个唯一的地点——宁远。

宁远，即今辽宁兴城，位居辽西走廊中央，距山海关二百余里，是辽西的重要据点，位置非常险要。

虽然几乎所有的人都认为，宁远很重要、很险要，但几乎所有的人也都认为，坚守宁远，是一个愚蠢的决定。

因为当时的明朝，已经丢失了整个辽东，手中仅存的只有山海关。关外都是敌人，跑出二百多里，到敌人前方去开辟根据地，主动深陷重围，让敌人围着打，这不是勇敢，是缺心眼。

我原先也不明白，后来我去了一趟宁远，明白了。

宁远是一座既不大，也不起眼的城市，但当我登上城楼，看到四周地形的时候，才终于确定，这是个注定让努尔哈赤先生欲哭无泪的地方。

因为它的四周三面环山，还有一面，是海。

说宁远是山区，其实也不夸张。它的东边是首山，西边是窟窿山，中间的道路很窄，是个典型的"关门打狗"地形，努尔哈赤先生要从北面进攻这里，是很辛苦的。

当然了，有人会说，既然难走，那不走总行了吧。

很可惜，虽然走这里很让人恶心，但不恶心是不行的，因为辽东虽大，要进攻山海关，必须从这里走。

此路不通让人苦恼，再加个别无他路，就只能去撞墙了。

是的，还会有人说，辽东都丢了，这里只是孤城，努尔哈赤占有优势，兵力很强，动员几万人把城团团围住，光是围城，就能把人饿死。

这是一个理论上可行的方案，仅仅是理论。

如果努尔哈赤先生这样做了，那么我可以肯定，最先被拖垮的一定是他自己。

第十二章　天才的敌手

因为宁远最让人绝望的地方,并不是山,而是海。

明朝为征战辽东,在山东登州地区修建了仓库,如遇敌军围城,船队就能将粮食装备源源不断地送到沿海地区,当然也包括宁远。

而努尔哈赤先生,只能眼睁睁地看着这一切的发生,要知道,他的军队里,没有海军这个兵种。

更为重要的是,距离宁远不远的地方,有个觉华岛,在岛上有明军的后勤仓库,可以随时支援宁远。

之所以把仓库建在岛上,原因很简单,明朝人都知道,后金没有海军,没有翅膀,飞不过来。

但有些事,是说不准的。

上个月,我从宁远坐船,前往觉华岛(现名菊花岛),才发现,原来所谓不远,也挺远,在海上走了半个多钟头才到。

上岸之后,宁远就只能眺望了。于是,我问了当地人一个问题:你们离陆地这么远,生活用品用船运很麻烦吧。

他回答:我们也用汽车拉,不麻烦。

然后补充一句:冬天,海面会结冰。

我又问:这么宽的海面(我估算了一下,大概有十公里),都能冻住吗?

他回答:一般情况下,冻不住。

接着还是补充:去年,冻住了。

去年,是2007年,冬天很冷。

于是,我想起了三百八十一年前,发生在这里的那场惊天动地的战争。我知道,那一年的冬天,也很冷。

学生

孙承宗接受了袁崇焕的意见,他决定,在宁远筑城。

筑城的重任,他交给了袁崇焕。

但要准备即将到来的战争,这些还远远不够,还有很多事情要做。

孙承宗最先做的一件事,就是练兵。

当时他手下的士兵,总数有七万多人。数字挺大,但也就是个数,一查才发现,有上万人压根儿没有,都是空额,工资全让老领导们拿走了。

这是假人,留下来的真人也不顶用。很多兵都是老兵油子,领饷时带头冲,打仗时带头跑,特别是关内某些地方的兵,据说逃跑时的速度,敌人骑马都赶不上。

对于这批人,孙承宗用一个字就都打发了:滚。

他遣散了上万名撤退先锋,因为他已经找到了一个极具战斗力的群体——难民。

难民,就是原本住得好好的人,突然被人赶走,地被占了,房子被烧,老婆孩子被杀,求生不得,求死不能。让这样的人去参军打仗,是不需要动员的。

这就是明朝历史上著名的军事政策:以辽人守辽土。

孙承宗从难民中挑选了七千人,编入了自己的军队。四年后,他们的仇恨将成为战胜敌人的力量。

除此之外,他还做了很多事,大致如下:

修复大城九,城堡四十五;练兵十一万,训练弓弩、火炮手五万;立军营十二、水营五、火营二、前锋后劲营八;造甲胄、军事器械、弓矢、炮石、渠答(守城的礌石)、卤盾等数万具。另外,拓地四百里;召集辽人四十余万,训练辽兵三万;屯田五千顷,岁入十五万两白银。

具体细节不知道,看起来确实很多。

应该说，孙承宗所做的这些工作非常重要，但绝不是最重要的。

十七世纪最重要的是什么？是人才。

天启二年（1622），孙承宗已经六十岁了。他很清楚，虽然他熟悉战争、精通战争，有着挽救危局的能力，但他毕竟老了。

为了大明江山，为了百姓的安宁，为了报国的理想，做了一辈子老师的孙承宗决定，收下最后一个学生，并把自己的谋略、战法、无畏的信念，以及永不放弃希望的勇气，全部传授给他。

他很欣慰，因为他已经找到了一个合适的人选——袁崇焕。

在他看来，袁崇焕虽然不是武将出身（进士），也没怎么打过仗，但这是一个具备卓越军事天赋的人，能够在复杂的形势下，做出正确的判断。

更重要的是，他有着战死沙场的决心。

因为在战场上，求生者死，求死者生。

在之后的时间里，他着力培养袁崇焕，巡察带着他，练兵带着他，甚至机密决策也都让他参与。

当然，孙老师除了给袁同学开小灶外，还让他当了班干部，从宁前兵备副使、宁前道，再到人事部（吏部）的高级预备干部（巡抚），只用了三年。

袁崇焕用实际行动证明，他是个不折不扣的优等生。三年里，他圆满完成了自己的工作，并熟练掌握了孙承宗传授的所有技巧、战术与战略。

在这几年中，袁崇焕除学习外，主要的工作是修建宁远城，加强防御。然而有一天，他突然意识到了一个问题：

后金军以骑兵为主，擅长奔袭，行动迅猛，抢了就能跑。而明军以步兵为主，骑兵质量又不行，打到后来，只能坚守城池，基本上是敌进我退，敌退我不追。这么下去，到哪儿才是个头？

是的，防守是不够的，仅凭城池、步兵坚守，是远远不够的。

彻底战胜敌人强大骑兵的唯一方式，就是建立一支同样强大的骑兵。

所以，在孙老师的帮助下，他开始召集难民，仔细挑选，进行严格训练，只有最勇猛精锐、最苦大仇深的士兵，才有参加这支军队的资格。

同时，他饲养优良马匹，大量制造明朝最先进的火器三眼神铳，配发到每个人的手中，并反复操练骑兵战法，冲刺砍杀，一丝不苟。

因为他所需要的，是这样一支军队：无论面临绝境，还是深陷重围，这支军队都能够战斗到最后一刻，绝不投降。

他成功了。

他最终训练出了一支这样的军队，一支努尔哈赤、皇太极父子终其一生，直至明朝灭亡，也未能彻底战胜的军队。

在历史上，这支军队的名字，叫作关宁铁骑。

袁崇焕的成长，远远超出了孙承宗的预料，无论是练兵、防守、战术，都已无懈可击。虽然此时，他还只是个无名小卒。

对这个学生，孙老师十分满意。

但他终究还是发现了袁崇焕的一个缺点，一个看似无足轻重的缺点，从一件看似无足轻重的小事上。

天启三年（1623），辽东巡抚阎鸣泰接到举报，说副总兵杜应魁冒领军饷。

要换在平时，这也不算是个事，但孙老师刚刚整顿过，有人竟然敢顶风作案，必须要严查。

于是他派出袁崇焕前去核实此事。

袁崇焕很负责任，到地方后不眠不休，开始查账清人数。一算下来，没错，杜总兵确实贪污了，叫来谈话，杜总兵也认了。

按规定，袁特派员的职责到此结束，就该回去报告情况了。

可是袁大人似乎太过积极，谈话刚刚结束，他竟然连个招呼都不打，当场就把杜总兵给砍了。被砍的时候，杜总兵还在作痛哭流涕忏悔状。

事发太过突然，在场的人都傻了，等大家回过味来，杜总兵某些部下已经抄家伙，准备奔着袁大人去了。

毕竟是朝廷命官，你又不是直属长官，啥命令没有，到地方就把人给砍了，算是怎么回事？

好在杜总兵只是副总兵，一把手还在，好说歹说，才把群众情绪安抚下去，袁特派员这才安然返回。

返回之后的第一个待遇，是孙承宗的一顿臭骂：

"杀人之前，竟然不请示！杀人之后，竟然不通报！士兵差点儿哗变，你也不报告！到现在为止，我还不知道，你到底杀了什么人！以何理由要杀他？

"据说你杀人的时候，只说是奉了上级的命令，如果你凭上级的命令就可以杀人，那还要尚方宝剑（皇帝特批孙承宗一柄）干什么？！"

袁崇焕没有吱声。

就事情本身而言，并不大，却相当恶劣。既不是直系领导，又没有尚方宝剑，竟敢擅自杀人，实在太过嚣张。

但此刻人才难得，为了这么个事，把袁崇焕给办了，似乎也不现实，于是孙承宗把这件事压了下去，他希望袁崇焕能从中吸取教训：意气用事，胡乱杀人，是绝对错误的。

事后证明，袁崇焕确实吸取了教训。当然，他的认识和孙老师的有所不同：

不是领导，没有尚方宝剑，擅自杀人，是不对的。那么是领导，有了尚方宝剑，再擅自杀人，就应该是对的。

从某个角度讲，他这一辈子，就栽在这个认识上。

不过局部服从整体，杜总兵死了也就死了，无所谓。事实上，此时辽东的形势相当好，宁远以及附近的松山、中前所、中后所等据点已经连成了一片，著名的关宁防线（山海关—宁远）初步建成，驻守明军已达十一万人，粮食可以供应三年以上，关外二百多公里土地重新落入明朝手中。

孙承宗修好了城池，整好了军队，找好了学生，恢复了国土，但这一切还不够。

要应对即将到来的敌人，单靠袁崇焕是不行的，必须再找几个得力的助手。

助手

袁崇焕刚到宁远时，看到的是破墙破砖，一片荒芜，不禁感叹良多。

然而，很快就有人告诉他，这是刚修过的。事实上，已有一位将领在此筑城，而且还筑了一年多。

修了一年多，就修成这个破样？袁崇焕十分恼火，于是他把这个人叫了过来，死骂了一顿。

没想到，这位仁兄全然没有之前被砍死的那位杜总兵的觉悟，非但不认错，竟然还跳起来，跟袁大人对骂，张口就是老子打了多少年仗，你懂个屁之类的浑话。

这就是当时的懒散游击将军，后来的辽东名将祖大寿的首次亮相。

祖大寿，是一个很有名的人，有名到连在他家干活的仆人祖宽都进了《明史·列传》，然而，这位名人本人的列传，却在《清史稿》里，因为他最终还是换了老板。

但奇怪的是，和有同样遭遇的吴某某、尚某某、耿某某比起来，他的名声相当好，说他是×奸的人，似乎也不多。原因在于，他已尽到了自己的本分。

祖大寿，字复宇，辽东宁远人，生在宁远，长在宁远，参军还在宁远。此人脾气暴躁，品性凶狠，好持刀砍人，并凭借多年砍人之业绩，升官当上了游击，熊廷弼在的时候很赏识他。

后来熊廷弼走了，王化贞来了，也很赏识他，并且任命他为中军游击，镇守广宁城。

再后来，孙得功叛乱，王化贞逃跑了，关键时刻，祖大寿二话不说，也跑了。

但他并没有跑回去，而是率领军队跑到了觉华岛继续坚守。

坚守原则，却不吃眼前亏。从后来十几年中他干过的那些事来看，这是他贯彻始终的人生哲学。

对一个在阎王殿参观过好几次的人而言，袁崇焕这种进士出身，连仗都没打过的人，竟然还敢跑来抖威风，是纯粹的找抽，不骂是不行的。

这场对骂的过程并不清楚，但结果是明确的。袁大人虽然没当过兵，脾气却比当兵的更坏，正如他的那句名言："你道本部院是个书生，本部院却是一个将首！"双方你来我往，几个回合下来，祖大寿认输了。

从此，他成为了袁崇焕的忠实部下、大明的优秀将领、后金骑兵不可逾越的铜墙铁壁。

祖大寿，袁崇焕的第一个助手。

其实祖大寿这个名字，是很讨巧的，因为用当地口音，不留神就会读成祖大舅。为了不至于乱辈分，无论上级下属，都只是称其职务，而不呼其姓名。

只有一个人，由始至终、坚定不移地称其为大舅，原因很简单，祖大寿确实是他的大舅。

这个人名叫吴三桂。

当时的吴三桂不过十一二岁，尚未成年，既然未成年，就不多说了。事实上，在当年，他的父亲吴襄，是一个比他重要得多的人物。

吴襄，辽宁绥中人，祖籍江苏高邮，武举人。

其实按史料的说法，吴襄先生的祖上，本来是买卖人，从江苏跑到辽东，是来做生意的。可是到他这辈，估计是兵荒马乱，生意不好做了，于是一咬牙，去考了武举，从此参加军队，迈上丘八的道路。

由于吴先生素质高，有文化（至少识字吧），和兵营里的那些傻大粗不一样，祖大寿对其比较赏识，刻意提拔，还把自己的妹妹嫁给了他。

吴襄没有辜负祖大寿的信任，在此后十余年的战斗中，他和他的儿子，将成为大明依靠的支柱。

吴襄，袁崇焕的第二个助手。

在逃到宁远之前，吴襄和祖大寿是王化贞的下属，在王化贞到来之前，他们是毛文龙的下属。

现在看来，毛文龙似乎并不有名，也不重要，但在当时，他是个非常有名，且极其重要的人，至少比袁崇焕要重要得多。

天启初年（约1621）的袁崇焕，是宁前道，毛文龙，是皮岛总兵。

准确地说，袁崇焕，是宁前地区镇守者，朝廷四品文官。

而毛文龙，是左都督、朝廷一品武官、平辽将军、尚方宝剑的持有者、辽东地区最高级别军事指挥官。

换句话说，毛总兵比袁大人要大好几级。与毛文龙相比，袁崇焕只是一个微不足道的无名小卒，双方根本就不在同一档次上。

因为毛总兵并不是一个普通的总兵。

明代总兵，是个统称，大致相当于司令员。但是，管几个省的，可以叫司令员，管一个县的，也可以叫司令员。比如，那位吃空额贪污的杜应魁，人家也是个副总兵，但袁特派说砍就把他砍了，连眼睛都不眨，检讨都不写。

总而言之，明代总兵是分级别的，有分路总兵、协守总兵等，而最高档次的，是总镇总兵。

毛文龙，就是总镇总兵。事实上，他是大明在关外唯一的总镇级总兵。

总镇总兵，用今天的话说，是大军区司令员，地位十分之高，一般都附带将军头衔（相当于荣誉称号，如平辽、破虏等），极个别的还兼国防部部长（兵部尚书）。

明朝全国的总镇总兵编制，有二十人，十四个死在关外，现存六人，毛文龙算一个。

但在这些幸存者之中，毛总兵是比较特别的，虽然他的级别很高，但他管的地盘很小——皮岛，也就是个岛。

皮岛，别名东江，位处鸭绿江口，位置险要，东西长十五里，南北宽十二里。毛总兵就驻扎在上面，是为毛岛主。

这是个很奇怪的事。一般说来，总镇总兵管辖的地方很大，不是省军区司令，也是地区军区司令，只有毛总兵，是岛军区司令。

但没有人觉得奇怪，因为其他总兵的地盘，是接管的，而毛总兵的地盘，是自己抢来的。

毛文龙，万历四年（1576）生人，浙江杭州人，童年的主要娱乐是四处蹭饭吃。

由于家里太穷，毛文龙吃不饱饭，自然上不起私塾，考不上进士。而就我找到的史料看，他似乎也不是斗狠的主，打架撒泼的功夫也差点儿，不能考试，又不能闹腾，算是百无一用，比书生还差。

但要说他什么都没干，那也不对，为了谋生，他开始从事服务产业——算命。

算命是个技术活，就算真不懂，也要真能忽悠，于是毛文龙开始研究麻衣相术、测字、八卦等。

但我们有理由相信，他在这方面的学问没学到家，给人家算了几十年的命，就没顾上给自己算一卦。

不过，他在另一方面的造诣，是绝对值得肯定的——兵法。

在平时只教语文，考试只考作文的我国古代，算命、兵法、天文这类学科都是杂学，且经常扎堆，还有一个莫名其妙的统称——阴阳学。

而迫于生计，毛先生平时看的大都是这类杂书，所以他虽没上过私塾，却并非没读过书。据说他不但精通兵法理论，还经常用于实践——聊天时用来吹牛。

就这么一路算，一路吹，混到了三十岁。

不知是哪一天，哪根弦不对，毛文龙突然决定，结束自己现在的生活，毅然北上寻找工作。

他一路到了辽东，遇见当时的巡抚王化贞，王化贞和他一见如故，认为他是优秀人才，当即命他为都司，进入军队任职。

这个世界上似乎没有这样的好事，没错，前面两句话是逗你们玩的。

毛文龙先生之所以痛下决心北上求职，是因为他的舅舅时来运转，当上了山东布政使，跟王化贞关系很好，并向王巡抚推荐了自己的外甥。

王巡抚给了面子，帮毛文龙找了份工作，具体情况就是如此。

在王化贞看来，给安排工作，是挣了毛文龙舅舅的一个人情，但事实证明，办这件事，是挣了大明的一个人情。

毛文龙就这样到部队上班了，虽说只是个都司，但在地方而言，也算是高级干部了，至少能陪县领导吃饭。问题在于，毛都司刚去的时候，不怎么吃得开，因为大家都知道他是关系户，都知道他没打过仗，所以，都瞧不起他。

直到那一天的到来——天启元年（1621）三月二十一日。

这一天，辽阳陷落，辽东经略袁应泰自尽，数万守军全军覆没。至此，广宁之外，明朝在辽东已无立足之地。

难民携家带口，士兵丢弃武器，大家纷纷向关内逃窜。

除了毛文龙。

毛文龙没有跑，但必须说明的是，他之所以不跑，不是道德有多高尚，而是实在跑不掉了。

由于辽阳失陷太快，毛先生反应不够快，没来得及跑，落在了后面，被后金军堵住，没辙了。

如果只有他一个人，化化装，往脸上抹把土，没准儿还能混过去。不幸的是，他的手下还有二百来号士兵。

带着这么群累赘，想溜，溜不掉，想打，打不过，明军忙着跑，后金军忙着追，敌人不管他，自己人也不管他。毛文龙此时的处境，可以用一个词完美地概括——弃卒。

当众人一片哀鸣，认定走投无路之际，毛文龙找到了一条路——下海。

他找来了船只，士兵们安全撤退到了海上。

然而很快，士兵们就发现，他们行进的方向不是广宁，更不是关外。

"我们去镇江。"毛文龙答。

于是大家都傻了。

所谓镇江，不是江苏镇江，而是辽东的镇江堡，此地位于鸭绿江入海口，与朝鲜隔江而立，战略位置十分重要，极其坚固，易守难攻。

但大家之所以吃惊，不是由于它很重要、很坚固，而是因为它压根儿就不在明朝手里。

辽阳、沈阳失陷之前，这里就换地主了，早就成了后金的大后方，且有重兵驻守，这个时候去镇江堡，动机只有两个：投敌，或是找死。

然而毛文龙说，我们既不投敌，也不寻死，我们的目的，是攻占镇江。

很明显，这是在开玩笑。辽阳已经失陷了，没有人抵抗，没有人能够抵抗，大家的心中，有着共同且唯一的美好心愿——逃命。

但是毛文龙又说：我没有开玩笑。

我们要从这里出发，横跨海峡，航行上千里，到达敌人重兵集结的坚固堡垒，凭借我们这支破烂不堪、装备不齐、刚刚一败涂地、只有几百人的队伍，去攻击装备精良、气焰嚣张、刚刚大获全胜的敌人，是以寡敌众。

我们不逃命，我们要攻击，我们要彻底地击败他们，我们要收复镇江，收复原本属于我们的土地!

没有人再惊讶,也没有人再反对,因为很明显,这是一个合理的理由,一个足以让他们前去攻击镇江、义无反顾的理由。

在夜幕的掩护下,毛文龙率军抵达了镇江堡。

事实证明,他或许是个冲动的人,但绝不是个愚蠢的人。如同预先彩排的一样,毛文龙发动了进攻,后金军队万万想不到,在大后方竟然还会被人捅一刀,没有丝毫准备,黑灯瞎火的,也不知到底来了多少人,从哪里来,只能惊慌失措,四散奔逃。

此战明军大胜,歼灭后金军千余人,阵斩守将佟养真,收复镇江堡周边百里地域,史称"镇江堡大捷"。

这是自努尔哈赤起兵以来,明朝在辽东最大,也是唯一的胜仗。

消息传来,王化贞十分高兴,当即任命毛文龙为副总兵,镇守镇江堡。

后金丢失镇江堡后,极为震惊,派出大队兵力,打算把毛文龙赶进海里喂鱼。

由于敌太众,我太寡,毛文龙丢失了镇江堡,被赶进了海里,但他没有喂鱼,却开始钓鱼——退守皮岛。

毕竟只是个岛,所以刚开始时,谁也没把毛文龙当回事。可不久之后,他就用实际行动,让努尔哈赤先生领会了痛苦的真正含义。

自天启元年(1621)以来,毛文龙就没休息过,每年派若干人,出去若干天,干若干事,不是放火,就是打劫,搞得后金不得安生。

更烦人的是,毛岛主本人实在狡猾无比,你没有准备,他就上岸踢你一脚,你集结兵力,设好埋伏,他又不来,就如同耳边嗡嗡叫的蚊子,能把人活活折磨死。

后来努尔哈赤也烦了,估计毛岛主也只能打打游击,索性不搭理他,让他去闹。没想到，毛岛主又给了他一个意外惊喜。

天启三年（1623），就在后金军的眼皮底下，毛岛主突然出兵，一举攻占金州（今辽宁金州），而且占住就不走了，在努尔哈赤的后院放了把大火。

努尔哈赤是真没法了，要派兵进剿，却是我进敌退；要登岛作战，又没有那个技术；要打海战，又没有海军，实在头疼不已。

努尔哈赤是越来越头疼，毛岛主却越来越折腾，按电视剧里的说法，住孤岛上应该是个很惨的事，要啥啥没有，天天坐在沙滩上啃椰子，眼巴巴地盼着人来救。

可是毛文龙的孤岛生活过得相当充实，照史书上的说法，是"召集流民，集备军需，远近商贾纷至沓来，货物齐备，捐税丰厚"。

这就是说，毛岛主在岛上搞得很好，大家都不在陆地上混了，跟着跑来讨生活，岛上的商品经济也很发达，还能抽税。

这还不算，毛岛主除了搞活内需外，还做进出口贸易，日本、朝鲜都有他的固定客商。据说连后金管辖区也有人和他做生意，反正那鬼地方没海关，国家也不征税，所以毛岛主的收入相当多，据说每个月都有十几万两白银。

有钱，自然就有人了，在高薪的诱惑下，上岛当兵的越来越多，原本只有二百多人，后来袁崇焕上岛清点人数时，竟然清出了三万人。

值得夸奖的是，在做副业的同时，毛岛主并没有忘记本职工作。在之后的几年中，他创造了很多业绩，摘录如下：

天启三年（1623），占金州。

天启四年五月，遣将沿鸭绿江越长白山，侵后金国东偏。

八月，遣兵从义州城西渡江，入岛中屯田。

天启五年六月，遣兵袭耀州之官屯寨。

天启六年五月，遣兵袭鞍山驿，越数日又遣兵袭撒尔河，攻城南。

乱打一气不说，竟然跑到人家地面上屯田种粮食，实在太嚣张了。

努尔哈赤先生如果不恨他，那是不正常的。

可是恨也白恨，科技跟不上，只能眼睁睁看着毛岛主胡乱闹腾。

拜毛文龙同志所赐，后金军队每次出去打仗的时候，很有一点儿惊弓之鸟的感觉，唯恐毛岛主在背后打黑枪，以至于长久以来不能安心抢掠，工作精力和情绪受到极大影响，反响极其恶劣。

如此成就，自然无人敢管，朝廷哄着他，王化贞护着他。后来，王在晋接任了辽东经略，都得把他供起来。

毛文龙，袁崇焕的第三个帮助者，现在的上级、未来的敌人。

天启三年（1623），袁崇焕正热火朝天地在宁远修城墙的时候，另一个人到达宁远。

这个人是孙承宗派来的，他的职责，是与袁崇焕一同守护宁远。这个人的名字叫满桂。

满桂，宣府人，蒙古族，很穷，很勇敢。

满桂同志应该算是个标准的打仗苗子，从小爱好打猎，长大参军了，就爱好打人。在军队中混了很多年，每次出去打仗，都能砍死几个，可谓战功显赫，然而战功如此显赫，混到四十多岁，才是个百户。

倒不是有人打压他，实在是因为他太实在。

明朝规定，如果你砍死敌兵一人（要有首级），那么恭喜你，接下来你有两种选择：一、升官一级；二、得赏银五十两。

每次满桂都选第二种，因为他很缺钱。

我不认为满桂很贪婪，事实上，他很老实。

因为他并不知道，选第二种的人，能拿钱，而选第一种的，既能拿权，也能拿钱。

就这么个混法，估计到死前，能混到个千户，就算老天开眼了。

然而，数年之后一个人的失败，造就了他的成功。这个失败的人，是杨镐。

万历四十七年（1619），杨镐率四路大军，在萨尔浒全军覆没，光将领就死了三百多人。朝廷没人了，只能下令破格提拔，满桂同志就此改头换面，当上了明军的高级将领——参将。

但真正改变他命运的，是另一个成功的人——孙承宗。

天启二年（1622），在巡边的路上，孙承宗遇见了满桂，对这位老兵油子极其欣赏（大奇之），高兴之余，就给他升官，把他调到山海关，当上了副总兵。一年后，满桂被调往宁远，担任守将。

满桂是一个优秀的将领，他不但作战勇敢，而且经验丰富，还能搞外交。

当时的蒙古部落，已经成为后金军队的同盟，无论打劫、打仗都跟着一起来，明军压力很大。而满桂的到来，彻底改变了这一切。

他利用自己的少数民族身份，对同胞进行了长时间耐心的劝说；对于不听劝说的，也进行了长时间耐心的攻打。很快，大家就被他又打又拉的诚恳态度所感动，全都服气了（桂善操纵，诸部咸服）。

此外，他很擅长堆砖头，经常亲自监工砌墙；还很喜欢练兵，经常把手下的兵练得七倒八歪。

就这样，在满桂的不懈努力下，宁远由当初一座较大的废墟，变成了一座较大的城市（军民五万余家，屯种远至五十里）。

而作为宁远地区的最高武官，他与袁崇焕的关系也相当好。

其实矛盾还是有的，但问题不大，至少当时不大。

必须说明一点，满桂当时的职务，是宁远总兵，而袁崇焕，是宁前道。就级别而言，满桂比袁崇焕要高，但明朝的传统，是以文制武，所以在宁远，袁崇焕的地位要略高于满桂，高一点点。

而据史料记载，满桂是个不苟言笑，却极其自负的人。加上他本人是从小兵干起，平时干的都是砍人头的营生（一个五十两），注重实践，最看不起的，就是那些空谈理论、没打过仗的文官，当然，这其中也包括袁崇焕。

但有趣的是，他和袁崇焕相处得还不错，并不是他比较大度，而是袁崇焕比较能忍。

袁大人是很有自知之明的，他很清楚，在辽东混的，大部分都是老兵油子，杀人放火的事情干惯了，在这些人看来，自己这种文化人兼新兵蛋子，是没有发言权的。

所以他非常谦虚，非常能装孙子，还时常向老前辈们（如满桂）虚心请教，满桂们也心知肚明，知道他是孙承宗的人，得罪不起，都给他几分面子。总之，大家混得都还不错。

满桂，袁崇焕的第四个帮助者，三年后的共经生死的战友，七年后置于死地的对手。

或许你觉得人已经够多了，可是孙承宗似乎并不这么看，不久之后，他又送来了第五个人。

这个人，是他从刑场上救下来的，名字叫赵率教。

赵率教，陕西人，此人当官很早，万历中期就已经是参将了，履历平平，战功平平，资质平平，什么都平平。

表现一般不说，后来还吃了官司，工作都没了，后来也拜杨镐先生的福，武将死得太多没人补，他就自告奋勇，去补了缺，在袁应泰的手下，混了个副总兵。

可是他的运气很不好，刚去没多久，辽阳就丢了，袁应泰自杀，他跑了。

情急之下，他投奔了王化贞，一年后，广宁失陷，王化贞跑了，他也跑了。

再后来，王在晋来了，他又投奔了王在晋。

由于几年之中，他到了好几个地方，到哪儿，哪儿就倒霉。而且他很没责任心，遇事就跑，遇麻烦就溜。至此，他终于成为了明军之中有口皆碑的典型人物——当然，反面典型。

对此，赵率教没有说什么，也不能说什么。

然而不久后，赵率教突然找到了王在晋，主动提出了一个要求：

"我愿戴罪立功，率军收复失地。"

王在晋认为，自己一定是听错了，然而，当他再次听到同样坚定的话时，他认定，赵率教同志可能是受了什么刺激。

因为在当时，"失地"这个概念，是比较宽泛的，明朝手中掌握的，只有山海关，往大了说，整个辽东都是失地，您要去收复哪里？

赵率教回答：前屯。

前屯，就在宁远附近，是明军的重要据点。

在确定赵率教头脑清醒，没有寻死倾向之后，王在晋也说了实话：

"收复失地固然是好，但眼下无余兵。"

这就很实在了，我不是不想成全你，只是我也没法儿。

然而，赵率教的回答彻底出乎了王大人的意料：

"无须派兵，我自己带人去即可。"

老子是辽东经略，手下都没几号人，你还有私人武装？于是好奇的王在晋提出了问题：

"你有多少人？"

赵率教答：

"三十八人。"

王在晋彻底郁闷了。眼下大敌当前，努尔哈赤随时可能打过来，士气如此低落，平时能战斗的，也都躲了。这位平时特别能躲的，却突然站出来要战斗？

这都啥时候了，你开什么玩笑？还嫌不够乱？

于是一气之下，王在晋手一挥：你去吧！

这是一句气话，可他万没想到，这哥们儿真去了。

赵率教率领着他的家丁，三十八人，向前屯进发，去收复失地。

这是一个有明显自杀迹象的举动，几乎所有的人都认为，赵率教疯了。

但事实证明，赵先生没有疯，因为当他接近前屯，得知此地有敌军出现时，便停下了脚步。

"前方已有敌军，不可继续前进，收复此地即可。"

此地，就是他停下的地方，名叫中前所。

中前所，地处宁远近郊，大致位于今天的辽宁省绥中县附近。赵率教在此扎营，就地召集难民，设置营地，挑选精壮充军，并组织屯田。

王在晋得知了这个消息，却只是轻蔑地笑了笑，他认为，在那片遍布敌军的土地上，赵率教很快就会故伎重演，丢掉一切再跑回来。

几个月后，孙承宗来到了这个原本应该空无一人的据点，却看见了广阔的农田、房屋，以及手持武器、训练有素的士兵。

在得知此前这里只有三十八人后，他找来了赵率教，问他一个问题：

"现在这里有多少人？"

赵率教回答：

"民六万有余，士兵上万人。"

从三十八人到六万人，面对这个让人难以置信的奇迹，孙承宗十分激动。他老人家原本是坐着马车来的，由于过于激动，当即把车送给了赵率教，自己骑马回去了。

从此，他记住了这个人的名字。

就赵率教同志的表现来看，他是一个知道羞耻的人，知耻近乎勇。在经历了无数犹豫、困顿后，他开始用行动，去证明自己的勇气。

可他刚证明到一半，就差点儿被人给砍了。

正当赵率教撸起袖子，准备大干一场的时候，兵部突然派人来找他，协助调查一件事情。

赵率教明白，这回算活到头了。

第十二章　天才的敌手

事情是这样的，当初赵率教在辽阳的时候，职务是副总兵，算是副司令员，掌管中军，这就意味着，当战争开始时，手握军队主力的赵率教应全力作战，然而他逃了，并直接导致了作战失败。

换句话说，小兵可以跑，老百姓可以跑，但赵率教不能跑，也不应该跑，既然跑了，就要依法处理。根据明朝军法，此类情形必死无疑。

但所谓必死无疑，还是有疑问的，特别是当有猛人求情的时候。

孙承宗听说此事后，当即去找了兵部尚书，告诉他，此人万不可杀。兵部尚书自然不敢得罪内阁大学士，索性做了个人情，把赵率教先生放了。

孙承宗并不是一个仁慈的人，他之所以放赵率教一马，是因为他认定，这人活着比死了好。

而赵率教用实际行动证明了孙承宗的判断，在不久后的那场大战中，他将起到至关重要的作用。

赵率教，袁崇焕的第五个帮助者。

第十三章

一个监狱看守

天启元年(1621),只用了山海关,孙承宗拥有的,只是一个山海关。

孙承宗决定,主动出击。

出击的方向,是关外的另一个军事重镇——宁远。

他认定,这是一个至关重要的地点,但努尔哈赤似乎不这么看,不贪啥敖之力,孙承宗不待到了锦州。锦州嘛,又小又穷,派兵守还要费粮食,谁乐送钱拿去,就这样,不费一兵一卒,孙承宗终于完成了他毕生最伟大的杰作——关锦防线。

事后证明,白明朝军队进入锦州的那一刻起,努尔哈赤的悲惨命运便已注定,因为至此,所谓关锦防线,是拱由山海关、宁远、锦州三点组成的。

天启元年（1621），孙承宗刚到辽东的时候，他所拥有的，只是山海关以及关外的八里地。

天启五年（1625），孙承宗巩固了山海关，收复了宁远，以及周边几百里土地。

在收复宁远之后，孙承宗决定再进一步，占据另一个城市——锦州。他认定，这是一个至关重要的地点。

但努尔哈赤似乎不这么看，锦州嘛，又小又穷，派兵守还要费粮食，谁要谁就拿去。

就这样，不费吹灰之力，孙承宗得到了锦州。

事后证明，自明朝军队进入锦州的那一刻起，努尔哈赤的悲惨命运便已注定。

因为至此，孙承宗终于完成了他一生中最伟大的杰作——关锦防线。

所谓关锦防线，是指由山海关—宁远—锦州组成的防御体系。该防线全长四百余里，深入后金区域，沿线均有明朝堡垒、据点，极为坚固。

历史告诉我们，再坚固的防线，也有被攻陷的一天。

历史还告诉我们，凡事总有例外，比如这条防线。

事实上，直到明朝灭亡，它也未被突破。此后长达十余年的时间里，后金军队用手刨，用嘴啃，用牙咬，都毫无效果，还搭上了努尔哈赤先生的一条老命。

这是一个科学、富有哲理而又使人绝望的防御体系，因为它基本上没有弱点。

锦州，辽东重镇，自古为入关要道，且地势险要，更重要的是，锦州城的一面靠海。对于没有海军的后金而言，这又是一个噩梦。

这就是说，只要海运充足，在大多数情况下，即使被围得水泄不通，锦州也是很难攻克的。

既然难打，能不能不打呢？

不能。

我的一位家在锦州的朋友告诉我，他要回去十分方便，因为从北京出发，开往东三省，在锦州停靠的火车，有十八列。

我顿时不寒而栗，这意味着，在三百多年前的明朝，要到辽东，除个别缺心眼爬山坡的人外，锦州是唯一的选择。

要想入关，必须攻克宁远，要攻克宁远，必须攻克锦州，要攻克锦州，攻克不了。

当然，有人会说，锦州不过是个据点，何必一定要攻陷？只要把锦州围起来，借个道过去，继续攻击宁远，不就行了吗？

是的，按照这个逻辑，也不一定要攻陷宁远，只要把宁远围起来，借个道过去，继续攻击山海关，不也行吗？

这样看来，努尔哈赤实在是太蠢了，这么简单的道理，为什么就没想到呢？

我觉得，持有这种想法的人，应该去洗把脸，清醒清醒。

假定你是努尔哈赤，带了几万兵，到了锦州，锦州没人打你，于是，你又到了宁远，宁远也没人打你，就这么一路顺风到了山海关，准备发动攻击。

我相信，这个时候你会惊喜地发现，锦州和宁远的军队已经出现在你的后

第十三章　一个监狱看守

方，准备把你一锅端——除非这两个地方的守将是白痴。

现在你有大麻烦了，眼前是山海关，没准儿十天半月攻不下来，请屁股后面的军队别打你，估计人家不干，就算你横下一条心，用头把城墙撞破，冲进了关内，抢到了东西，你也总得回去吧。

如果你没长翅膀，你回去的路线应该是山海关—宁远—锦州……

看起来似乎比较艰难，不是吗？

这就是为什么曹操同志多年来不怕孙权，不怕刘备，偏偏就怕马腾、马超——这两位先生的地盘在他的后方。

这就是孙承宗的伟大成就，短短几年之间，他修建了若干据点，收复了若干失地，提拔了若干将领，训养了若干士兵。

现在，在他手中的，是一条坚不可破的防线，一支精锐无比的军队，一群天赋异禀的卓越将领。

但对于这一切，努尔哈赤并不清楚，至少不十分清楚。

祖大寿、吴襄、满桂、赵率教、毛文龙以及袁崇焕，对努尔哈赤而言，这些名字毫无意义。

自万历四十六年（1618）起兵以来，明朝能打的将领，他都打了，杨镐、刘綎、杜松、王化贞、袁应泰，全都是手下败将，无一例外。在他看来，新来的这拨人的下场估计也差不多。

但他终将失败，败在这几个无名小卒的手中，并永远失去翻盘的机会。

话虽如此，努尔哈赤还是很有几把刷子的，他不了解目前的局势，却了解孙承宗的实力。很明显，这位督师大人比熊廷弼还难对付，所以几年之内，他都没有发动大的进攻。

大的没有，小的还是有。

在后金的军队中，最优秀的将领无疑是努尔哈赤，但正如孙承宗一样，他的属下，也有很多相当厉害的猛人。

而在这些猛人里，最猛的，就是八大贝勒。

失败的叹息

所谓八大贝勒，分别是指代善、阿敏、莽尔古泰、皇太极、阿济格、多尔衮、多铎、济尔哈朗。

在这八个人里，按照军功和资历，前四个大猛，故称四大贝勒，后四个小猛，故称四小贝勒。

其中最有名的，无疑是两个人，皇太极、多尔衮。

但最能打仗的，是三个人，除皇太极和多尔衮外，还有一个代善。

多尔衮年纪还小，就不说了；皇太极很有名，也不说了；这位代善，虽然年纪很大，且不出名，但很有必要说一说。

事实上，大贝勒代善是当时后金最为杰出的军事将领之一。此人非常勇猛，在与明军作战时，经常身先士卒，且深通兵法，擅长伏击，极其能打。

因为他很能打，所以努尔哈赤决定，派他出去打，而打击的对象，就是锦州。

当代善率军来到锦州城下的时候，他才意识到，这是个结结实实的黑锅。

首先锦州非常坚固。在修城墙方面，孙承宗很有一套，城不但高，而且厚，光凭刀砍斧劈，那是没指望的，要想进城，没有大炮是不行的。

大炮也是有的，不过不在城下，而在城头。

其实一直以来，明朝的火器水平相当高，万历三次征打日本的时候也很常用，后来之所以荒废，不是技术问题，而是态度问题。

万历前期，皇帝陛下精神头足，什么事都愿意折腾，后来不想干了，天天躲着不上朝，下面也开始消极怠工，外加火器工作危险性大，吃力不讨好，没准儿出个安全事故，是很麻烦的。

孙承宗不怕麻烦，他不但为部队添置三眼火铳等先进装备，还购置了许多大炮，尝试用火炮守城，而锦州，就是他的试点城市。

虽然情况不妙，但代善不走寻常路，也不走回头路，依然一根筋，找人架云梯、推冲车往城里冲。

此时的锦州守将，是赵率教，应该说，他的作战态度是很成问题的。面对着在城下张牙舞爪、极其激动的代善，他却心平气和、毫不激动，时不时在城头转两圈，放几炮，城下便会迅速传来凄厉的惨叫声。在赔上若干架云梯、若干条性命，仍旧毫无所得的情况下，代善停止了进攻。

虽然停止了进攻，但代善还不大想走，他还打算再看两天。

可是孙承宗似乎是不欢迎参观者的，代贝勒的屁股还没坐热，就得到一个可怕的消息，一支明军突然出现在自己的侧翼。

这支部队是驻守前屯、松山的明军，听说客人来了，没赶上接风，特来送行。

在短暂的慌乱之后，代善恢复了平静，作为一名经验丰富的将领，他有信心击退这支突袭部队。

可他刚带队发起反击，就看到自己屁股后面烟尘四起：城内的明军出动了。

这就算是腹背受敌了，但代善依然很平静，作为一名经验丰富的将领，他很有信心。

然后，很有信心的代善又得知了另一个消息——宁远、中前所等地的明军已经出动，正朝这边来，吃顿饭的工夫也就到了。

但代善不愧是代善，作为一名经验丰富的将领，他非常自信、镇定地做出了一个英明的判断：快逃。

可是来去自如只是一个幻想，很快代善就发现，自己已经陷入重围。明军毫不客气，一顿猛打，代善部伤亡十分惨重，好在来的多是骑兵，机动力强，拼死往外冲，总算奔出了条活路。一口气跑上百里，直到遇见接他的二贝勒阿敏，魂才算回来。

此战明军大胜，击溃后金军千余人，战后清点斩获首级六百多颗，努尔哈赤为他的试探付出了惨痛的代价。

在孙承宗督师辽东的几年里，双方很有点儿相敬如宾的意思，虽说时不时搞点儿小摩擦，但大仗没打过，孙承宗不动，努尔哈赤亦不动。

可是孙承宗不动是可以的，努尔哈赤不动是不行的。

因为孙大人的任务是防守，只要不让敌人进关抢东西，他就算赢了。

努尔哈赤就不同了，他的任务是抢，虽说占了挺大一块地方，但人都跑光了，技术型人才不多，啥产业都没有，据说有些地方，连铁锅都造不出来。孙承宗到辽东算出差，有补助，还有朝廷送物资，时不时还能回去休个假。努先生完全是原生态，没人管没人疼，不抢怎么办？

必须抢，然而又不能抢，因为有孙承宗。

作为世界超级大国，美国有一个非常有趣的形象代言人——山姆大叔。这位大叔的来历就不说了，他的具体特点是面相端正，勤劳乐观，处事低调，埋头苦干，属于那种不怎么言语，却特能干事的类型，是许多美国人争相效仿的楷模。

孙承宗就是一个山姆大叔型的人物，当然，按年龄算，应该叫山姆大爷。这位仁兄相貌奇伟（画像为证），极富乐观主义精神（大家都不干，他干），非常低调（从不出兵闹事），经常埋头苦干（参见前文孙承宗业绩清单）。

刚开始的时候，努尔哈赤压根儿就瞧不起孙大爷，因为这个人到任后毫无动静，一点儿不折腾，什么一举荡平、光复辽东，提都不提，别说出兵攻击，连挑衅斗殴都不来，实在没意思。

但慢慢地，他才发现，这是一个极其厉害的人。

就在短短几年内，明朝的领土以惊人的速度扩张，从关外的一亩三分地，到宁远，再到锦州，在不知不觉中，他已收复了辽东近千里土地。

更为可怕的是，此人每走一步，都经过精心策划，步步为营、稳扎稳打，趁你不注意，就刨你两亩地，每次都不多占，但占住了就不走，几乎找不到任何弱点。

对于这种抬头望天、低头使坏的人，努尔哈赤是一点儿办法都没有，只能眼睁睁地看着对方大踏步地前进，自己大踏步地后退，直到天启五年（1625）十月的那一天。

内幕

这一天，努尔哈赤得到消息，孙承宗回京了。

他之所以回去，不是探亲，不是述职，也不是做检讨，而是彻底退休。

必须说明的是，他是主动提出退休的，却并不情愿，他不想走，却不能不走。

因为他曾无比依赖的强大组织东林党，被毁灭了。

关于东林党的覆灭，许多史书上的说法比较类似：一群有道德的君子，在无比黑暗的政治斗争中，输给了一群毫无道德的小人，最终失败。

我认为，这个说法，那是相当胡扯。

事实上，应该是一群精明的人，在无比黑暗的政治斗争中，输给了另一群更为精明的人，最终失败。

许多年来，东林党的失败之所以很难说清楚，是由于东林党的成功没说清楚。

而东林党的成功之所以没说清楚，是由于这个问题很难说清楚。

这不是顺口溜。其实一直以来，在东林党的兴亡之中，都隐藏着一些不足为人道的玄机，很多人不知道，知道的人不说。

凑巧的是，我是一个比较较真的人，对于某些很难说清楚的问题、不足为人道的玄机，有着很难说清楚、不足为人道的兴趣。

于是，在查阅分析了许多史籍资料后，我得到了这样一个结论：

东林党之所以成功，是因为强大，之所以失败，是因为过于强大。

万历四十八年（1620），在杨涟、左光斗以及一系列东林党人的努力下，朱常洛顺利即位，成为了明光宗。

虽然这位仁兄命短，只活了一个月，但东林党人再接再厉，经历千辛万苦，又把他的儿子推了上去，并最终控制了朝廷政权。

用正面的话说，这是正义战胜了邪恶，意志顽强，坚持到底。

用反面的话说，这是赌一把，运气好，找对了人，打对了架。

无论正面反面，几乎所有人都认为，东林党能够掌控天下，全靠明光宗死后那几天里杨涟的拼死一搏，以及继任皇帝的感恩图报。

这是一个重要的原因，但绝不是唯一重要的原因。

因为在中国历史上，一般而言，只要皇帝说话，什么事都好办，什么事都能办，可是明朝实在太不一般。

明朝的皇帝，从来不是说了就算的，且不论张居正、刘瑾、魏忠贤之类的牛人，光是那帮六七品的小御史、给事中，天天上疏骂人，想干啥都不让，能把人活活烦死。

比如明武宗，就想出去转转，换换空气，麻烦马上就来，上百人跪在门口痛哭流涕，示威请愿，午觉都不让睡。闹得你死我活，最后也没去成。

换句话说，皇帝大人连自己的事情都搞不定，你让他帮东林党控制朝政，那是不太现实的，充其量能帮个忙而已。

东林党掌控朝廷的真正原因在于，他们打败了朝廷中所有的对手，具体说，是齐、楚、浙三党。

众所周知，东林党中的许多成员是没有什么博爱精神的，经常耍二杆子性格，非我族类就是其心必异，什么人都敢惹。搞了几十年斗争，仇人越来越多，特别是三党，前仆后继，前人退休，后人接班，一代代接茬上，斗得不亦乐乎。

第十三章 一个监狱看守

这两方的矛盾,那叫一个苦大仇深,什么争国本、妖书案、梃击案,只要是个机会,能借着打击对手,就绝不放过,且从万历十几年就开始闹,真可谓是历史悠久。

就实力而言,东林党势头大、人多,占据优势,而三党迫于压力,形成了联盟,共同对付东林党,所以多年以来此消彼长,什么京察、偷信,全往死里整。可由于双方实力差距不大,这么多年了,谁也没能整死谁。

万历末年,一个人来到了京城,不久之后,在极偶然的情况下,他加入了其中一方。

他加入的是东林党,于是,三党被整死了。

这是一个不折不扣的小人物,然而,正是这个小人物的到来,打破了几十年的僵局,这个人名叫汪文言。

如果你不了解这个人,那是正常的,如果你了解,那是不正常的。

甚至很多熟读明清历史的人,也只知道这个名字,而不清楚这个名字背后隐藏的东西。

因为这个人实在是太不起眼了。

事实上,为查这位仁兄的生平,我吃了很大苦头,翻了很多书,还专门去查了历史文献检索,竟然都没能摸清他的底。

在几乎所有的史籍中,对于此人的描述都是只言片语,应该说,这是个奇怪的现象。

对于一个在历史上有一定知名度的人而言,介绍如此之少,是很不正常的,但从某个角度讲,又是很正常的。

因为决定成败的关键人物,往往喜欢隐藏于幕后。

汪文言,安徽人,不是进士,也不是举人,甚至不是秀才,他没有进过考场,没有当过官,只是个普通的老百姓。

对于这位老百姓,后世曾有一个评价:以布衣之身,操控天下。

汪布衣小时候的情况如何不太清楚，从目前的材料看，是个很能混的人，他虽然不考科举，却还是当上了公务员——县吏。

事实上，明代的公务员，并非都是政府官员，它分为两种：官与吏。

参加科举考试，考入政府成为公务员的，是官员，就算层次最低、底子最差的举人（比如海瑞），至少也能混个县教育局局长。

可问题在于，明朝的官员编制是很少的，按规定，一个县里有品级、吃皇粮的，只有知县（县长）、县丞（县办公室主任）几个人而已。

而没有品级，也吃皇粮的，比如教谕（教育局局长）、驿丞（县招待所所长），大都由举人担任，人数也不多。

在一个县里，只有以上人员算是国家公务员，换句话说，他们是领国家工资的。

然而，一个县只靠这些人是不行的，县长大人日理万机，无论如何是忙不过来的，所以手下还要有跑腿的、偷奸耍滑的、老实办事的、端茶倒水的。

这些被找来干活的人，就叫吏。

吏没有官职、没有编制，国家也不给他们发工资，所有收入和办公费用都由县里解决，换句话说，这帮人国家是不管的。

虽然国家不管，没有正式身份，也不给钱，但这份职业还是相当热门。每年都有无数热血青年前来报考，没关系还当不上，也着实吸引了许多杰出人才，比如阳谷县的都头武松同志，就是其中的优秀榜样。

这是因为在吏的手中，掌握着一件最为重要的东西——权力。

一般说来，县太爷都是上级派下来的，没有根基，也没有班底。而吏大都是地头蛇，熟悉业务，有权在手，熟门熟路，擅长贪污受贿、黑吃黑，除去个把像海瑞那种软硬不吃的极品知县外，谁都拿这帮编外公务员没办法。

汪文言，就是编外公务员中，最狡猾、最会来事、最杰出的代表人物。

第十三章　一个监狱看守

汪文言的官场生涯，是从监狱开始的，那时候，他是监狱的看守。

作为一名优秀的看守，他忠实履行了守护监狱、训斥犯人、收取贿赂、拿黑钱的职责。

由于业务干得相当不错，在上级（收过钱的）和同僚（都是同伙）的一致推荐下，他进入了县衙，在新的岗位上继续开展自己的光辉事业。

值得表扬的是，此人虽然长期和流氓地痞打交道，不光彩的事情也没少干，但为人还是很不错的，经常仗义疏财，接济朋友。但凡认识他的，就算走投无路，只要找上门来，他都能帮人一把，江湖朋友纷纷前来蹭饭，被誉为当代宋江。

就这样，汪文言的名头越来越响，关系越来越野，越来越能办事，连知县搞不定的事情，都要找他帮忙。家里跟宋江家一样，经常宾客盈门，什么人都有，既有晁盖之类的江洋大盗，又有李逵之流的亡命之徒，上门的礼仪也差不多，总是"叩头就拜"，酒足饭饱拿钱之后，就甘心做小弟，四处传扬汪先生的优秀品格。

在无数志愿宣传员的帮助下，汪先生逐渐威名远播，终于打出县城，走向全省，波及全国。

但无论如何，他依然只是一个县衙的小人物，直到有一天，他的名声传到了一个人的耳中。

这个人叫于玉立，时任刑部员外郎。

这位于员外郎官职不算太高，但想法不低，经常四处串门拉关系，他听说汪文言的名声后，便主动找上门去，特聘汪先生到京城，发挥特长，为他打探消息。

汪先生岂是县中物，毫不犹豫就答应了，准备到京城大展拳脚。

可几个月下来，汪文言发现，自己县里那套，在京城根本混不开。

因为汪先生一无学历，二无来历，档次太低，压根儿就没人搭理他。无奈之下，他只好出钱，去捐了个监生，不知是找了谁的门路，还混进了太学。

这可就真了不得了，汪先生当即拿出当年跑江湖的手段，上下打点，左右逢源。短短几月，上至六部官员，下到穷学生，他都混熟了，没混熟的，也混个脸熟。

一时之间，汪文言从县里的风云人物，变成了京城的风云人物。

但这位风云人物，依然还是个小人物。

因为真正掌控这个国家权力中枢的重要人物，是不会搭理他的，无论是东林党的君子，还是三党的小人，都看不上这位江湖人士。

但他终究找到了一位可靠的朋友，并在他的帮助下，成功进入了这片禁区。

这位不计较出身的朋友，名叫王安。

要论出身，在朝廷里比汪文言还低的，估计也只有太监了，所以这两人交流起来，也没什么心理障碍。

当时的王安，并非什么了不得的人物。虽说是太子朱常洛的贴身太监，可这位太子也不吃香，要什么没什么，老爹万历又不待见，所以王安同志混得相当不行，没人去搭理他。

但汪文言恰恰相反，鞍前马后帮他办事，要钱给钱，要东西给东西，除了女人，什么都给了。

王安很喜欢汪文言。

当然，汪文言先生不是人道主义者，也不是慈善家，他之所以结交王安，只是想赌一把。

一年后，他赌赢了。

在万历四十八年（1620）七月二十一日的那个夜晚，当杨涟秘密找到王安，通报老头子即将走人的消息时，还有第三个人在场——汪文言。

杨涟说，皇上已经不行了，太子应立即入宫继位，以防有变。

第十三章　一个监狱看守　　275

王安说，目前情形不明，没有皇上的谕令，如果擅自入宫，凶多吉少。

杨涟说，皇上已经昏迷，不会再有谕令，时间紧急，绝不能再等！

王安说，事关重大，再等等。

僵持不下时，汪文言用自己几十年宦海沉浮的经验，做出了一个判断。

他对王安说：杨御史是对的，不能再等待，必须立即入宫。

一直以来，王安对汪文言都极为信任，于是他同意了，并带领朱常洛，在未经许可的情况下进入了皇宫，成功即位。

这件事不但加深了王安对汪文言的信任，还让东林党人第一次认清了这个编外公务员、江湖混混的实力。

继杨涟之后，东林党的几位领导，大学士刘一璟、韩爌，尚书周嘉谟，御史左光斗等人，都和汪文言拉上了关系。

就这样，汪文言加深了与东林党的联系，并最终成为了东林党的一员——瞎子都看得出，新皇帝要即位了，东林党要发达了。

但当他真正踏入政治中枢的时候，才发现，局势远不像他想象的那么乐观。

当时明光宗已经去世，虽说新皇帝也是东林党捧上去的，但三党势力依然很大，以首辅方从哲为首的浙党、以山东人给事中亓诗教为首的齐党，和以湖广人官应震、吴亮嗣为首的楚党，个个都不是省油的灯。

三党的核心是浙党，此党的创始人是前任首辅沈一贯，一贯善于拉帮结派。后来的接班人、现任首辅方从哲充分发扬了这一精神，几十年下来，朝廷内外，浙党遍布。

齐党和楚党也不简单，这两个党派的创始人和成员基本上都是言官，不是给事中，就是御史，看上去级别不高，能量却不小，类似于今天的媒体舆论，动不动就上疏弹劾，兴风作浪。

三党分工配合，通力协作，极不好惹，东林党虽有皇帝在手，明里暗里斗过几次，也没能搞定。

关键时刻，汪文言出场了。

在仔细分析了敌我形势后，汪文言判定，以目前东林党的实力，就算和对方死拼，也只能死，没得拼。

而最关键的问题在于，东林党的这帮大爷都是进士出身，个个都牛得不行，进了朝廷就人五人六，谁都瞧不上谁，看你不顺眼也不客套，恨不得操板砖上去就拍。

汪文言认为，这是不对的，为了适应新的斗争形势，必须转变观念。

由于汪先生之前在基层工作，从端茶倒水提包拍马开始，一直相当低调，相当能忍，所以在他看来，这个世界上没有永远的敌人，也没有永远的朋友，只要会来事，朋友和敌人是可以相互转化的。

秉持着这一理念，他拟订了一个计划，并开始寻找一个恰当的人选。

很快，他就找到了这个人——梅之焕。

梅之焕，字彬父，万历三十二年（1604）进士，选为庶吉士。后任吏科给事中。

此人出身名门，文武双全，十几岁的时候，有一次朝廷阅兵，他骑匹马，没打招呼，稀里糊涂就跑了进去，又稀里糊涂地要走。

阅兵的人不干，告诉他，你要不露一手，今天就别想走。

梅之焕二话不说，拿起弓就射，九发九中。射完啥也不说，摆了个特别酷的动作，就走人了（长揖上马而去）。

除上述优点外，这人还特有正义感，东厂坑人，他就骂东厂，沈一贯结党，他就骂沈一贯，是个相当强硬的人。

但汪文言之所以找到这位仁兄，不是因为他会射箭、很正直，而是因为他的籍贯。

梅之焕，是湖广人，具体地说，是湖北麻城人。

明代官场里，最重要的两大关系，就是师生、老乡。一个地方出来的，都到京城来混饭吃，老乡关系一攀，就是兄弟了。所以自打进入朝廷，梅之焕认识的，大都是楚党成员。

可这人偏偏是个东林党。

有着坚定的东林党背景，又与楚党有着密切的联系，很好，这正是那个计划所需要的人。

汪文言认为，遇到敌人，直接硬干是不对的，在抄起板砖之前，应该先让他自己绊一跤。

三党是不好下手的，只要找到一个突破口，把三党变成两党，就好下手了。

在仔细权衡利弊后，他选择了楚党。

因为在不久之前，发生过这样一件事情。

虽然张居正大人已经死去多年，却依然被人怀念，于是朝中有人提议，要把这位大人从坟里再掘出来，修理一顿。

这个建议的提出，充分说明朝廷里有一大帮吃饱了没事干，且心理极其阴暗变态的王八蛋。按说是没什么人理的，可不巧的是，提议的人，是浙党的成员。

这下就热闹了，许多东林党人闻讯后，纷纷赶来骂仗，痛斥三党，支持张居正。

说句实话，当年反对张居正的时候，东林党也没少掺和，之所以跑来伸张正义，无非是为了反对而反对。提议是什么并不重要，只要是三党提出的，就是错的，对人不对事，不必当真。

梅之焕也进来插了句话，且相当不客气：

"如果江陵（指张居正）还在，你们这些无耻小人还敢这样吗？"

话音刚落，就有人接连上疏，表示同意，但让所有人都出乎意料的是，支持他的人，并不是东林党，而是官应震。

官应震，是楚党的首领，他之所以支持梅之焕，除了两人是老乡，关系不错外，还有一个十分重要的原因：死去的张居正先生是湖广人。

这件事情让汪文言认识到，所谓三党，并不是铁板一块，只要动动手脚，就能将其彻底摧毁。

所以，他找到了梅之焕，拉拢了官应震，开始搞小动作。

至于他搞了什么小动作，我确实很想讲讲，可惜史书没写，我也不知道，只好省略，反正结论是三党被搞垮了。

此后的事情，我此前已经讲过了，方从哲被迫退休，东林党人全面掌权，杨涟升任左副都御史，赵南星任吏部尚书，高攀龙任光禄寺丞，邹元标任左都御史等。

之所以让你再看一遍，是要告诉你，在这几个成功男人的背后，是一个沉默的男人。

第十四章

毁灭之路

东林党成功的全部奥秘,我想应该都讲明白了。东林党的成功之路到此结束,同学们现在我们来讲下一课,东林党的失败之路。

在我看来,东林党之所以失败,是因为自大、狂妄,以及嚣张。不是一个,而是一群,如果要在这群人中寻找一个失败的代表,那这个人一定不是杨涟,也不是左光斗,而是赵南

这就是东林党成功的全部奥秘，很明显，不太符合其一贯正面光辉的形象，所以如果有所隐晦，似乎可以理解。

东林党的成功之路到此结束，同学们，现在我们来讲下一课：东林党的失败之路。

在我看来，东林党之所以失败，是因为自大、狂妄，以及嚣张，不是一个，而是一群。

如果要在这群人中寻找一个失败的代表，那这个人一定不是杨涟，也不是左光斗，而是赵南星。

虽然前两个人很有名，但要论东林党内的资历和地位，他们与赵先生压根儿就没法比。

关于赵南星先生的简历，之前已经介绍过了，从东林党创始人顾宪成时代开始，他就是东林党的领导，原先干人事，回家待了二十多年，人老心不老，又回来干人事。

一直以来，东林党的最高领导人（或者叫精神领袖）是三个人，他们分别是顾宪成、邹元标以及赵南星。

顾宪成已经死了，天启二年（1622），邹元标也退休了，现在只剩下了赵南星。

赵先生不但在东林党内有着至高无上的地位，他在政府里也占据着最牛的职务——吏部尚书。一手抓东林党，一手抓人事权，换句话说，赵南星就是朝廷的实际掌控者。

但失败之根源，正是此人。

天启三年（1623），是一个很特殊的年份，因为这一年，是京察年。

所谓京察年，也就是折腾年，六年一次，上级考核各级官吏，有冤报冤，有仇报仇。万历年间的几次京察，每次都搞得不亦乐乎，今年也不例外。

按照规定，主持折腾工作的，是吏部尚书，也就是说，是赵南星。

赵南星是个很负责的人，经过仔细考察，列出了第一批名单，从朝廷滚蛋的名单，包括以下四人：亓诗教、官应震、吴亮嗣、赵兴邦。

如果你记性好，应该记得这几位倒霉蛋的身份：亓诗教，齐党首领；赵兴邦，浙党骨干；官应震、吴亮嗣，楚党首领。

此时的朝政局势，大致是这样的，东林党大权在握，三党一盘散沙，已经成了落水狗。

很明显，虽然这几位兄弟已经很惨了，但赵先生并不甘休，他一定要痛打落水狗。

这是一个很过分的行为，不但要挤掉他们的政治地位，还要挤掉他们的饭碗，实在太不厚道。

更不厚道的是，就在不久之前，楚党还曾是东林党的同盟，帮助他们掌控政权，结果官应震大人连屁股都没坐热，就被轰走了。

这就意味着，汪文言先生连哄带骗，好不容易建立的牢固同盟，就此彻底崩塌。

赵大人在把他们扫地出门的同时，也不忘给这四位下岗人员一个响亮的称号——四凶。为此，他还写了一篇评论文《四凶论》，以示纪念。

跟着这四位一起走人的还有若干人，他们都有着共同的身份：三党成员、落水狗。

此处不留爷，自有留爷处，既然赵大人不给饭吃，就只好另找饭馆开饭了。

就在此时，一个人站在他们面前，体贴地对他们说，在这世界上，赵南星并不是唯一的饭馆老板。

据史料记载，这个人言语温和，面目慈祥，是个亲切的胖老头。

现在，让我们隆重介绍：明代太监中的极品，宦官制度的终极产物，让刘瑾、王振等先辈汗颜的后来者，比万岁只差一千岁的杰出坏人、恶棍、流氓地痞的综合体——魏忠贤。

混混的幸福

魏忠贤，北直隶（今河北）肃宁县人，曾用名李进忠。

对于魏公公的出身，历史上一直有两种说法：一种说，他的父母都是贫苦农民，另一种说，他的父母都是街头玩杂耍的。

说法是不同的，结果是一样的，因为无论农民或玩杂耍的，都是穷人。

家里穷，自然就没钱给他读书，不读书，自然就不识字，也没法考取功名，升官发财。小孩不上学，父母又不管，只能整天在街上闲逛。

就这样，少年魏忠贤成为了失学儿童、文盲、社会无业游荡人员。

但这样的悲惨遭遇，丝毫没有影响魏忠贤的心情，因为他压根儿不觉得自己很惨。

多年前，我研习过社会学，并从中发现了这样一条原理：社会垃圾（俗称混混）是从来不会自卑的。

虽然在别人眼中，他们是当之无愧的人渣、败类、计划生育的败笔，但在他们自己看来，能成为一个混混，是极其光荣且值得骄傲的。

因为他们从不认为自己在混，对于这些人而言，打架、斗殴、闹事，都是美好生活的一部分，抢小孩的棒棒糖和完成一座建筑工程，都是人生意义的自我实现，没有任何区别。

做了一件坏事，却绝不会后悔愧疚，并为之感到无比光荣与自豪的人，才是一个合格的坏人，一个纯粹的坏人，一个坏得掉渣的坏人。

魏忠贤，就是这样一个坏人。

根据史料记载，少年魏忠贤应该是个非常开朗的人，虽然他没钱上学，没法读书，没有工作，却从不唉声叹气，相当乐观。

面对一没钱、二没前途的不利局面，魏忠贤不等不靠，毅然走上社会，大玩特玩，并在实际生活中确定了自己的人生性格（市井一无赖儿）。

他虽然是个文盲，却能言善辩（目不识丁，言辞犀利），没读过书，却无师自通（性多狡诈），更为难得的是，他虽然身无分文，却胸怀万贯，具体表现为明明吃饭的钱都没有，还敢跑去赌博（家无分文而一掷百万），赌输后没钱给，被打得生活不能自理，依然无怨无悔，下次再来。

混到这个份儿上，可算是登峰造极了。

然而，混混魏忠贤，也是有家庭的，至少曾经有过。

在他十几岁的时候，家里就给他娶了老婆，后来还生了个女儿，一家人过得还不错。

但为了快乐的混混生活，魏忠贤坚定地抛弃了家庭，在他尚未成为太监之前，四处寻花问柳，城中的大小妓院，都留下了他的足迹，家里仅有的一点儿钱财，也被他用光用尽。

被债主逼上门的魏忠贤，终于幡然悔悟，经过仔细反省，他发现，原来自己并非一无所有——还有个女儿。

于是，他义无反顾地卖掉了自己的女儿，以极其坚定的决心和勇气，还清赌债。

能干出这种事情的人，也就不是人了。魏忠贤的老婆受不了，离家出走改嫁了，应该说，这个决定很正确，因为按当时的情形看，下一个被卖的，很可能是她。

原本只有家，现在连家都没了，卖无可卖的魏忠贤再次陷入了困境。

被债主逼上门的魏忠贤，再次幡然悔悟，经过再次反省，他再次发现，原来自己并非一无所有，事实上，还多了件东西。

只要丢掉这件东西，就能找一份好工作——太监。

这并非魏忠贤的个人想法，事实上在当地，这是许多人的共识。

魏忠贤所在的直隶省河间府，一向盛产太监。由于此地距离京城很近，且比较穷，从来都是宫中太监的主要产地，并形成了固定产业，也算是当地创收的一种主要方式。

混混都混不下去，人生失败到这个程度，必须豁出去了。

经过短期的激烈思想斗争，魏忠贤树立了当太监的远大理想，然而，当他决心在太监的大道上奋勇前进的时候，才惊奇地发现，原来要当一名太监，是很难的。

一直以来，在人们的心目中，做太监，是迫于无奈，是没办法的办法。

现在，我要严肃地告诉你，这种观点是错误的。太监，是一份工作，极其热门的工作，而想成为一名太监，是很难的。

事实上，太监这个职业之所以出现，只是因为一个极其简单的原因——宫里只有女人。

由于老婆太多，忙不过来，为保证皇帝陛下不戴绿帽子（这是很有可能的），宫里不能进男人。可问题是，宫里太大，上千人吃喝拉撒，重活累活得有人干，女的干不了，男的不能进，只好不男不女了。

换句话说，太监其实就是进城干活的劳工，唯一不同的是，他们的工作地点是皇宫。

既然是劳工，就有用工指标，毕竟太监也有个新陈代谢，老太监死了，新太监才能进。也就是说，每年录取太监的比例相当低。

有多低呢？我统计了一下，大致是百分之十到百分之十五，而且哪年招还说不准，今年要是不缺人，就不招。

对有志于踏入这一热门行业，成为合格太监的众多热血青年而言，这是一个十分残酷的事实。因为这意味着，在一百个符合条件（割了）的人中，只有十到十五人，能够成为光荣的太监。

事实上，自明代中期，每年都有上千名符合条件（割过了），却没法入宫的太监（候选）在京城等着。

要知道，万一切了，又当不了太监，那就惨了，虽说太监很吃香，但归根结底，吃香的只是太监的工资收入，不是太监本人。对于这类"割了"的人，人民群众是相当鄙视的。

所以众多未能成功入选的太监候选人，既不能入宫，也不能回家，只能在京城混，后来混的人越来越多，严重影响了京城社会治安的稳定。为此，明朝政府曾颁布法令：未经允许，不得擅自阉割。

我一直相信，世事皆有可能。

太监之所以如此热门，除了能够找工作、混饭吃外，还有一个重要的原因——权力。

公正地讲，明代是一个公正的朝代。任何一个平凡的人，哪怕是八辈贫农，全家只有一条裤子，只要出个能读书的，就能当官，就能进入朝廷，最终掌控无数人的命运。

唯一的问题在于，这条道路虽然公正，却不平坦。

因为平凡的人是很多的，且大都不安分，要想金榜题名，考中进士，走着上去是不行的，一般都得踩着上去——踩着那些被你淘汰的人。

明朝的进士,三年考一次,每次录取名额平均一百多人,也就是说,平均每年能进入朝廷,看见皇帝大人尊容的,只有三四十人。而决定所有人命运的,只是那张白纸和几道考试的题目。

同一张纸,同一道题目,同一个地方。

不同的人,不同的脑袋,不同的手。

能否出人头地,只能靠你自己,靠你那非凡的智力、领悟力,以及你那必定能够超越常人、必定与众不同的信念。

所以我一直认为,科举制度,是一种杰出的、科学的人才选拔制度,它杜绝了自东汉以来腐败不堪的门阀制度,最大限度地保证了人才的选拔,虽然它并不完美,却亦无法取代。

当然,事情到这里,还没有结束,因为当你考上了进士,脱离了科举体系,就会发现,自己进入了另一个全新的体系——文官体系。

在那个体系中,你只是微不足道的一员,还要熬资历、干工作、斗智斗勇,经过几十年的磨砺之后,你才能成为精英中的精英,并具备足够的智商和经验,领导这个伟大的国度继续前进。

这就是于谦、李贤、徐阶、张居正、申时行等人的成功之道,也是必经之道。虽然他们都具有优异的天赋、坚忍的性格、坎坷的经历,但要想名留千古,这是无法逃避的代价。

在那条通往最高宝座的道路上,只有最优秀、最聪明、最有天分的人,才能到达终点。

但许多人不知道,有些不那么聪明、不那么优秀、不那么有天分的人,也能走到终点。

因为在通往终点的方向,有一条捷径,这条捷径,就是太监之路。

太监不需要饱读诗书,不需要层层培训,不需要处理政务,不需要苦苦挣扎，他们能够跨过所有文官体系的痛苦经历，直接获取成功，只需要讨好一个人——皇帝。

皇帝就是老板，就是CEO，就是一言九鼎，总而言之，是说了就算的人物。

而太监，就在皇帝的身边，所以只要哄好皇帝，太监就能得到权力以及他想得到的一切。

这就是有明一代，无数的人自愿成为太监的全部原因。

但现在摆在无业游民魏忠贤面前的，不仅仅是个录取名额比例问题，还有一个更为基本的难点——阉割问题。

魏忠贤当政以后，对自己以前的历史万般遮掩，特别是他怎么当上太监，怎么进宫这一段，绝口不提，搞得云里雾里，捉摸不透。

但这种行为，就好比是骂自己的儿子王八蛋一样，最终只能自取其辱。

他当年的死党、后来的死敌刘若愚太监告诉我们，魏公公不愿提及发家史，是因为违背了太监成长的正常程序——他是自宫的。

我一直坚信，东方不败是这个世界上最伟大、最杰出，也最有可能的自宫者。

这绝不仅仅因为他的自宫，绝无混饭吃、找工作的目的，而是为了中华武学的发展。

真正的原因在于，当我考证了太监阉割的全过程后，才不禁由衷感叹，自宫不仅需要勇气，没准儿还真得要点儿功夫。

阉割的技术，很多人不知道，其实阉割是个技术工作。想一想就明白了，从人身上割点儿东西下来，还是重要部位，稍有不慎，命就没了。

很多年以来，干这行的都是家族产业，代代相传，以割人为业，其中水平最高的，还能承包官方业务，获得官方认证。

一般这种档次的，不但技术高，能达到庖丁解人的地步，快速切除，还有配套医治伤口，消毒处理，很有服务意识。

所以说，东方不败能在完全外行的情况下，完成这一复杂的手术，且毫无后遗症（至少我没看出来），没有几十年的内功修养，估计是白扯。

魏忠贤不是武林高手（不算电影、电视剧里的），要他自我解决，实在勉为其难，于是只好寻到上述专业机构，找人帮忙。

可到地方一问，才知道人家服务好，收费也高，割一个得四五两银子，我估算了一下，合人民币大概是三四千块。

这可就为难魏公公了，身上要有这么多钱，早拿去赌博翻本，哪犯得着干这个？

割还是不割，这不是一个问题，问题是，没钱。

但现实摆在眼前，不找工作是不行了，于是魏公公心一横——自己动手，前程无忧。

果不其然，业余的赶不上专业的，手术的后遗症十分严重，出血不止，幸亏好心人路过，帮他止了血。

成功自宫后，魏忠贤决定去报名，可刚到报名处，问清楚录取条件，当时就晕了。

事情是这样的，宫里招太监，是有年龄要求的，因为小孩进宫好管，也好教，可是魏忠贤同志自己掰指头一算，今年芳龄已近二十。

这可要了命了，年龄是硬指标，跟你一起入宫的，都是几岁的孩子，哪个太监师傅愿意带你这个五大三粗的小伙子，纯粹浪费粮食。

魏忠贤急了，可急也没用，招聘规定是公开的，你不去问，还能怪谁？

可事到如今，割也割了，又没法找回来，想再当混混，没指望了，要知道，混混虽然很混，却也瞧不起人妖。

宫进不去，家回不去，魏公公就此开始了他的流浪生涯，具体情况他本人不说，所以我也没法同情一下，但据说是过得很惨，到后来，只能以讨饭为生，偶尔也打打杂工。

万历十六年（1588），穷困至极的魏忠贤来到了一户人家的府上，在这里，他找到了一份用人的工作。

他的命运在这里改变。

一般说来，寻常人家找用人，是不会找阉人的，魏忠贤之所以成功应聘，是因为这户人家的主人，也是个阉人。

这个人的名字，叫作孙暹，是宫中的太监，准确地说是太监首领，他的职务，是司礼监秉笔太监。

这个职务，是帮助皇帝批改奏章的，前面说过很多次，就不多说了。

魏忠贤很珍惜这个工作机会，他起早贪黑，日干夜干，终于有一天，孙暹找他谈话，说看在他比较老实的分儿上，愿意保举他进宫。

万历十七年（1589），在经历了无数波折之后，魏忠贤终于圆了他的梦，进宫当了一名太监。

不好意思，纠正一下，是火者。

实际上，包括魏忠贤在内的所有新阉人，在刚入宫的时候，只是宦官，并不是太监，某些人甚至一辈子也不是太监。

因为太监，是很难当上的。

宫里，能被称为"太监"的，都是宦官的最高领导。太监以下，是少监，少监以下，是监丞，监丞以下，还有长随、当差。

当差以下，就是火者了。

那么魏火者的主要工作是什么呢？大致包括以下几项：扫地、打水、洗马桶、开大门等。

很明显，这不是一份很有前途的工作，而且进宫这年，魏忠贤已经二十一岁了，所以在相当长的时间里，魏忠贤很不受人待见。

一晃十几年过去了，魏忠贤没有任何成就，也没有任何名头，因为他的年龄比同期入宫的太监大，经常被人呼来喝去，人送外号"魏傻子"。

但这一切，全都是假象。

据调查（本人调查），最装牛的傻人，与人接触时，一般不会被识破。

而最装傻的牛人，在与人接触时，一辈子都不会被识破。

魏忠贤就是后者的杰出代表。

许多人评价魏忠贤时，总是一把鼻涕一把泪，说大明江山、太祖皇帝，怎么就被这么个文盲、傻子给废掉了。

持有这种观点的人，才是傻子。

能在明朝当官，且进入权力核心的这拨人，基本都是高智商的，加上在官场沉浮，混了那么多年，生人一来，打量几眼，就能把这人摸得差不多，在他们面前要花招，那就是自取其辱。

而在他们的眼中，魏忠贤是一个标准的老实人。年纪大，傻不拉叽的，每天都呵呵笑，长相忠厚老实，人家让他干啥就干啥，欺负他，占他便宜，他都毫不在意，所以从明代直到今天，很多人认定，这人就是个傻子，能混成后来那样，全凭运气。

这充分说明，魏公公实在是威力无穷，在忽悠了明代的无数老狐狸后，还继续忽悠着现代群众。

在我看来，魏忠贤固然是个文盲，却是一个有天赋的文盲，他的这种天赋，叫作伪装。

一般人在骗人的时候，都知道自己在骗人，而据史料分析，魏公公骗人时，不知道自己在骗人，他骗人的态度，是极其真诚的。

在宫里的十几年里，他就用这种天赋，骗过了无数老滑头，并暗中结交了很多朋友，其中一个叫作魏朝。

这位魏朝，也是宫里的太监，对魏忠贤十分欣赏，还帮他找了份工作。这份工作的名字，叫作典膳。

所谓典膳，就是后宫管伙食的，听起来似乎不怎么样，除了混吃混喝，没啥油水。

管伙食固然没什么，可关键在于管谁的伙食。

而魏公公的服务对象，就是后宫的王才人。这位王才人的名头虽然不响，但她儿子的名气很大——朱由校。

正是在那里，魏忠贤第一次遇见了决定他未来命运的两位关键人物——朱常洛父子。

虽然见到了大人物，但魏忠贤的命运仍无丝毫改变，因为王才人身边有很多太监，他不过是极其普通的一个，平时连跟主子说话的机会都没有。

而且此时朱常洛还只是太子，且地位十分不稳，随时都可能被拿下，所以他老婆王才人混得也不好，还经常被另一个老婆李选侍欺负。

这么一来，魏忠贤自然也混得很差，到万历四十七年（1619），在魏忠贤进宫二十周年纪念之际，他混到了人生的最低点：由于王才人去世，他失业了。

失业后的魏忠贤无计可施，只能回到宫里，当了一个仓库保管员。

但被命运挑选的人，注定是不会漏网的，在经过无数极为复杂的人事更替、误打误撞后，魏忠贤竟然摇身一变，又成了李选侍的太监。

正是在这个女人的手下，魏忠贤第一次露出了他的狰狞面目。

这位入宫三十年，已五十多岁的老太监突然焕发了青春，他不等不靠，主动接近李选侍，拍马擦鞋，无所不用其极，最终成为了李选侍的心腹太监。

因为在他看来，这个掌握帝国未来继承人（朱由校），且和他一样精明、自私、无耻的女人，将大有作为。

万历四十八年（1620），魏忠贤的机会到了。

这一年七月，明神宗死了，明光宗即位，李选侍成了候选皇后，朱由校也成了后备皇帝。

可是好景不长，只过了一个月，明光宗又死了，李选侍成了寡妇。

当李寡妇不知所措之时，魏忠贤及时站了出来，开导了李寡妇，告诉她，其实你无须失望，因为一个更大的机会，就在你的眼前：只要紧紧抓住年幼的朱由校，成为幕后的操纵者，你得到的，将不仅仅是皇后甚至太后的头衔，而是整个天下。

这是一个很好的想法，可惜绝非独创，朝廷里文官集团的老滑头们，也明白这一点。

于是在东林党人的奋力拼杀下，朱由校又被抢了回去，李选侍就此彻底歇菜，魏忠贤虽然左蹦右跳，反应活跃，最终也没逃脱下岗的命运。

正是在这次斗争中，魏忠贤认识了他宿命中的对手——杨涟。

杨涟，是一个让魏忠贤汗毛直竖的人物。

两人第一次相遇，是在抢人的路上。杨涟抢走朱由校，魏忠贤去反抢，结果被骂了回来，哆嗦了半天。

第二次相遇，是他奉命去威胁杨涟，结果被杨涟威胁了，杨大人还告诉他，再敢作对，就连你一块儿收拾。魏忠贤相当识趣，掉头就走。

总而言之，在魏忠贤的眼中，杨涟是个不贪财、不好色、不怕事，几乎没有任何弱点，还特能折腾的人，而要对付这种人，李选侍是不够分量的，必须寻找一个新的主人。

然而很遗憾，在当时的宫里，比李选侍还狠的，只有东林党，就算魏太监想进，估计人家也不肯收。

看起来是差不多了，毕竟魏公公都五十多了，你要告诉他，别灰心，不过从头再来，估计他能跟你玩命。

但拯救他的人，终究还是出现了。

第十四章　毁灭之路

许多人都知道，天启皇帝朱由校是很喜欢东林党的，也很够意思，继位一个月，就封了很多人，要官给官，要房子给房子。

但许多人不知道，他第一个封的并不是东林党，继位后第十天，他就封了一个女人，封号"奉圣夫人"。

这个女人姓客，原名客印月，史称"客氏"。

邪恶的结合

客，是一个非常特别的姓氏，估计这辈子，你也遇不上一个姓客的，而这位客小姐，那就更特别了，可谓五百年难得一遇的极品。

进宫之前，客印月是北直隶保定府村民侯二的老婆，相貌极其妖艳，且极其早熟，啥时候结婚没人知道，反正十八岁就生了儿子。

她的命运就此彻底改变。因为就在同一年，宫里的王才人生出了朱由校。

按照惯例，必须挑选合适的乳母去喂养朱由校，经过层层选拔，客印月战胜众多竞争对手，成功入宫。

刚进宫时，客印月极为勤奋，随叫随到。两年后，她的丈夫不幸病逝，但客印月表现了充分的职业道德，依然兢兢业业完成工作，在宫里混得相当不错。

但很快，宫里的人就发现，这是一个有问题的女人。

有群众反映，客印月常缺勤出宫，行踪诡异，经常出入各种娱乐场所。后经调查，客印月有生活作风问题，时常借机外出幽会。

作为宫中的乳母，如此行径，结论清晰，情节严重，却没有被处罚。有人议论，没人告发。

因为这个看似普通的乳母，一点儿也不普通。

按说乳母这份活，也就是个临时工，孩子长大了就得走人，该干吗干吗去。可是客小姐是个例外，朱由校断奶，她没走，朱由校长大了，她也没走，朱由校十六岁，当了皇帝，她还没走。

根据明朝规定，皇子长到六岁，乳母必须出宫，但客印月偏偏不走，硬是多混了十多年，也没人管，因为皇帝不让她走。

不但不让走，还封了个"奉圣夫人"。这位夫人的架子还很大，在宫中可以乘坐轿子，还有专人负责接送。要知道，内阁大学士刘一璟，二品大员，都六十多了，在朝廷混了一辈子，进出皇宫也得步行。

非但如此，逢年过节，皇帝还要亲自前往祝贺，请她吃饭。夏天，给她搭棚子、送冰块。冬天给她砌炕、烧炭取暖。宫里给她分了房子，宫外也有房子，还是黄金地段，就在今天北京的正义路上，步行至天安门，只需十分钟，极具升值潜力。

她家还有几百个仆人伺候，皇宫随意出入，想住哪里就住哪里，想怎么住就怎么住。

所谓客小姐，说破天也就是个保姆，如此得势嚣张，实在很不对劲儿。

一年之后，这位保姆干出了一件更不对劲儿的事情。

天启二年（1622），明熹宗朱由校结婚了。皇帝嘛，娶个老婆很正常，谁也没话说。

可是客阿姨（三十五岁了）不高兴了，突然跳了出来，说了一些不着边际的话。用史籍《明季北略》的话说，是"客氏不悦"。

皇帝结婚，保姆不悦，这是一个相当无厘头的举动。更无厘头的是，朱由校同志非但没有"不悦"，还亲自跑到保姆家，说了半天好话，并当即表示，今后我临幸的事情，就交给你负责了，你安排哪个妃子，我就上哪儿过夜，绝对服从指挥。

这也太过分了，很多人都极其不满，说你一个保姆，老是赖在宫里，还敢插手后宫。某些胆大的大臣先后上疏，要求客氏出宫。

这事说起来，确实不大光彩，皇帝大人迫于舆论压力，就只好同意了。但在客氏出宫当天，人刚出门，熹宗就立刻传谕内阁，说了这样一段话：今日出宫，午膳至晚未进，暮思至晚，痛心不已，着时进宫奉慰，外廷不得烦激。

这段话的意思是客氏今天出宫，我中午饭到现在都没吃，整天都在想念她，非常痛心。还是让她回来安慰我吧，你们这些大臣不要再烦我了！

傻子都知道了，这两个人之间，必定存在着一种十分特殊的关系。

对此，后半生竭力揭批魏忠贤，猛挖其人性污点的刘若愚同志曾在他的著作中，说过这样一句话：

"倏出倏人，人多讶之，道路流传，讹言不一，尚有非臣子之所忍言者。"

这句话的意思是，经常进进出出，许多人都惊讶，也有很多谣言，那些谣言，做臣子的是不忍心提的。

此言非同小可。

所谓臣子不忍心提，那是瞎扯，不敢提倒是真的。

朱由校的母亲王才人死得很早，他爹当了几十年太子，自己命都难保。这一代人的事都搞不定，哪有时间关心下一代，所以朱由校基本算是客氏养大的。

十几年朝夕相处，而且客氏又是"妖艳美貌，品行淫荡"，要有点儿什么瓜田李下、鸡鸣狗盗，似乎也说得通。

就年龄而言，客氏比朱由校大十八岁，按说不该引发猜想，可惜明代皇帝在这方面，是有前科的。比如成化年间的明宪宗同志，他的保姆万贵妃，就比他大十九岁，后来还名正言顺地搬被子住到一起。就年龄差距而言，客氏也技不如人，没能打破万保姆的纪录。如此看来，传点儿绯闻，实在正常。

当然，这两人之间到底有没有猫腻，谁都不知道，知道也不能写，但可以肯定的是，皇帝陛下对于这位保姆，是十分器重的。

客氏就是这么个人物，皇帝捧，大臣让，就连当时的东厂提督太监和内阁大臣都要给她几分面子。

对年过半百的魏忠贤而言，这个女人，是他成功的唯一机会，也是最后的机会。

于是，他下定决心，排除万难，一定要争取这个人。

而争取这个人的最好方法，就是让她成为自己的老婆。

你没有看错，我没有写错，事实就是如此。

虽然魏忠贤是个太监，但他是可以找老婆的。

作为古代宫廷的传统，太监找老婆，有着悠久的历史，事实上，还有专用名词——对食。

对食，就是大家一起吃饭，但在宫里，你要跟人对食，人家还不一定肯。

历代宫廷里，有很多宫女，平时不能出宫，且没啥事干，且不能嫁人，长夜漫漫，寂寞难耐，闲着也是闲着，许多人就在宫中找对象。可是宫里除了皇帝外，又没男人，找来找去，长得像男人的，只有太监。

没办法，就这么着吧。

虽说太监不算男人，但毕竟不是女人，反正有名无实，大家一起过日子，说说话，也就凑合了。

这种现象，即所谓对食。自明朝开国以来，就是后宫里的经典剧目，经常上演，一般皇帝也不怎么管，但要遇到凶恶型的，还是相当危险。比如明成祖朱棣，据说被他看见，当头就是一刀，眼睛都不眨。

到明神宗这代，开始还管管，后来他都不上朝，自然就不管了。

但魏忠贤要跟客氏"对食"，还有一个极大的障碍：客氏已经有对象了。

其实对食，和谈恋爱也差不多，也有第三者插足，路边野花四处采，寻死觅活等俗套剧情。但这一次，情况有点儿特殊。

因为客氏的那位对食，恰好就是魏朝。

之前我说过了，魏朝是魏忠贤的老朋友，还帮他介绍过工作，关系相当好，所谓"朋友妻，不可欺"，实在是个问题。

但魏忠贤先生又一次用事实证明了他的无耻，面对朋友的老婆，二话不说，光膀子就上，毫无心理障碍。

但人民群众都知道，要找对象，那是要条件的。客氏就不用说了，皇帝的乳母，宫里的红人，不到四十，"妖艳美貌，品行淫荡"，而魏朝是王安的下属，任职乾清宫管事太监，还管兵仗局，是太监里的成功人士，可谓门当户对。

相比而言，魏忠贤就寒碜多了，就一管仓库的，靠山也倒了，要挖墙脚，希望相当渺茫。

但魏忠贤没有妄自菲薄，因为他有一个魏朝没有的优点：胆儿大。

作为曾经的赌徒，魏忠贤胆子相当大，相当敢赌。表现在客氏身上，就是敢花钱，明明没多少钱，还敢拼命花，不但拍客氏马屁，花言巧语，还经常给她送名贵时尚礼物，类似今天送法国化妆品、高级香水，相当有杀伤力。

这还不算，他隔三岔五请客氏吃饭，吃饭的档次是"六十肴一席，费至五百金"。翻译成白话就是，一桌六十个菜，要花五百两银子。

五百两银子，大约是人民币四万多元，就一顿饭，没落太监魏忠贤的消费水平大抵如此。

人穷不要紧，只要胆子大，这就是魏忠贤公公的人生准则。其实这一招到今天，也还能用。比如你家不富裕，就六十万元，但你要敢拿这六十万元去买个戒指求婚，没准儿真能蒙个把人回来。

外加魏太监不识字，看上去傻乎乎的，老实得不行，实在是宫中女性的不二选择。于是，在短短半年内，客氏就把老情人丢到脑后，接受了这位第三者。

然而，在另外一本史籍中，事情的真相并非如此。

几年后，一个叫宋起凤的人跟随父亲到了京城，因为他家和宫里的太监关系不错，所以经常进宫转悠，在这里他看到很多，也听到了很多。

几十年后，他把自己当年的见闻写成了一本书，取名《稗说》。

所谓稗，就是野草，宋起凤先生的意思是，他的这本书，是野路子，您看了爱信不信，就当图个乐，他不在乎。

但就史料价值而言，这本书是相当靠谱的，因为宋起凤不是东林党，不是阉党，不存在立场问题，加上他在宫里混的时间长，许多事是亲身经历的，没有必要胡说八道。

这位公正的宋先生，在他的野草书里，告诉我们这样一句话：

"魏虽腐余，势未尽，又挟房中术以媚，得客欢。"

这句话，通俗点儿说就是，魏忠贤虽然割了，但没割干净。后半句儿童不宜，我不解释。

按此说法，有这个优势，魏忠贤要抢魏朝的老婆，那简直是一定的。

能说话，敢花钱，加上还有太监所不及的特长，魏忠贤顺利地打败了魏朝，成为了客氏的新对食。

说穿了，对食就是谈恋爱，谈恋爱是讲规则的，你情我愿，谈崩了，女朋友没了，回头再找就是了。

但魏朝比较惨，他找不到第二个女朋友。

因为魏忠贤是个无赖，无赖从来不讲规则，他不但要抢魏朝的女朋友，还要他的命。天启元年（1621），在客氏的配合下，魏朝被免职发配，并在发配的路上被暗杀。

魏忠贤之所以能够除掉魏朝，是因为王安。

作为三朝元老太监，王安已经走到了人生的顶点，现在的皇帝，乃至于皇帝他爹，都是他扶上去的，加上东林党都是他的好兄弟，那真是天下无敌，比东方不败猛了去了。

可是王安也有一个致命的弱点——喜欢高帽子。

高帽子，就是拍马屁，所谓"千穿万穿，马屁不穿"，真可谓是至理名言，无论这人多聪明、多精明，只要找得准、拍得狠，都不堪一击。

自盘古开天辟地以来，我们就知道，马屁，是有声音的。

但魏忠贤的马屁，打破了这个俗套，达到马屁的最高境界——无声之屁。

每次见王安，魏忠贤从不主动吹捧，也不说话，只是磕头。王安不叫他，他就不去，王安不问他，他就不说话。王安跟他说话，他不多说，态度谦恭点到即止。

他不来虚的，尽搞实在的，逢年过节送东西，还是猛送，礼物一车车往家里拉。于是当魏朝和魏忠贤发生争斗的时候，王安全力支持了魏忠贤，赶走了魏朝。

但他并不知道，魏忠贤的目标并不是魏朝，而是他自己。

此时的魏忠贤已经站在了门槛上，只要再走一步，他就能获取至高无上的权力。

但是王安，就站在他的面前。必须铲除此人，才能继续前进。

跟之前对付魏朝一样，魏忠贤毫无思想障碍，朋友是可以出卖的，上级自然可以出卖，作为一个无赖、混混、人渣，无时无刻，他始终牢记自己的本性。

可是怎么办呢？

王安不是魏朝，这人不但地位高、资格老，跟皇帝关系好，路子也猛，东林党的杨涟、左光斗都经常去他家串门。

凭魏忠贤的实力，要除掉他，似乎绝无可能。

但是他办到了，用一种匪夷所思的方式。

第十五章

道统

司礼监手印太监被突然"失踪"了。在当时,司礼监的势力却不大,所以这件事也没在了这个月平静的平子上溅起多少不起眼的事情。在前面说过,在这太监里面,最牛的是司礼太监,包括掌印太监,秉笔太监若干人,作为司礼监的最高领导,按照惯例,如眼你空缺,应该由秉笔太监接任,在当时而言,就是由王安接任,必须说

天启元年（1621），司礼监掌印太监卢受因为犯了事，被罢免了。

在当时，卢受虽然地位高，势力却不大，所以这事并不起眼。

王安，正是栽在了这件并不起眼的事情上。

前面讲过，在太监里面，最牛的是司礼太监，包括掌印太监一人，秉笔太监若干人。

作为司礼监的最高领导，按照惯例，如职位空缺，应该由秉笔太监接任。在当时而言，就是由王安接任。

必须说明，虽然王安始终是太监的实际领导，但他并不是掌印太监，具体原因无人知晓，可能是这位仁兄知道枪打出头鸟，所以死不出头，想找人去顶缸。

但这次不同了，卢受出事后，最有资历的就剩下他了，只能自己干了。

可是魏忠贤不想让他干，因为这个位置太过重要，要让王安坐上去，自己要出头，只能等下辈子了。

但事实如此，生米做成了熟饭，魏忠贤无计可施。

王安也是这么想的，他打点好一切，并接受了任命，按照以往的惯例，写了一封给皇帝的上疏。主要意思无非是我无才无能，干不了，希望皇上另找贤能之类的话。

接受任命后，再写这些，似乎比较虚伪，但这也是没办法，在我们这个有着光荣传统的地方，成功是不能得意的，得意是不能让人看见的。

几天之后，他得到了皇帝的回复：同意，换人。

王安自幼入宫，从倒马桶干起，熬到了司礼监，一向是现实主义者，从不相信什么神话，但这次，他亲眼看见了神话。

写这封奏疏，无非是跟皇帝客气客气，皇帝也客气客气，然后该干吗干吗，突然来这么一杠子，实在出人意料。

但更出人意料的是，没过多久，他就被勒令退休，彻底离开了朝廷。而那个他亲手捧起的朱由校，竟然毫无反应。

魏忠贤，确实是一个聪明绝顶的人，在苦思冥想后，他终于找到了这个不是机会的机会：你要走，我批准，实在是再自然不过。

但这个创意的先决条件是，皇帝必须批准，这是有难度的。因为皇帝大人虽说喜欢当木工，也没啥文化，但要他下手坑捧过他的王公公，实在需要一个理由。

魏忠贤帮他找到了这个理由：客氏。

乳母、保姆，外加还可能有一腿，凭如此关系，要她去办掉王公公，应该够了。

王安失去了官职，就此退出政治舞台，凄惨离去。此时他才明白，几十年的宦海沉浮、尔虞我诈的权谋，扶植过两位皇帝的功勋，都抵不上一个保姆。

心灰意冷的他打算回去养老：却未能如愿。因为一个人下定决心，要斩草除根，这人就是魏忠贤。

以前曾有个人问我，在整死岳飞的那几个人里，谁最坏。

我不假思索地回答：当然是秦桧。

于是此人脸上带着欠揍的表情，微笑着对我说：不对，是秦桧他老婆。

我想了一下，对他说：你是对的。

第十五章 道统

我想起了当年读过的那段记载，秦桧想杀岳飞，却拿不定主意干不干，于是他的老婆、李清照的表亲王氏告诉他，一定要干，必须要干，不干不行，于是他干了。

魏忠贤的情况大致如此。这位仁兄虽不认朋友，倒还认领导，想来想去，对老婆客氏说，算了吧。

然后，客氏对他说了这样几句话：

"移宫时，对外传递消息，说李选侍挟持太子的，是王安；东林党来抢人，把太子拉走的，是王安；和东林党串通，逼李选侍迁出乾清宫的，还是王安。此人非杀不可！"

说这句话的时候，她的表情十分严肃，态度十分认真。

女人比男人更凶残，信乎。

魏忠贤听从了老婆的指示，他决定杀掉王安。

这事很难办，皇帝大人比魏忠贤厚道，他虽然不用王安，却绝不会下旨杀他。

但在魏忠贤那里，就不难办了，因为接替王安，担任司礼监掌印太监的，是他的心腹王体乾，而他自己，是司礼监秉笔太监兼东厂提督太监，大权在握，想怎么折腾都行，反正皇帝大人每天都在做木工，也不大管事。

很快，王安就在做苦工的时候，发生了意外，夜里突然就死掉了。后来报了个自然死亡，也就结了。

至此，魏忠贤通过不懈的无耻和卑劣，终于掌握了东厂的控制权，成为了最大的特务。皇帝的往来公文，都要经过他的审阅才能通过，最少也是一言八鼎了。

然而，每次有公文送到时，他都不看，因为他不识字。

在文盲这一点上，魏忠贤是认账且诚实的，但他并没有因此耽误国家大事，总是把公文带回家，给他的狗头军师们研究，有用的用，没用的擦屁股、垫桌脚，做到物尽其用。

入宫三十多年后，魏忠贤终于走到了人生的高峰。

但还不是顶峰。

战胜了魏朝，除掉了王安，搞定了皇帝，但这还不够，要想成为这个国家的真正统治者，必须面对下一个，也是最后一个敌人——东林党。

走狗

成为东厂提督太监后不久，魏忠贤经过仔细思考、精心准备，对东林党发动攻击。

具体行动有，派人联系东林党的要人，包括刘一燝、周嘉谟、杨涟等人，表示自己刚上来，许多事情还望多多关照，并多次附送礼物。

此外，他还在公开场合，赞扬东林党的某些干将，兴奋之情溢于言表。

更让人感动的是，他多次在皇帝面前进言，说东林党的赵南星是国家难得的人才，工作努力认真，值得信赖，还曾派自己的亲信上门拜访，表达敬意。

除去遭遇车祸失忆、意外中风等不可抗力因素，魏忠贤突然变好的可能性，大致是零。所以结论是，这些举动都是伪装，在假象的背后，隐藏着不可告人的秘密。

这个不可告人的秘密就是：魏忠贤想跟东林党做朋友。

有必要再申明一次，这句话我没有写错。

其实我们这个国家的历史，一向是比较复杂的，所谓你中有我，我中有你，能凑合就凑合，能糊弄就糊弄。向上追溯，真正执着到底、绝不罢休的，估计只有山顶洞人。

魏忠贤并不例外，他虽然不识字，却很识相。

他非常清楚，东林党这帮人不但手握重权，且都是读书人，其实手握重权并不可怕，书呆子才可怕。

自古以来，读书人大致分为两种，一种叫文人，另一种叫书生。文人是"文人相轻"，具体特点为比较无耻外加自卑，你好，他偏说坏，你行，他偏说不行，胆子还小，平时骂骂咧咧，遇上动真格的，又把头缩回去，实在是相当之扯淡。

而书生的主要特点，是"书生意气"，表现为二杆子加一根筋，好就是好，不好就是不好，认死理，平时不惹事，事来了不怕死，关键时刻敢于玩命，文弱书生变身钢铁战士，不用找电话亭，不用换衣服，眨眼就行。

当年的读书人，还算比较靠谱，所以在东林党里，这两种人都有，后者占绝大多数。形象代言人就是杨涟，咬住就不撒手，相当头疼。

这种死脑筋、敢于乱来的人，对于见机行事、欺软怕硬的无赖魏忠贤而言，实在是天然的克星。

所以，魏忠贤死乞白赖地要巴结东林党，他实在是不想得罪这帮人。这世道，大家都不容易，混碗饭吃嘛，我又不想当皇帝，最多也就是个成功太监，你们之前跟王安合作愉快，现在我来了，不过是换个人，有啥不同的。

对于魏忠贤的善意表示，东林党的反应是这样的：上门的礼物，全部退回去；上门拜访的，赶走。

最不给面子的，是赵南星。

在东林党人中，魏忠贤最喜欢赵南星，因为赵南星和他是老乡，容易上道，所以他多次拜见，还人前人后，逢人便夸赵老乡如何如何好。

可是赵老乡非但不领情，拒不见面，有一次，还当着很多人的面，针对魏老乡的举动，说了这样一句话：宜各努力为善。

联系前后关系，这句话的隐含意思是，各自干好各自的事就行了，别动歪心思，没事少烦我。

魏忠贤就不明白了，王安你们都能合作，为什么不肯跟我合作呢？

其实东林党之所以不肯和魏忠贤合作，不是因为魏忠贤是文盲，不是因为他是无赖，只是因为，他不是王安。

没有办法，书生都是认死理的。虽然从本质和生理结构上讲，王安和魏忠贤实在没啥区别，都是太监，都是司礼监，都管公文。但东林党一向是做生不如做熟，对人不对事，像魏忠贤这种无赖出身、行为卑劣的社会垃圾，他们是极其鄙视的。

应该说，这种思想是值得尊重、值得敬佩的，却是绝对错误的。

因为他们并不知道，政治的最高技巧，不是你死我活，而是妥协。

魏忠贤愤怒了，他的愤怒是有道理的，不仅是因为东林党拒绝合作，更重要的是，他感觉自己被鄙视了。

这个世上的人分很多类，魏忠贤属于江湖类，这种人从小混社会，狐朋狗友一大串，老婆可以不要，女儿可以不要，只有面子，是不能不要的。东林党的蔑视，给他那污浊不堪的心灵以极大的震撼。他痛定思痛，幡然悔悟，毅然做出了一个决定：

既然不给脸，那就撕破脸吧！

但魏公公很快就发现，要想撕破脸，一点儿也不容易。

因为他是文盲。

解决魏朝、王安，只要手够狠，心够黑就行，但东林党不同，这些人都是知识分子，至少也是个进士，擅长朝廷斗争，这恰好是魏公公的弱项。

在朝廷里干仗，动刀动枪是不行的，一般都是骂人打笔仗，技术含量相当之高，多用典故成语，保证把你祖宗骂绝也没一脏字，对于字都不识的魏公公而言，要他干这活，实在有点儿勉为其难。

为了适应新形势下的斗争，不至于被人骂死还哈哈大笑，魏公公决定找几个助手，俗称走狗。

最早加入，也最重要的两个走狗，分别是顾秉谦与魏广微。

顾秉谦，万历二十三年（1595）进士，坏人。

此人翰林出身，学识过人，无耻也过人，无耻到魏忠贤没找他，他就自己送上门去了。

当时他的职务是礼部尚书，都七十一了，按说再干几年就该退休，这孙子偏偏人老心不老，想更进一步，但大臣又瞧不上他，于是索性投了太监。

改换门庭倒也无所谓，这人最无耻的地方在于，他干过这样一件事：

有一次为了升官，顾秉谦先生不顾自己七十高龄，带着儿子登门拜访魏忠贤，说了这样一段话：

"我希望认您做父亲，但又怕您觉得我年纪大，不愿意，索性让我的儿子给您做孙子吧！"

顾秉谦，嘉靖二十九年（1550）生，魏忠贤，隆庆二年（1568）出生。顾秉谦比魏忠贤大十八岁。

无耻，无语。

魏广微，万历三十二年（1604）进士，可好可坏的人。

魏广微的父亲，叫作魏允贞，魏允贞有一个最好的朋友，叫作赵南星。

万历年间，魏允贞当过侍郎，他和赵南星的关系很好，两人曾有八拜之交，用今天话说，是拜过把子的把兄弟。

魏广微的仕途比较顺利，考中翰林，然后步步高升，天启年间，就当上了礼部侍郎。

按说这个速度不算慢，可魏先生是个十分有上进心的人，为了实现跨越性发展，他找到了魏忠贤。

魏公公自然求之不得，仅过两年，就给他提级别，从副部长升到部长，并让他进入内阁，当上了大学士。

值得表扬的是，魏广微同志有了新朋友，也不忘老朋友，上任之后，第一件事就是去拜会父亲当年的老战友赵南星。

但赵南星没有见他，让他滚蛋的同时，送给了他四个字：

"见泉无子！"

魏广微之父魏允贞，字见泉。

这是一句相当狠毒的话，你说我爹没有儿子，那我算啥？

魏广微十分气愤。

气愤归气愤，他还是第二次上门，要求见赵南星。

赵南星还是没见他。

接下来，魏广微做出了一个出人意料的举动，他又去了。

魏先生不愧为名门之后，涵养很好，当年刘备请诸葛亮出山卖命，也就三次，魏广微不要赵大人卖命，吃顿饭聊聊天就好。

但赵南星还是拒而不见。

面对着紧闭的大门，魏广微怒不可遏，立誓，与赵南星势不两立。

魏广微之所以愤怒，见不见面倒是其次，关键在于赵南星坏了规矩。

当时的赵南星，是吏部尚书，人事部部长，魏广微却是礼部尚书，东阁大学士。虽说两人都是部长，但魏广微是内阁成员，相当于副总理，按规矩，赵部长还得叫他领导。

但魏大学士不计较，亲自登门，还三次，您都不见，实在有点儿太不像话了。

就这样，这个可好可坏的人，在赵南星的无私帮助下，变成了一个彻底的坏人。

除了这两人外，魏忠贤的党羽还有很多，如冯铨、施凤来、崔呈秀、许显纯等，后人统称为：五虎、五彪、十狗、十孩儿，光这四拨人加起来，就已有三十个。

这还是小儿科，魏公公的手下，还有二十孩儿、四十猴孙、五百义孙，作为一个太监，如此多子多孙，实在是有福气。

我曾打算帮这帮太监子孙亮亮相，搞个简介，起码列个名，但看到"五百义孙"之类的字眼时，顿时失去了勇气。

其实东林党在拉山头、搞团体等方面，也很有水平。可和魏公公比起来，那就差得多了。

因为东林党的入伙标准较高，且渠道有限，要么是同乡（乡党）、同事（同科进士），要么是座主（师生关系），除个别有特长者外（如汪文言），必须是高级知识分子（进士或翰林），还要身家清白，没有案底（贪污受贿）。

而魏公公就开放得多了，他本来就是无赖、文盲，还兼职人贩子（卖掉女儿），要找个比他素质还低的人，那是比较难的。

所以他收人的时候，非常注意团结。所谓英雄莫问出处，富贵不思来由，阿猫阿狗无所谓，能干活就行。他手下这帮人也还相当知趣，纷纷用"虎""彪""狗""猴"自居，甭管是何禽兽，反正不是人类。

这帮妖魔鬼怪的构成很复杂，有太监、特务、六部官员、地方官、武将，涉及各个阶层、各个行业，百花齐放。

虽然他们来自不同领域，但有一点是相同的：他们都是经过精挑细选、纯度极高的人渣。

比如前面提到的四位仁兄，即很有代表性：

崔呈秀，原本是一贪污犯，收了人家的钱，被检举丢了官，才投奔魏公公。

施凤来，混迹朝廷十余年，毫无工作能力，唯一的长处是替人写碑文。

许显纯，武进士出身，锦衣卫首领，残忍至极，喜欢刑讯逼供，并有独特习惯：杀死犯人后，将其喉骨挑出，作为凭证，或作纪念。

但相对而言，以上三位还不够份儿，要论王八蛋程度，还是冯铨先生技高一等。

这位仁兄全靠贪污起家，并主动承担陷害杨涟、左光斗等人的任务，唯恐坏事干得不够多，更让人称奇的是，后来这人还主动投降了清朝，成为了不知名的汉奸。

短短一生之中，竟能集贪官、阉党、汉奸于一体，如此无廉耻，如此无人格，说他是禽兽，那真是侮辱了禽兽。

综上所述，魏忠贤手下这帮人，在工作和生活中，有着这样一个特点：

什么都干，就是不干好事；什么都要，就是不要脸。

他们之中的大多数人，都曾是三党的成员，在彻底出卖自己的灵魂和躯体，加入阉党这个温馨的集体，成为毫无廉耻的禽兽之前，他们曾经也是人。

多年以前，当他们刚踏入朝廷的时候，都曾品行端正、满怀理想，立志以身许国，匡扶天下，公正地对待每一个人，谨言慎行，并最终成为一个青史留名的伟人。

但他们终究倒下了，在残酷的斗争、仕途的磨砺、党争的失败面前，他们失去了最后的勇气和尊严，并最终屈服，屈服于触手可及的钱财、权位和利益。

魏忠贤明白，坚持理想的东林党，是绝不可能跟他合作的，要想继续好吃好喝地混下去，就必须解决这些人。现在，他准备摊牌了。

但想挑事，总得有个由头，东林党这帮人都是道德先生，也不怎么收黑钱，想找碴整顿他们，是有相当难度的。

考虑再三之后，魏忠贤找到了一个看似完美的突破口——汪文言。

作为东林党的智囊，汪文言起着极其关键的作用，左推右挡来回忽悠，拥立了皇帝，搞垮了三党，人送外号"天下第一布衣"。

但在魏忠贤看来，这位布衣有个弱点：他没有功名，不能做官，只能算是地下党。对这个人下手，既不会太显眼，又能打垮东林党的支柱，实在是一举两得。

所以在王安死后，魏忠贤当即指使顺天府府丞绍辅忠，弹劾汪文言。

要整汪文言，是比较容易的。这人本就是个老油条，除东林党外，跟三党也很熟，后来三党垮了，他跟阉党中的许多人关系也很铁，经常来回倒腾事儿，收人钱财，替人消灾，底子实在太不干净。

更重要的是，他的老东家王安倒了，靠山没了，自然好收拾。

事实恰如所料，汪文言一弹就倒，监生的头衔没收，还被命令马上收拾包裹滚蛋。

汪文言相当听话，也不闹，乖乖地走人了，可他还没走多远，京城里又来了人，从半道上把他请了回去——坐牢。

赶走汪文言，是不够的，魏忠贤希望，能把这个神通广大又神秘莫测的人一棍子打死，于是他指使御史弹了汪先生第二下，把他直接弹进了牢房里。

魏忠贤终于满意了，行动进行得极其顺利，汪文言已成为阶下囚，一切都已准备妥当，下面……

下面没有了。

因为不久之后，汪文言就出狱了。

此时的魏忠贤是东厂提督太监，掌控司礼监，党羽遍布天下，而汪先生是个没有功名、没有身份、失去靠山的犯人。并且魏公公很不喜欢汪文言，很想把他打翻在地，再踏上一只脚，这看上去，似乎是件十分容易的事情。毕竟连汪文言的后台王安，都死在了魏忠贤的手中。

无论如何，他都不应该，也不可能出狱。

然而，他就是出狱了。

他到底是怎么出狱的，我不知道，反正是出来了，成功自救，魏公公也毫无反应。王安都没有办到的事情，他办到了。

而且这位仁兄出狱之后，名声更大。赵南星、左光斗、杨涟都亲自前来拜会慰问，上门的人络绎不绝，用以往革命电影里的一句话：坐牢还坐出好来了。

更出人意料的是，不久之后，朝廷首辅叶向高主动找到了他，并任命他为内阁中书。

所谓内阁中书，大致相当于国务院办公厅主任，是个极为重要的职务。汪文言先生连举人都没考过，竟然捞到这个位置，实在耸人听闻。

而对这个严重违背常规的任命，魏公公竟然沉默是金，什么话都不说。

因为他已经意识到，自己还没有足够的实力，去战胜这个神通广大的人。

于是，魏忠贤停止了行动，他知道，要打破目前的僵局，必须继续等。

此后的三年里，悄无声息之中，他不断排挤东林党，安插自己的亲信，投靠他的人越来越多，他的党羽越来越庞大，实力越来越强，但他仍在沉默中等待。

因为他已看清，这个看似强大的东林党，实际上非常脆弱。吏部尚书赵南星不可怕，佥都御史左光斗不可怕，甚至首辅叶向高，也只是一个软弱的盟友。

真正强大的，只有这个连举人都考不上，地位卑微，却机智过人、狡猾到底的汪文言。要解决东林党，必须除掉这个人，没有任何捷径。

这是一件非常冒险的事，魏忠贤不喜欢冒险，所以他选择等待。

但事情的发展，超出了所有人的预料，包括魏忠贤在内。

天启四年（1624），吏科给事中阮大铖上疏，弹劾汪文言、左光斗互相勾结，祸乱朝政。

热闹开始，阉党纷纷加入，趁机攻击东林党。左光斗也不甘示弱，参与论战，朝廷上下，口水滔滔，汪文言被免职，连首辅叶向高也申请辞职，乱得不可开交。

但讽刺的是，对于这件事，魏忠贤事先可能并不知道。

这事之所以闹起来，无非是因为吏科都给事中退了，位置空出来，阮大铖想要进步，就开始四处活动、拉关系。

偏偏东林党不吃这套，人事部长赵南星听说这事后，索性直接让他滚出朝

第十五章　道统　　313

廷，连给事中都不给干。阮大铖知道后，十分愤怒，决定告左光斗的黑状。

这是句看上去前言不搭后语的话，赵南星让他滚，关左光斗何事？

原因在于，左光斗是阮大铖的老乡，当年阮大铖进京，就是左光斗抬举的。所以现在他升不了官，就要找左光斗的麻烦。

看起来，这个说法仍然比较乱，不过跟"因为生在荆楚之地，所以就叫萌萌"之类的逻辑相比，这种想法还算正常。

这位逻辑"还算正常"的阮大铖先生，真算是奇人，可以多说几句。后来他加入了阉党，跟着魏忠贤混；混砸了又跑到南京，跟着南明混；南明混砸了，他又加入大清，在清军营里，他演出了人生中最精彩、最无耻的一幕。

作为投降的汉奸，他毫无羞耻之心，还经常和清军将领说话，白天说完，晚上接着说，说得人家受不了，对他说：您口才真好，可我们明天早起还要打仗，早点儿洗了睡吧。

此后不久，他因急于抢功跑得太快，猝死于军中。

但在当时，阮大铖先生这个以德报怨的黑状，只是导火索。真正让魏公公极为愤怒、痛下杀手的，是另一件事，准确地说，是另一笔钱。

其实一直以来，魏公公虽和东林党势不两立，却只有公愤，并无私仇。但几乎就在阮大铖上疏的同一时刻，魏公公得到消息，他的一笔生意黄了，就黄在东林党的手上。

这笔生意值四万两银子，和他做生意的人，叫熊廷弼。

希望大家还记得这兄弟，自从回京后，他已经被关了两年多了，由于情节严重，上到皇帝，下到刑部，倾向性意见相当一致——杀。

事到如今，只能开展自救了，熊廷弼开始积极活动，找人疏通关系，希望能送点儿钱，救回这条命。

七转八转，他终于找到了一位叫作汪文言的救星，据说此人神通广大，手到擒来。

汪文言答应了,开始活动,他七转八转,找到了一个能办事的人——魏忠贤。

当然,鉴于魏忠贤同志对他极度痛恨,干这件事的时候,他没有露面,而是找人代理。

魏忠贤接到消息,欣然同意,并开出了价码——四万两,熊廷弼不死。

汪文言非常高兴,立刻回复了熊廷弼,告诉他这个好消息,以及所需银子的数量(很可能不是四万两,毕竟中间人也要收费)。

以汪文言的秉性,拿中介费是一定的,拿多少是不一定的,但这次,他一文钱也没拿到。因为熊廷弼拿不出四万两。

拿不出钱,事情没法办,也就没了下文。

但魏忠贤不知是手头紧,还是办事认真负责,发现这事没消息了,就好了奇,派人去查,七转八转,终于发现那个托他办事的人,竟然是汪文言!

过分了,实在过分了,魏忠贤感受到了出奇的愤怒:和我作对也就罢了,竟然还要托我办事,吃我的中介费!

拿不到钱,又被人耍了一把的魏忠贤国仇家恨顿时涌上心头,当即派人把汪文言抓了起来。

汪文言入狱了,但这只是开始,魏忠贤的最终目标,是通过他,把东林党人拉下水。

但事实再一次证明,冲动是魔鬼。一时冲动的魏公公惊奇地发现,他又撞见鬼了,汪文言入狱后,审来审去毫无进展,别说杨涟、左光斗,就连汪先生自己也在牢里过得相当滋润。

之所以出现如此怪象,除汪先生自己特别能战斗外,另一个人的加入,也起了极大的作用。

第十五章 道统

这个人名叫黄尊素，时任都察院监察御史。

这是一个很有名的人，知道他的人比较多，但他还有个更有名的儿子——黄宗羲。如果连黄宗羲都不知道，应该回家多读点儿书。

在以书生为主的东林党里，黄尊素是个异类，此人深谋远虑，凡事三思而行，擅长权谋，与汪文言并称为东林党两大智囊。

得知汪文言被抓后，许多东林党人都很愤怒，但也就是发发牢骚，真正做出反应的，只有两个人，其中一个，就是黄尊素。

他敏锐地感觉到，魏忠贤要动手了。

抓汪文言只是个开头，很快，这场战火就将延伸到东林党的身上。到那时一切都迟了。

于是，他连夜找到了锦衣卫刘侨。

刘侨，时任锦衣卫镇抚司指挥使，管理诏狱，汪文言就在他的地盘坐牢。这人品格还算正派，所以黄尊素专程找到他，疏通关系。

黄尊素表示，人你照抓照关，但万万不能牵涉到其他人，比如左光斗、杨涟等。

刘侨是个聪明人，他明白黄尊素的意思。便照此意思吩咐审讯工作，所以汪文言在牢里满口胡话，也没人找他麻烦。

而另一个察觉魏忠贤企图的人，是叶向高。

叶向高毕竟是见过世面的，几十年朝廷混下来，一看就明白，即刻上疏表示汪文言是自己任命的，如果此人有问题，就是自己的责任，与他人无关，特请退休回家养老。

叶首辅不愧为老狐狸，他明知道，朝廷是不会让自己走的，却偏要以退为进，给魏忠贤施加压力，让他无法轻举妄动。

看到对方摆出如此架势，魏忠贤退缩了。

太冲动了，时候还没到。

在这个回合里，东林党获得了暂时的胜利，却将迎来永远的失败。

抓汪文言时，魏忠贤并没有获胜的把握，但到了天启四年（1624）五月，连东林党都不再怀疑自己注定失败的命运。

因为魏公公实在太能拉人了。

几年之间，所谓"众正盈朝"已然变成了"众兽盈朝"，魏公公手下那些飞禽走兽已经遍布朝廷，王体乾掌控了司礼监，顾秉谦、魏广微进入内阁，许显纯、田尔耕控制锦衣卫。六部里，只有吏部部长赵南星还苦苦支撑，其余各部到处都是阉党，甚至管纪检监察的都察院六科都成为了阉党的天下。

对于这一转变，大多数书上的解释是世风日下、人心不古、道德沦丧、品质败坏，等等。

其实原因很简单，就两个字：实在。

魏忠贤能拉人，因为他实在。

你要人家给你卖命，拿碗白饭对他说，此去路远，多吃一点儿，那是没有效果的，毕竟千里迢迢，不要脸面，没有廉耻来投个太监，不见点儿干货，心理上很难平衡。

在这一点上，魏公公表现得很好，但凡投奔他的，要钱给钱，要官给官，真金实银，不打白条。

相比而言，东林党的竞争力实在太差，什么都不给还难进，实在有点儿难度过高。

如果有人让你选择如下两个选项：坚持操守，坚定信念和理想，一生默默无闻，家徒四壁，为国为民，辛劳一生。

或是放弃原则，泯灭良心，少奋斗几十年，青云直上，升官发财，好吃好喝，享乐一生。

嗟乎！大阉之乱，以缙绅之身而不改其志者，四海之大，有几人欤？

——《五人墓碑记》

不用回答，我们都知道答案。

很久以前，我看过一部电影，电影里的黑社会老大在向他的手下训话，他说，昨天晚上他做了一个梦，梦见这个世界上没有黑社会了。

因为这个世界上的人，都变成了黑社会。

这句话在魏忠贤那里，已不再是梦想。

他不问出身、不问品格，将朝廷大权赋予所有和他一样卑劣无耻的人。

而这些靠跪地磕头、自认孙子才掌握大权的人，自然没有什么造福人民的想法，受尽屈辱才得到的荣华富贵，不屈辱一下老百姓，怎么对得起自己呢？

在这种良好愿望的驱使下，某些匪夷所思的事情开始陆续发生。比如某县有位富翁，闲来无事杀了个人，知县秉公执法，判了死刑。这位仁兄不想死，就找到一位阉党官员，希望能够拿钱买条命。

很快他就得到了答复：一万两。

这位财主同意了，此外他还提出了一个要求：希望杀掉那位判他死刑的知县，因为这位县太爷太过公正，实在让他不爽。

还是阉党的同志们实在，收钱之后立马放人，并当即捏造了罪名，把那位知县干掉了。

无辜的被害者，正直的七品知县，司法、正义，全加在一起，也就一万两。

事实上，这个价码还偏高。

搞到后来，除封官许愿外，魏忠贤还开发了新业务：卖官。有些史料还告诉我们，当时的官职都是明码标价，买个知县，大致是两三千两；要买知府，五六千两也就够了。

如此看来，那位草菅人命的财主，还真是不会算账，索性找到魏公公，花一半钱买个知府，直接当那知县的上级，找个由头把他干掉，还能省五千两，亏了，真亏了。

自开朝以来，大明最黑暗的时刻，终于到来。

我们想干什么就干什么，我们想怎么干就怎么干，为了获取权力和财富，所付出的尊严和代价，要从那些更为弱小的人身上加倍掠夺。蹂躏、欺凌、劫掠，不用顾忌，不用考虑，我们可以为所欲为！

因为在这个时代，没有人能阻止我们，没有人敢阻止我们！

最后的道统

几年来，杨涟一直在看。

他看见那个无恶不作的太监，抢走了朋友的情人，杀死了朋友，坑死了上司，却掌握了天下的大权，无须偿命，没有报应。

那个叫"天理"的玩意儿，似乎并不存在。

他看见，一个无比强大的敌人，已经出现在自己的面前。

在明代历史上，从来不缺重量级的坏人，比如刘瑾，比如严嵩，但刘瑾多少还读点儿书，知道做事要守规矩，至少有个底线，所以他明知李东阳和他作对，也没动手杀人。严嵩虽说杀了夏言，至少还善待自己的老婆。

而魏忠贤，是一个文盲，逼走老婆，卖掉女儿，他没原则，没底线，阴险狡诈，不择手段，已达到了无耻无极限的境界。他绝了后，也空了前。

当杨涟回过神来，他才发现，自己身边，已是空无一人，那些当年的敌人，甚至朋友、同僚都已抛弃良知，投入了这个人的怀抱。在利益的面前，良知实在太过脆弱。

但他依然留在原地，一动不动，因为他依然坚持着一样东西——道统。

所谓道统，是一种规则、一种秩序，是这个国家几千年来历经苦难挫折依旧前行的动力。

杨涟和道统已经认识很多年了。

小时候，道统告诉他，你要努力读书，研习圣人之道，将来报效国家。

当知县时，道统告诉他，你要为官清廉，不能贪污，不能拿不该拿的钱，要造福百姓。

京城，皇帝病危，野心家蠢蠢欲动，道统告诉他，国家危亡，你要挺身而出，即使你没有义务、没有帮手。

一直以来，杨涟对道统的话都深信不疑，他照做了，并获得了成功：

是你让我相信，一个普通的平民子弟，也能够通过自己的努力，坚持不懈，成就一番事业，成为千古留名的人物。

你让我相信，即使身居高位，尊荣加身，也不应滥用自己的权力，去欺凌那些依旧弱小的人。

你让我相信，一个人活在这世上，不能只是为了自己。他应该清正廉洁，严于律己，坚守那条无数先贤走过的道路，并继续走下去。

但是现在，我有一个疑问：

魏忠贤是一个不信道统的人。他无恶不作、肆无忌惮，没有任何原则，但他依然成为了胜利者，同时越来越多的人放弃了道统，投奔了他，只是因为他封官给钱，如同送白菜。

我的朋友越来越少，敌人越来越多，在这条道路上，我已是孤身一人。

道统说：是的，这条道路很艰苦，门槛高，规矩多，清廉自律，家徒四壁，还要立志为民请命，一生报效国家，实在太难。

那我为何还要继续走下去呢？

因为这是一条正确的道路，几千年来，一直有人走在这条孤独的道路上，无论经过多少折磨，他们始终相信规则，相信每个人都有着自己的尊严和价值，相信这个世界上，存在着公理与正义，相信千年之后，正气必定长存。

是的，我明白了，现在轮到我了，我会坚守我的信念，我将对抗那个强大的敌人，战斗至最后一息，即使孤身一人。

好吧，杨涟，现在我来问你最后一个问题：

为了你的道统，牺牲你的一切，可以吗？

第十六章

杨涟

六月，左副都御史杨涟上疏弹劾东厂提督太监魏忠贤。在这篇青史留名的檄文中，杨涟历数了魏忠贤的种种罪恶：从排除异己，陷害忠良，图谋不轨、杀害无辜，可谓世间万象，无所不包，且真实可信，字字见血。由此看来，魏忠贤确实是人才，短短几年里，跨行业、跨品种，坏事干得面面俱到，着实不易。这是杨涟的最后反

天启四年（1624）六月，左副都御史杨涟写就奏疏，弹劾东厂提督太监魏忠贤二十四大罪。

在这篇青史留名的檄文中，杨涟历数了魏忠贤的种种罪恶，从排除异己、陷害忠良、图谋不轨、杀害无辜，可谓世间万象，无所不包，且真实可信，字字见血。

由此看来，魏忠贤确实是人才，短短几年里，跨行业、跨品种，坏事干得面面俱到，着实不易。

这是杨涟的最后反击，与其说是反击，不如说是愤怒，因为连他自己都很清楚，此时的朝廷，从内阁到六部，都已是魏忠贤的爪牙。按照常理，这封奏疏只要送上去，必定会落入阉党之手，到时只能是废纸一张。

杨涟虽然正直，却并非没有心眼，为了应对不利局面，他想出了两个办法。

他写完这封奏疏后，并没有遵守程序把它送到内阁，而是随身携带，等待着第二天的到来。

因为在这一天，皇帝大人将上朝议事，那时，杨涟将拿出这封奏疏，亲口揭露魏忠贤的罪恶。

在清晨的薄雾中，杨涟怀揣着奏疏，前去上朝，此时除极个别人外，无人知道他的计划和他即将要做的事。

然而,当他来到大殿前的时候,却得到一个让人哭笑不得的消息:皇帝下令,今天不办公(免朝)。

紧绷的神经顿时松弛了下来,杨涟明白,这场生死决战又延迟了一天。

只能明天再来了。

但就在他准备打道回府之际,却突然改变了主意。

杨涟走到了会极门,按照惯例,将这封奏疏交给了负责递文书的官员。

在交出文书的那一刻,杨涟已然确定,不久之后,这份奏疏就会放在魏忠贤的文案上。

之所以做此选择,是因为他别无选择。

杨涟是一个做事认真谨慎的人,他知道,虽然此事知情者很少,但难保不出个把叛徒,万一事情曝光,以魏公公的品行,派个把东厂特务把自己黑掉,也不是不可能的。

不能再等了,不管魏忠贤何时看到,会不会在上面吐唾沫,都不能再等了。

第一个办法失败了,杨涟没能绕开魏忠贤,直接上疏。事实上,这封奏疏确实落到了魏忠贤的手中。

魏忠贤知道这封奏疏是告他的,但不知是怎么告的,因为他不识字。

所以,他找人读给他听。

但当这位无恶不作、肆无忌惮的大太监听到一半时,便打断了朗读,不是歇斯底里的愤怒,而是面无人色的恐惧。

魏忠贤害怕了,这位不可一世、手握大权的魏公公,竟然害怕了。

据史料的记载,此时的魏公公面无人色,两手不由自主地颤抖,并且半天沉默不语。

他已经不是四年前那个站在杨涟面前,被骂得狗血淋头、哆哆嗦嗦的老太监了。

现在他掌握了内阁，掌握了六部，甚至还掌握了特务，他一度以为，天下再无敌手。

但当杨涟再次站在他面前的时候，他才明白，纵使这个人孤立无援、身无长物，他却依然畏惧这个人，深入骨髓地畏惧。

极度的恐慌彻底搅乱了魏忠贤的神经，他的脑海中只剩下一个念头：绝对不能让这封奏疏传到皇帝的手中！

奏疏倒还好说，魏公公一句话，说压就压了，反正皇帝也不管，但问题是，杨涟是左副都御史，朝廷高级官员，只要皇帝上朝，他就能够见到皇帝，揭露所有一切。

怎么办呢？魏忠贤冥思苦想了很久，终于想出了一个没办法的办法：不让皇帝上朝。

在接下来的三天里，皇帝都没有上朝。

但这个办法实在有点儿蠢，因为天启皇帝到底是年轻人，到第四天，就不干了，偏要去上朝。

魏忠贤头疼不已，但皇帝大人说要上朝，不让他去又不行，迫于无奈，竟然找了上百个太监，把皇帝大人围了起来，到大殿转了一圈，权当是给大家一个交代。

此外，他还特意派人事先说明，不允许任何人发言。

总之，他的对策是，先避风头，把这件事压下去，以后再跟杨涟算账。

得知皇帝三天没有上朝，且目睹了那场滑稽游行的杨涟并不吃惊，事情的发展，早在他意料之中。

因为当他的第一步计划失败，被迫送出那份奏疏的时候，他就想好了第二个对策。

虽然魏忠贤压住了杨涟的奏疏，但让他惊奇的是，这封文书竟然长了翅膀，没过几天，朝廷上下，除了皇帝没看过，大家基本是人手一份，还有个把缺心眼的，把词编成了歌，四处去唱，搞得魏公公没脸出门。

杨涟充分发挥了东林党的优良传统，不坐地等待上级批复，就以讲学传道为主要途径，把魏忠贤的恶劣事迹广泛传播，并在短短几天之内，达到了妇孺皆知的效果。

比如当时国子监里的几百号人，看到这封奏疏后，欢呼雀跃，连书都不读了，每天就抄这份二十四大罪，抄到手软，并广泛散发。

吃过魏公公苦头的劳苦大众自不用说，大家一拥而上，反复传抄，当众朗诵，成为最流行的手抄本，据说最风光的时候，连抄书的纸都缺了货。

左光斗是少数几个事先知情的人之一，此时自然不甘人后，联同朝廷里剩余的东林党官员共同上疏，斥责魏忠贤，甚至某些退休在家的老先生，也来凑了把热闹。于是几天之内，全国各地弹劾魏忠贤的公文纷至沓来，堆积如山，足够把魏忠贤埋了再立个碑。

眼看革命形势一片大好，许多原先是阉党的同志也坐不住了，唯恐局势变化自己垫背，一些人纷纷倒戈，掉头就骂魏公公，搞得魏忠贤极其狼狈。

而广大人民群众对魏忠贤的愤怒之情，也如同那滔滔江水，连绵不绝，搞得连深宫之中的皇帝都听说了这件事，专门找魏忠贤来问话，到了这个地步，事情已经瞒不住了。

杨涟没有想到，自己的义愤之举，竟然会产生如此重大的影响，在他看来，照此形势发展，大事必成，忠贤必死。

然而有一个人，不同意杨涟的看法。

在写奏疏之前，为保证一击必中，杨涟曾跟东林党的几位重要人物，如赵南星、左光斗通过气，但有一个人，他没有通知，这个人是叶向高。

自始至终，叶向高都是东林党的盟友，且身居首辅，是压制魏忠贤的最后力量，但杨先生就是不告诉他，偏不买他的账。

因为叶向高曾不止一次对杨涟表达过如下观点：

对付魏忠贤,是不能硬来的。

叶向高认为,魏忠贤根基深厚,身居高位,且内有奶妈(客氏),外有特务(东厂),以东林党目前的力量,是无法扳倒的。

杨涟认为,叶向高的言论,是典型的投降主义。

魏忠贤再强大,也不过是个太监,他手下的那帮人,无非是乌合之众。只要能够集中力量,击倒魏忠贤,就能将阉党这帮人渣一网打尽,维持社会秩序、世界和平。

更何况,自古以来,邪不胜正。

邪恶是必定失败的,基于这一基本判断,杨涟相信,自己是正确的,魏忠贤终究会被摧毁。

历史已经无数次证明,邪不胜正是靠谱的,但杨涟不明白,这个命题有个前提条件——时间。

其实在大多数时间里,除去超人、蝙蝠侠等不可抗力出来维护正义外,邪是经常胜正的,所谓好人、善人、老实人常常被整得凄惨无比,比如于谦、岳飞等,都是死后多少年才翻身平反。

只有岁月的沧桑,才能淘尽一切污浊,扫清人们眼帘上的遮盖与灰尘,看到那些殉道者无比璀璨的光芒,历千年而不灭。

逆转

杨涟,下一个殉道者。

很不幸,叶向高的话虽然不中听,却是对的,以东林党目前的实力,要干掉魏忠贤，是毫无胜算的。

但决定他们必定失败的，不是奶妈，也不是特务，而是皇帝。

杨涟并不傻，他知道大臣靠不住，太监靠不住，所以他把所有的希望都寄托在皇帝身上，希望皇帝陛下雷霆大怒，最好把魏公公五马分尸再拉出去喂狗。

可惜，杨涟同志寄予厚望的天启皇帝，是靠不住的。

自有皇帝以来，牛皇帝有之，熊皇帝有之，不牛不熊的皇帝也有之，而天启皇帝比较特别：他是个木匠。

身为一名优秀的木匠，明熹宗有着良好的职业素养，他经常摆弄宫里的建筑，具体表现为在他当政的几年里，宫里经常搞工程，工程的设计单位、施工、监理、检验，全部由皇帝大人自己承担。

更为奇特的是，工程的目的也很简单，修好了，就拆，拆完了，再修，以达到拆拆修修无穷尽之目的。总之，搞来搞去，只为图个乐。

这是大工程，小玩意儿天启同志也搞过。据史料记载，他曾经造过一种木制模型，有山有水有人，据说木人身后有机关控制，还能动起来，纯手工制作，比起今天的遥控玩具有过之而无不及。

为检验自己的实力，天启还曾把自己的作品放到市场上去卖，据称能卖近千两银子，合人民币几十万元，要换在今天，这兄弟就不干皇帝，也早发了。

可是，他偏偏就是皇帝。

大明有无数木匠，但只有一个皇帝，无论是皇帝跑去做木匠，还是木匠跑来做皇帝，都是彻底地抓瞎。

当然，许多书上说这位皇帝是低能儿，从来不管政务，不懂政治，那也是不对的。虽然他把权力交给了魏忠贤，也不看文件，不理朝廷，但他心里是很有数的。

比如魏公公，看准了皇帝不想管事，就爱干木工，每次有重要事情奏报，他都专挑朱木匠干得最起劲儿的时候去，朱木匠自然不高兴，把手一挥：我要你们是干什么的？

这句话在手，魏公公自然欢天喜地，任意妄为。

但在这句话后，朱木匠总会加上一句：好好干，莫欺我！

这句话的表面意思是，你不要骗我，但隐含意思是，我知道，你可能会骗我。

事实上，对魏忠贤的种种恶行，朱木匠多少还知道点儿，但在他看来，无论这人多好，只要对他坏，就是坏人；无论这人多坏，只要对他好，就是好人。

基于这一观点，他对魏忠贤有着极深的信任，就算不信任他，也没有必要干掉他。

叶向高正是认识到这一点，才认定，单凭这封奏疏，是无法解决魏忠贤的。

而东林党里的另一位明白人黄尊素，事发后也问过这样一个问题：

"清君侧者必有内援，杨公有乎？"

这意思是，你要搞定皇帝身边的人，必须要有内应，当然没内应也行，像当年猛人朱棣，带几万人跟皇帝死磕，一直打到京城，想杀谁杀谁。

杨涟没有，所以不行。

但他依然充满自信，因为奏疏在社会上引起的强烈反响和广大声势让他相信：真理和正义是站在他这边的。

但是实力，并不在他的一边。

奏疏送上后的第五天，事情开始脱离杨涟的轨道，走上了叶向高预言的道路。

焦头烂额的魏忠贤几乎绝望了，面对如潮水涌来的攻击，他束手无策，无奈之下，他只能跑去求内阁大臣，东林党人韩爌，希望他手下留情。

第十六章 杨涟

韩爌给他的答复是，没有答复。

这位东林党内除叶向高外的最高级别干部，对于魏公公的请求，毫无回应，别说赞成，连拒绝都没有。

如此的态度让魏忠贤深信，如果不久之后自己被拉出去干掉，往尸体上吐唾沫的人群行列中，此人应该排在头几名。

与韩爌不同，叶向高倒还比较温柔，他曾表示，对魏忠贤无须赶尽杀绝，能让他消停下来，洗手不干，也就罢了。

这个观点后来被许多的史书引用，来说明叶向高那卑劣的投降主义和悲观主义思想，甚至还有些人把叶先生列入了阉党的行列。

凡持此种观点者，皆为站着说话不腰疼、啃着馒头看窝头之流。

因为就当时的局势而言，叶向高说无须赶尽杀绝，那只是客气客气的，实际上，压根儿就无法赶尽杀绝。

事情的下一步发展完美地印证了这一点。

在被无情地拒绝后，魏忠贤丢掉了所有的幻想，他终于明白，对于自己的胡作非为，东林党人是无法容忍、也无法接纳的。

正邪不能共存，那么好吧，我将把所有的一切，都拉入黑暗之中。

魏忠贤立即找到了另一个人，一个能够改变一切的人。

在皇帝的面前，魏忠贤表现得相当悲痛，一进去就哭，一边哭一边说：

"现在外面有人要害我，而且还要害皇上，我无法承担重任，请皇上免去我的职务吧。"

这种混淆是非，拉皇帝下水的伎俩，虽然并不高明，却比较实用，是魏公公的必备招数。

面对着痛哭流涕的魏忠贤，天启皇帝只说了一句话，就打断了魏公公的所有部署：

"听说有人弹劾你，是怎么回事？"

听到这句话时，魏忠贤知道，完了。他压住杨涟的奏疏，煞费苦心封锁消息，这朱木匠还是知道了。

对于朱木匠，魏忠贤还是比较了解的，虽不管事，绝不白痴，事到如今不说真话是不行了。

于是他承认了奏疏的存在，并顺道沉重地控诉了对方的污蔑。

但皇帝陛下似乎不太关心魏公公的痛苦，只说了一句话：

"奏疏在哪里？拿来给我！"

这句话再次把魏公公推入了深渊。因为在那封奏疏上，杨涟列举了很多内容，比如迫害后宫嫔妃，甚至害死怀有身孕的妃子，以及私自操练兵马（内操）、图谋不轨等。

贪污受贿，皇帝可以不管，坑皇帝的老婆，抢皇帝的座位，皇帝就生气了。

更何况这些事，他确实也干过，只要皇帝知道，一查就一个准。

奏疏拿来了，就在魏忠贤的意志即将崩溃的时候，他听到了皇帝陛下的指示：

"读给我听。"

魏忠贤笑了。

因为他刚刚想起一件很重要的事——皇帝陛下，是不大识字的。

如果说皇帝陛下的文化程度和魏公公差不多，似乎很残酷，但却是事实，天启之所以成长为准文盲（认字不多），归根结底，还是万历惹的祸。

万历几十年不立太子，太子几十年不安心，自己都搞不定，哪顾得上儿子，儿子都顾不上，哪顾得上让儿子读书，就这么折腾来折腾去，把天启折腾成了木匠。

所以现在，他并没有自己看，而是找了个人，读给他听。

魏忠贤看到了那个读奏疏的人，他确定，东林党必将死无葬身之地。

这个朗读者，是司礼监掌印太监，他的死党，王体乾。

就这样，杨涟的二十四条大罪，在王太监的口里缩了水，为不让皇帝大人担心，有关他老婆和他个人安危的，都省略了，而魏公公一些过于恶心人的行为，出于善意，也不读了。

所以一篇文读下来，皇帝大人相当疑惑，听起来魏公公为人还不错，为何群众如此愤怒？

但这也无所谓，反正也没什么大事，老子还要干木匠呢，就这么着吧。

于是他对魏忠贤说，你接着干吧，没啥大事。

魏忠贤彻底解脱了。

正如叶向高所说的那样，正义和道德是打不倒魏忠贤的，能让这位无赖屈服的，只有实力。而唯一拥有这种实力的人，只有皇帝。

现在皇帝表明了态度，事件的结局，已无悬念。

天启四年（1624）十月，看清虚实的魏忠贤，终于举起了屠刀。

同月，在毫无预兆的情况下，皇帝下旨，训斥吏部尚书赵南星结党营私。此后皇帝又先后下文，批评杨涟、左光斗、高攀龙等人，最后索性给他们搞了个总结，一顿猛踩，矛头直指东林党。

可以肯定的是，皇帝大人对此是不大清楚的。他老人家本不识字，且忙于做木工，考虑到情况比较特殊，为保证及时有力地迫害忠良，魏公公越级包办了所有圣旨。

大势已去，一切已然无可挽回。

同月，心灰意冷的赵南星、杨涟、左光斗纷纷提出辞职，回了老家。东林党就此土崩瓦解。

只剩下一个人——叶向高。

叶向高很冷静，自始至终，他都极其低调。魏忠贤倒霉时，他不去踩，魏忠贤得意时，他不辞职，因为他知道，自己将是东林党最后的希望。

必须忍耐下去，等待反攻的时机。

但是，他错误地估计了一点——魏忠贤的身份。

魏忠贤是一个无赖，无赖没有原则，他不是刘瑾，不会留着李东阳给自己刨坟。

几天之后，叶向高的住宅迎来了一群不速之太监，每天在叶向高家门口大吵大嚷，不让睡觉，无奈之下，叶向高只得辞职回家。

两天后，内阁大学士韩爌辞职，魏忠贤的非亲生儿子顾秉谦接任首辅，至此，内阁彻底沦陷。

东林党失败了，败得心灰意冷，按照以往的惯例，被赶出朝廷的人，唯一的选择是在家养老。

但这一次，魏公公给他们提供了第二个选择——赶尽杀绝。

因为魏公公不是政治家，他是无赖流氓，政治家搞人，搞倒、搞臭也就罢了，无赖流氓搞人，都是搞死为止。

杀死那些毫无抵抗能力的人，这就是魏忠贤的性格。

但要办到这一点，是有难度的。

大明毕竟是法制社会，要干掉某些人，必须有罪名，至少要有个借口，但魏公公查遍了杨涟等人的记录，作风问题、经济问题，都是通通没有。

东林党用实际行动证明了这样一点：他们或许狭隘，或许偏激，却不贪污、不受贿、不仗势欺民，他们的所有举动，都是为了百姓的生计，为了这个国家的未来。

什么生计、未来，魏公公是不关心的，他关心的是，如何合理地把东林党人整死：抓来打死不行，东林党人都有知名度，社会压力太大；抓来往死里打套取口供，估计也不行，这帮人是出了名的硬骨头，攻坚难度太大。

于是，另一个人进入了魏忠贤的视线，他相信，从此人的身上，他将顺利地打开突破口。

虽然在牢里，但汪文言已经清楚地感觉到，世界已经变了。刘侨走了，魏忠贤的忠实龟孙，五彪之一的许显纯接替了他的位置，原先好吃好喝，现在没吃没喝，审讯次数越来越多，态度越来越差。

但他并不知道，地狱之门才刚刚打开。

魏忠贤明白，东林党的人品是清白的，把柄是没有的，但这位汪文言是个例外，这人自打进朝廷以来，有钱就拿，有利就贪，和东林党熟，和阉党也熟，牛鬼蛇神全不耽误，谈不上什么原则。只要从他身上获取杨涟等人贪污的口供，就能彻底摧毁东林党。

面对左右逢源、投机取巧的汪文言，这似乎不是什么难事。

天启五年（1625），许显纯接受魏忠贤的指示，审讯汪文言。

史料反映，许显纯很可能是个心理比较变态的人。他不但喜欢割取犯人的喉骨，还想出了许多花样繁多的酷刑，比如用铁钩扎穿琵琶骨，把人吊起来，或是用蘸着盐水的铁刷去刷犯人，皮肤会随着惨叫声一同脱落。所谓审讯，就是赤裸裸的折磨。

在第一次审讯后，汪文言已经是遍体鳞伤、奄奄一息。

但许显纯并不甘休，之后他又进行了第二次、第三次审讯，十几次审下来，审到他都体力不支，依然乐此不疲。

因为无论他怎么殴打、侮辱、拷问汪文言，逼他交代东林党的罪行时，这个不起眼的小人物始终重复一句话：

"不知道。"

无论被拷打多少次，折磨多少回，面对穷凶极恶的质问，丧心病狂的酷刑，这就是他唯一的回答。

当汪文言的侄子买通了看守，在牢中看到不成人形的汪文言时，禁不住痛哭流涕。

然而，汪文言用镇定的语气对他说：

"不要哭，我必死，却并不怕死！"

许显纯急红眼了，在众多的龟孙之中，魏公公把如此重要的任务交给他，实在是莫大的信任，为不让太监爷爷失望，他必须继续拷打。

终于有一天，在拷打中，奄奄一息的汪文言用微弱的声音对许显纯说：

"你要我承认什么，就说吧，我承认就是了。"

许显纯欣喜万分，说道：

"只要你说杨涟收取贿赂，做口供为证，就放了你。"

在短暂的沉默之后，一个微弱却坚定的声音响起：

"这世上，没有贪赃的杨涟。"

混社会的游民，油滑的县吏，唯利是图、狡猾透顶的官僚汪文言，为了在这丑恶的世界上生存下去，他的一生，都在虚伪、圆滑、欺骗中度过，他的每次选择，都是为了利益，都是妥协的产物。

但在这人生的最后时刻，他做出了最后的抉择：面对黑暗，绝不妥协。

付出生命，亦在所不惜。

许显纯无计可施，所以他决定，用一种更不要脸的方式解决问题——伪造口供。

在这个问题上，许显纯再次显示了他的变态心理，他一边拷打汪文言，一边在他的眼前伪造证词，意思很明白：我就在你的面前，伪造你的口供，你又能怎么样呢？

但当他扬扬得意地伪造供词的时候，对面阴暗的角落里，那个遍体鳞伤、奄奄一息的人发出了声音。

无畏的东林党人汪文言，用尽他最后的力气，向这个黑暗的世界，迸发出愤怒的控诉：

"不要乱写，就算我死了，也要与你对质！"

这是他留在世间的最后一句话。

这句话告诉我们，追逐权位、利益至上的老油条汪文言，经历几十年官场沉浮、尔虞我诈之后，拒绝了诱惑，选择了理想，并最终成为了一个正直无私的人。

第十七章

殉道

汪文言被捕到北京后,许显纯找他谈话,让他诬告杨涟等人受贿,汪文言坚决拒绝,许显纯毫无办法,只剩下最后一招——杀死汪文言。

在其次,如果让他活着对簿公堂,他的计划将无法进行。天启五年(1625)四月,汪文言被杀,十一狱中,他始终没有屈服。同日,魏忠贤的第二步计划开始:杨涟、左光斗、袁化中等东林党人被逮捕,他们的罪名是受贿,而行贿者已经被处决的汪文言的证据自然是汪文言的口供。

血书

许显纯怕了,他怕汪文言的诅咒,于是他找到了一个解决方法:杀死汪文言。

死后对质还在其次,如果让他活着对质,下一步计划将无法进行。

天启五年(1625)四月,汪文言被害于狱中,他始终没有屈服。

同月,魏忠贤的第二步计划开始,杨涟、左光斗、魏大中等东林党人被逮捕,他们的罪名是受贿,而行贿者是已经被处决的熊廷弼。

受贿的证据自然是汪文言的那份所谓口供,在这份无耻的文书中,杨涟被认定受贿两万两,左光斗等人也人人有份。

审讯开始了,作为最主要的对象,杨涟被首先提审。

许显纯拿出了那份伪造的证词,问:

"熊廷弼是如何行贿的?"

杨涟答:

"辽阳失陷前,我就曾上疏弹劾此人,他战败后,我怎会帮他出狱?文书尚在,可以对质。"

许显纯无语。

很明显，许锦衣卫背地耍阴招有水平，当面胡扯还差点儿，既然无法在沉默中发言，只能在沉默中变态：
"用刑！"
下面是杨涟的反应：
"用什么刑？唯死而已！"

许显纯想让他死，但他必须找到死的理由。
拷打如期进行，拷打规律是每五天一次，打到不能打为止，杨涟的下颌脱落，牙齿打掉，却依旧无一字供词。
于是许显纯用上了钢刷，几次下来，杨涟体无完肤，史料有云："皮肉碎裂如丝。"
然"骂不绝口"，死不低头。

在一次严酷的拷打后，杨涟回到监房，写下了《告岳武穆疏》。在这封文书中，杨涟没有无助地抱怨，也没有愤怒地咒骂，他说：
"此行定知不测，自受已是甘心。"
他说："涟一身一家其何足道，而国家大体大势所伤实多。"

昏暗的牢房中，惨无人道的迫害，无法形容的痛苦，死亡边缘的挣扎，却没有仇恨，没有愤懑。
只有坦然、从容，以天下为己任。

在无数次的尝试失败后，许显纯终于认识到，要让这个人低头认罪，是绝不可能的。
栽赃不管用的时候，暗杀就上场了。

第十七章　殉道

魏忠贤很清楚，杨涟是极为可怕的对手，是绝对不能放走的。无论如何，必须将他杀死，且不可走漏风声。

许显纯接到了指令，他信心十足地表示，杨涟将死在他的监狱里，悄无声息，杨涟的冤屈和所受的酷刑将永无人知晓。

事实确实如此，朝廷内外只知道杨涟有经济问题，被弄进去了，所谓拷打、折磨，闻所未闻。

对于这一点，杨涟自己也很清楚，他可以死，但不想死得不明不白。

于是，在暗无天日的监房中，杨涟用被打得几近残废的手，颤抖地写下了两千字的绝笔遗书。在遗书中，他写下了事情的真相，以及自己坎坷的一生。

遗书写完了，却没用，因为送不出去。

为保证杨涟死得不清不楚，许显纯加派人手，经常检查杨涟的牢房，如无意外，这封绝笔最终会落入许显纯手中，成为灶台的燃料。

于是，杨涟将这封绝笔交给了同批入狱的东林党人顾大章。

顾大章接受了，但他也没办法，因为他是东林重犯，如果杨涟被杀，他必难逃一死。且此封绝笔太过重要，如若窝藏，必是重犯，推来推去，谁都不敢收。

更麻烦的是，看守查狱的时候，发现了这封绝笔，顾大章已别无选择。

他面对监狱的看守，坦然告诉看守所有的一切，然后从容等待结局。

短暂的沉寂后，他看见那位看守面无表情地收起绝笔，平静地告诉他：这封绝笔，绝不会落到魏忠贤的手中。

这封绝笔开始被藏在牢中关帝像的后面，此后被埋在牢房的墙角下，杨涟被杀后，那位看守将其取出，并最终公告于天下。

无论何时何地，正义终究是存在的。

天启五年（1625）七月，许显纯开始了谋杀。

不能留下证据，所以不能刀砍，不能剑刺，不能有明显的皮外伤。

于是许显纯用铜锤砸杨涟的胸膛，几乎砸断了他所有的肋骨。

然而，杨涟没有死。

他随即用上了监狱里最著名的杀人技巧——布袋压身。

所谓布袋压身，是监狱里杀人的不二法门，专门用来处理那些不好杀，却又不能不杀的犯人，具体操作程序是，找到一只布袋，里面装满土，晚上趁犯人睡觉时压在他身上，按照清代桐城派著名学者方苞的说法（当年曾经蹲过黑牢），基本上是晚上压住，天亮就死，品质有保障。

然而，杨涟还是没死，每晚在他身上压布袋，就当是盖被子，白天拍拍土又站起来。

口供问不出来倒也罢了，居然连人都干不掉，许显纯快疯了。

于是这个疯狂的人，使用了丧心病狂的手段。

他派人把铁钉钉入了杨涟的耳朵。

具体的操作方法，我不知道，我只知道，这不是人能干出来的事情。

铁钉入耳的杨涟依然没有死，但例外不会再发生了，毫无人性的折磨、耳内的铁钉已经重创了杨涟，他的神志开始模糊。

杨涟知道，自己活不了多久了，于是他咬破手指，对这个世界，写下了最后的血书。

此时的杨涟已处于濒死状态，他没有力气将血书交给顾大章，在那个寂静无声的黑夜里，凭借着顽强的意志，他拖着伤残的身体，用颤抖的双手，将血书藏在了枕头里。

结束吧，杨涟微笑着，等待着最后的结局。

许显纯来了，用人间的言语来形容他的卑劣与无耻，已经力不从心了。

看着眼前这个有着顽强信念和坚忍生命力的人，许显纯真的害怕了，敲碎他全身的肋骨，他没有死，用土袋压，他没有死，用钉子钉进耳朵，也没有死。

无比恐惧的许显纯决定，使用最后也是最残忍的一招。

天启五年（1625）七月二十四日夜。
许显纯把一根大铁钉，钉入了杨涟的头顶。
这一次，奇迹没有再次出现，杨涟当场死亡，年五十四岁。
伟大的殉道者，就此走完了他光辉的一生。

杨涟希望，他的血书能够在他死后清理遗物时，被亲属发现。
然而，这注定是个破灭的梦想，因为这一点，魏忠贤也想到了。
为消灭证据，他下令对杨涟的所有遗物进行仔细检查，绝不能遗漏。
很明显，杨涟藏得不够好，在检查中，一位看守轻易地发现了这封血书。
他十分高兴，打算把血书拿去请赏。
但当他看完这封血迹斑斑的遗言后，便改变了主意。
他藏起了血书，把它带回了家。他的妻子知道后，非常恐慌，让他交出去。
牢头并不理会，只是紧握着那份血书，一边痛哭，一边重复着这样一句话：
"我要留着它，将来，它会赎清我的罪过。"
三年后，当真相大白时，他拿出了这份血书，昭示天下：
"仁义一生，死于诏狱，难言不得死所，何憾于天，何怨于人？唯我身副宪臣，曾受顾命，孔子云：托孤寄命，临大节而不可夺。持此一念终可见先帝于在天，对二祖十宗于皇天后土，天下万世矣！
"大笑大笑还大笑，刀砍东风，于我何有哉！"

他不知道自己还能活多久，不知道死后何人知晓，不知道能否平反，也不知道这份血书能否被人看见。
毫无指望，只有彻底的孤独和无助。
这就是阴森恐怖的牢房里，肋骨尽碎的杨涟，在最为绝望的时刻，写下的文字，每一个字，都闪烁着希望和光芒。

拷打、折磨，毫无人性的酷刑，制服了他的身体，却没有征服他的意志，无论何时，他都坚持着自己的信念，那个他写在绝笔中的信念，那个崇高、光辉、唯一的信念：

"涟即身无完骨，尸供蛆蚁，原所甘心。

"但愿国家强固，圣德明，海内长享太平之福。

"此痴愚念头，至死不改。"

有人曾质问我，遍读史书的你，所见皆为帝王将相之家谱，有何意义？

千年之下，可有一人，不求家财万贯，不求出将入相，不求青史留名，唯以天下、以国家、以百姓为任，甘受屈辱，甘受折磨，视死如归？

我答：曾有一人，不求钱财，不求富贵，不求青史留名，有慨然雄浑之气，万刃加身不改之志。

杨涟，千年之下，终究不朽。

老师

杨涟死的那天，左光斗也死了。

身为都察院高级长官，左光斗也是许显纯拷打的重点对象，杨涟挨过的酷刑，左光斗一样都没少。

而他的态度，也和杨涟一样，绝不退让，绝不屈服。

虽然被打得随时可能断气，左光斗却毫不在乎，死不低头。

他不在乎，有人在乎。

先是左光斗家里的老乡们开始凑钱，打算把人弄出来，至少保住条命，无效不退款后，他的家属和学生就准备进去探监，至少再见个面。

但这个要求也被拒绝了。

最后,他的一位学生使尽浑身解数,才买通了一位看守,进入了监牢。

他换上了破衣烂衫,化装成捡垃圾的,在黑咕隆咚的诏狱里摸了半天,才摸到了左光斗的牢房。

左光斗是坐着的,因为他的腿已经被打没了(筋骨尽脱),面对自己学生的到访,他没有表现出任何惊讶,因为他根本不知道——脸已被烙铁烙坏,连眼睛都睁不开。

他的学生被惊呆了,于是他跪了下来,抱住老师,失声痛哭。

左光斗听到了哭声,他醒了过来,没有惊喜,没有哀叹,只有愤怒,出奇的愤怒:

"蠢人!这是什么地方,你竟然敢来!(此何地也,而汝前来)国家已经到了这个地步,我死就死了,你却如此轻率,万一出了事,将来国家的事情谁来管?!"

学生呆住了,呆若木鸡。

左光斗的愤怒似乎越发激烈。他摸索着地上的镣铐,做出投掷的动作,并说出了最后的话:

"你还不走?!再不走,无须奸人动手,我自己杀了你(扑杀汝)!"

面对着世界上最温暖的威胁,学生眼含着热泪,快步退了出去。

临死前,左光斗用自己的行动,给这名学生上了最后一课:

一个人应该坚持信念,至死也不动摇。

天启五年(1625)七月二十六日,左光斗在牢中遇害,年五十一。

二十年后,扬州。

南京兵部尚书,内阁大学士,南明政权的头号重臣史可法,站在城头眺望城外的清军,时为南明弘光元年(1645)二月。

雪很大,史可法却一直站在外面,安排部署,他的部下几次劝他进屋避雪,他的回复总是同一句话:

"我不能对不起我的老师,我不能对不起我的老师(愧于吾师)!"

史可法最终做到了,他的行为,足以让他的老师为之自豪。

左光斗死后,同批入狱的东林党人魏大中、袁化中、周朝瑞先后被害。

活着的人,只剩下顾大章。

顾大章,时任礼部郎中,算是正厅级干部,在这六人里就官职而言并不算大,但他还是有来头的,他的老师就是叶向高,加上平时活动比较积极,所以这次也被当作要犯抓了进来。

抓进来六个,其他五个都死了,他还活着,不是他地位高,只是因为他担任过一个特殊的官职——刑部主事。

刑部主事,大致相当于司法部的一个处长,但凑巧的是,他这个部门恰好就是管监狱的,所谓刑部天牢、锦衣卫诏狱的看守,原先都是他的部下。

现在老上级进去了,遇到了老下级,这就好比是路上遇到劫道的,一看,原来你是我小学时候的同学,还一起罚过站,这就不好下手了,咬咬牙,哥们儿你过去吧,这单生意我不做了,下次注意点儿,别再到我的营业区域里转悠。

外加顾主事平时为人厚道,对牢头看守们都很照顾,所以他刚进去的时候,看守都向他行礼,对他非常客气,点头哈腰,除了人渣许显纯例行拷打外,基本没吃什么亏。

待其他人被杀后,他的处境就危险了,毕竟一共六个,五个都死了,留你一个似乎不太像话,更重要的是,这些惨无人道的严刑拷打,是不能让人知道的,要是让他出狱,笔杆子一挥,天下人都知道了,舆论压力比较大。

事实上,许显纯和魏忠贤确实打算把顾大章干掉,而且越快越好。顾大章去阎王那里鸣冤的日子已经不远了。

然而这个世界上,意外的事情总是经常发生的。

一般说来,管牢房的人交际都比较广泛。特别是天牢、诏狱这种高档次监狱,进来的除了窦娥、忠良外,大都有点儿水平,或是怀有特殊技能者、江洋大盗之类的牛人也不少见。

我们有理由相信，顾大章认识一些这样的人。

因为就在九月初，处死他的决议刚刚通过，监狱看守就知道了。

但是这位看守没有把消息告诉顾大章，却通知了另一个人。

这个人的姓名不详，人称燕大侠，也在诏狱里混，但既不是犯人，也不是看守，每天就混在里面，据说还是主动混进来的，几个月了都没人管。

他怎么进来的，不得而知，为什么没人管，不太清楚，但他之所以进来，只是为了救顾大章。为什么要救顾大章，也不太清楚，反正他是进来了。

得知处决消息，他并不慌张，只是找到报信的看守，问了一个问题：

"我给你钱，能缓几天吗？"

看守问：

"几天？"

燕大侠答：

"五天。"

看守答：

"可以。"

五天之后，看守跑来找燕大侠：

"我已尽力，五日已满，今晚无法再保证顾大章的安全，怎么办？"

燕大侠并不紧张：

"今晚定有转机。"

看守认为，燕大侠在做梦，于是笑着走了。

几个时辰之后，他接到了命令，将顾大章押往刑部。

还没等他缓过神来，许显纯又来了。

许显纯急匆匆跑来，把顾大章从牢里提出来，声色俱厉地说了句话：

"你几天以后，还是要回来的！"

然后，他又急匆匆地走了。

顾大章很高兴。

作为官场老手，他很理解许显纯这句话的隐含意义——自己即将脱离诏狱，而许显纯无能为力。

因为所谓锦衣卫、东厂，都是特务机关，并非司法机构，而且这件案子被转交刑部，公开审判，就意味着许显纯他们搞不定了。

很明显，他们受到了压力。

但为什么搞不定，又是什么压力，他不知道。

这是个相当诡异的问题：魏公公权倾天下，连最能搞关系的汪文言都被他整死了，然而燕大侠横空出世，又把事情解决了，实在让人难以理解。

顾大章不知道答案，看守不知道答案，许显纯也未必知道。

燕大侠知道，可是他没告诉我，所以我也不知道。

之前我曾介绍过许多此类幕后密谋，对于这种鬼才知道的玩意儿，我的态度是，不知道就说不知道，绝不猜。

我倒是想猜，因为这种暗箱操作，还是能猜的，如当年太史公马迁先生，就很能猜的，秦始皇死后，李斯和赵高密谋干掉太子，他老人家并不在场，上百年前的事，天知地知你知我知，对话都能猜出来，过了几千年，也没人说他猜得不对，毕竟后朝历代这类事情就是如此发生着的。

可这件事实在太过复杂，许显纯没招，魏公公不管（或是管不了），他们商量的时候也没叫我去，实在是不敢乱猜。

无论事实真相如何，反正顾大章是出来了。在经历了几十天痛苦的折磨后，他终于走出了地狱。

按说到了刑部，就是顾大人的天下了，可事情并非如此。

第十七章　殉道

因为刑部尚书李养正也投了阉党，部长大人尚且如此，顾大人就没辙了。

天启五年（1625）九月十二日，刑部会审。

李养正果然不负其阉党之名，一上来就呵斥顾大章，让他老实交代，更为搞笑的是，李养正手里拿的罪状，就是许显纯交给他的，一字都没改，底下的顾大章都能背出来。李尚书读错了，顾大人时不时还提醒他两句。

审讯的过程也很简单，李尚书要顾大章承认，顾大章不承认，并说出了不承认的理由：

"我不能代死去的人，承受你们的诬陷。"

李尚书沉默了，他知道这位曾经的下属是冤枉的，但他依然做出了判决：

杨涟、左光斗、顾大章等六人，因收受贿赂，结交疆臣，处以斩刑。

这是一份相当无聊的判决，因为判决书里的六个人，有五个已经挂了，实际上是把顾大章先生拉出来单练，先在诏狱里一顿猛打，打完再到刑部，说明打你的合法理由。

形势急转直下，燕大侠也慌了手脚。一天夜里，他找到顾大章，告诉他情况不妙。

然而出乎意料的是，顾大章并不惊慌，恰恰相反，他用平静的口吻，向燕大侠揭示了一个秘密——出狱的秘密。

第二天，在刑部大堂上，顾大章公开了这个秘密。

顾大章招供了，他供述的内容，包括如下几点：杨涟的死因、左光斗的死因、许显纯的刑罚操作方法、绝笔、人性的折磨、无耻的谋杀。

刑部知道了，朝廷知道了，全天下人都知道了。

魏忠贤不明白，许显纯不明白，甚至燕大侠也不明白，顾大章之所以忍辱负重，活到今天，不是心存侥幸，不是投机取巧。

他早就想死了，和其他五位舍生取义的同志一起，光荣地死去，但他不能死。

当杨涟把绝笔交给他的那一刻，他的生命就不再属于他自己，他知道自己有义务活下去，有义务把这里发生的一切，把邪恶的丑陋、正义的光辉，告诉世上所有的人。

所以他隐忍、等待，直至出狱，不为偷生，只为永存。

正如那天夜里，他对燕大侠所说的话：

"我要把凶手的姓名传播于天下（播之天下），等到来日世道清明，他们一个都跑不掉（断无遗种）！"

"吾目瞑矣。"

这才是他最终的目的。

他做到了，是以今日之我们，可得知当年之一切。

一天之后，他用残废的手（三个指头已被打掉）写下了自己的遗书，并于当晚自缢而死。

杨涟，当日你交付于我之重任，我已完成。

"吾目瞑矣。"

至此，杨涟、左光斗、魏大中、袁化中、周朝瑞、顾大章六人全部遇害，史称"六君子之狱"。

七君子

就算是最恶心的电视剧，演到这里，坏人也该休息了。

但魏忠贤实在是个超一流的反派，他还列出了另一张杀人名单。

在这份名单上，有七个人的名字，分别是高攀龙、李应升、黄尊素、周宗建、缪昌期、周起元、周顺昌。

这七位仁兄地位说高不高,就是平时骂魏公公时狠了点儿,但魏公公一口咬死,要把他们组团送到阎王那里去。

六君子都搞定了,搞个七君子不成问题。

春风得意、无往不胜的魏公公认为,他已经天下无敌了,可以把事情做绝做尽。

然而,魏忠贤错了。

在一部相当胡扯的香港电影中,某大师曾反复说过一句不太胡扯的话:凡事太尽,缘分势必早尽。

刚开始的时候,事情是很顺利的,东林党的人势力没有,气节还是有的,不走也不逃,坐在家里等人来抓,李应升、周宗建、缪昌期、周起元等四人相继被捕,上路的时候还特高兴。

因为在他们看来,坚持信念,被魏忠贤抓走,是光辉的荣誉。

高攀龙更厉害,抓他的东厂特务还没来,他就上路了——自尽。

在被捕前的那个夜晚,他整理衣冠,向北叩首,然后投水自杀。

死前留有遗书一封,有言如下:可死,不可辱。

在这七个人中,高攀龙是都察院左都御史,李应升、周宗建、黄尊素都是御史,缪昌期是翰林院谕德,周起元是应天巡抚,不太起眼的,就数周顺昌了。

这位周先生曾是吏部员外郎,论资历、权势,都是小字辈,但事态变化,正是由他而起。

周顺昌,字景文,万历四十一年(1613)进士,疾恶如仇。

说起周兄,还有个哭笑不得的故事。当初他在外地当官,有一次人家请他看戏,开始挺高兴,结果看到一半,突然怒发冲冠,众目睽睽之下跳上舞台,抓住演员一顿暴打,打完就走。

这位演员之所以被打,只是因为那天,他演的是秦桧。

听说当年演《白毛女》的时候,通常是演着演着,下面突来一枪,把黄世仁同志干掉，看来是有历史传统的。

连几百年前的秦桧都不放过，现成的魏忠贤当然没问题。

其实最初名单上只有六个人，压根儿就没有周顺昌，他之所以成为候补，是因为当初魏大中过境时，他把魏先生请到家里，好吃好喝，还结了亲家，东厂特务想赶他走，结果他说：

"你不知道世上有不怕死的人吗？！回去告诉魏忠贤，我叫周顺昌，只管找我！"

后来东厂抓周起元的时候，他又站出来大骂魏忠贤，于是魏公公不高兴了，就派人去抓他。

周顺昌是南直隶吴县人，也就是今天的江苏苏州，周顺昌为人清廉，家里很穷，还很讲义气，经常给人帮忙，在当地名声很好。

东厂特务估计不太了解这个情况，又觉得苏州人文绉绉的，好欺负，所以一到地方就搞潜规则，要周顺昌家给钱，还公开扬言，如果不给，就在半道把周顺昌给黑了。

可惜周顺昌是真没钱，他本人也看得开，同样扬言：一文钱不给，能咋样？

但是人民群众不干了，他们开始凑钱，有些贫困家庭把衣服都当了，只求东厂高抬贵手。

这次带队抓人的东厂特务，名叫文之炳，可谓是王八蛋中的王八蛋，得寸进尺，竟然加价，要了还要。

这就过于混账了，但为了周顺昌的安全，大家忍了。

第二天，为抗议逮捕周顺昌，苏州举行罢市活动。

要换个明白人，看到这个苗头，就该跑路，可这帮特务实在太过嚣张（或是太傻），一点儿不消停，还招摇过市欺负老百姓，为不连累周顺昌，大家又忍了。

第十七章　殉道

一天后，苏州市民拥上街头，为周顺昌送行，整整十几万人，差点儿把县衙挤垮，巡抚毛一鹭吓得不行，表示有话好好说。有人随即劝他，众怒难犯，不要抓周顺昌，上奏疏说句公道话。

毛一鹭胆子比较小，得罪群众是不敢的，得罪魏忠贤自然也不敢，想来想去，一声都不敢出。

所谓干柴烈火，大致就是这个样子，十几万人气势汹汹，就等一把火。

于是文之炳先生挺身而出了，他大喊一声：

"东厂逮人，鼠辈敢尔？"

火点燃了。

勒索、收钱不办事、欺负老百姓，十几万人站在眼前，还敢威胁人民群众，人蠢到这个份儿上，就无须再忍了。

短暂的平静后，一个人走到了人群的前列，面对文之炳，问出了一个问题：

"东厂逮人，是魏忠贤（魏监）的命令吗？"

问话的人，是一个当时籍籍无名，后来名垂青史的人，他叫颜佩韦。

颜佩韦是一个平民，一个无权无势的平民，所以当文特务确定他的身份后，顿时勃然大怒：

"割了你的舌头！是东厂的命令又怎么样？"

他穿着官服，手持武器，他认为，手无寸铁的老百姓颜佩韦会害怕、会退缩。

然而，这是个错误的想法。

颜佩韦振臂而起：

"我还以为是天子下令，原来是东厂的走狗！"

然后他抓住眼前这个卑劣无耻、飞扬跋扈的特务，拳打脚踢，发泄心中的怒火。

文之炳被打蒙了，但其他特务反应很快，纷纷拔刀，准备上来砍死这个胆大包天的人。

然而接下来，他们看见了让他们恐惧一生的景象，十几万个胆大包天的人，已向他们冲来。

这些之前沉默不语、任人宰割的羔羊，已经变成了恶狼，纷纷一拥而上，逮住就是一顿暴打，由于人太多，只有离得近的能踩上几脚，距离远的就脱鞋，看准了就往里砸（提示：古人穿的是木屐）。

东厂的人傻了，平时大爷当惯了，高官看到他们都打哆嗦，这帮平民竟敢反抗，由于反差太大，许多人思想没转过弯来，半天还在发愣。

但他们不愧训练有素，在现实面前，迅速地完成了思想斗争，并认清了自己的逃跑路线，四散奔逃，有的跑进民宅，有的跳进厕所，有位身手好的，还跳到房梁上。

说实话，我认为跳到房梁上的人，脑筋有点儿问题，人民群众又不是野生动物，你以为他们不会爬树？

对于这种缺心眼的人，群众使用了更为简捷的方法，一顿猛踹，连房梁都踹动了，直接把那人摇了下来，一顿群殴，当场毙命。

相对而言，另一位东厂特务就惨得多了，他是被人踹倒的，还没反应过来，又是一顿猛踩，被踩死了，连肇事者都找不着。

值得夸奖的是，苏州的市民们除了有血性外，也很讲策略，所有特务都被抓住暴打，但除个别人外，都没打死——半死。这样既出了气，又不至于连累周顺昌。

打完了特务，群众还不满意，又跑去找巡抚毛一鹭算账。

其实毛大人比较冤枉，他不过是执行命令，胆子又小，吓得魂不附体，只能躲进粪坑里。等到地方官出来说情，稳定秩序，才把浑身臭气的毛巡抚捞出来。

这次事件中，东厂特务被打得晕头转向，许多人被打残，还留下了极深的心理创伤，据说有些人回京后，一辈子都只敢躲在小黑屋里，怕光怕声，活像得了狂犬病。

气是出够了，事也闹大了。

东厂抓人，人没抓到还被打死几个，魏公公如此窝囊，实在耸人听闻，几百年来都没出过这事。

按说接下来就该是腥风血雨，可十几天过去了，别说反攻倒算，连句话都没有。

因为魏公公也吓坏了。

事发后，魏忠贤得知事态严重，当时就慌了，马上把首辅顾秉谦抓来一顿痛骂，说他本不想抓人，听了你的馊主意，才去干的，闹到这个地步，怎么办？

魏忠贤的意思很明白，他不喜欢这个黑锅，希望顾秉谦帮他背，但顾大人岂是等闲之辈，只磕头不说话，回去就养病，索性不来了。

魏公公无计可施，想来想去，只好下令，把周顺昌押到京城，参与群众一概不问。

说是这么说，过了几天，顾秉谦看风声过了，又跳了出来，说要追究此事。

还没等他动手，就有人自首了。

自首的，是当天带头的五个人，他们主动找到巡抚毛一鹭，告诉他，事情就是自己干的，与旁人无关，不要株连无辜。

这五个人的名字是：颜佩韦、杨念如、沈扬、周文元、马杰。

五人中，周文元是周顺昌的轿夫，其余四人并未见过周顺昌，与他也无任何关系。

几天后，周顺昌被押解到京，被许显纯严刑拷打，不屈而死。

几月后，周顺昌的灵柩送回苏州安葬，群情激愤。为平息事端，毛一鹭决定处决五人。

处斩之日，五人神态自若。

沈扬说："无憾！"

马杰大笑：

"吾等为魏奸阉党所害，未必不千载留名，去，去！"

颜佩韦大笑：

"列位请便，学生去了！"

遂英勇就义。

五人死后，明代著名文人张溥感其忠义，挥笔写就一文，是为《五人墓碑记》，四百年余后，被编入中学语文课本。

嗟夫！大阉之乱，以缙绅之身而不改其志者，四海之大，有几人欤？

而五人生于编伍之间，素不闻诗书之训，激昂大义，蹈死不顾。

——《五人墓碑记》

颜佩韦和马杰是商人，沈扬是贸易行中间人，周文元是轿夫，杨念如是卖布的。

不要以为渺小的，就没有力量；不要以为卑微的，就没有尊严。

弱者和强者之间唯一的差别，只在信念是否坚定。

第十八章

袁崇焕

接导致了两了，他以及震动，用历史书上的话说是为粉碎阉党集团奠定了群众基础。相比而言，第二个结果有点儿往打正着：七君子里最后的幸存者黄尊素，逃过了一劫。东林党两大智囊之一的黄尊素之所以能幸免，倒不是他足智多谋，把事情都搞定了，也不是魏忠贤怕串，不敢抓他。

犹豫的人

这五位平民英雄的壮举直接导致了两个后果：一是魏忠贤害怕了，他以及他的阉党，受到了极大的震动，用历史书上的话说，是为粉碎阉党集团奠定了群众基础。

相比而言，第二个结果有点儿歪打正着：七君子里最后的幸存者黄尊素，逃过了一劫。

东林党两大智囊之一的黄尊素之所以能幸免，倒不是他足智多谋，把事情都搞定了。也不是魏忠贤怕事，不敢抓他。只是因为连颜佩韦等人都不知道，那天被他们打的人里，有几位兄弟是无辜的。

其实民变发生当天，抓周顺昌的特务和群众对峙时，有一批人恰好正经过苏州，这批人恰好也是特务——抓黄尊素的特务。

黄尊素是浙江余姚人，要去余姚，自然要经过苏州，于是就赶上了。

实在有点儿冤枉，这帮人既没捞钱，也没勒索，无非是过个路，可由于群众过于激动，过于能打，见到东厂装束的人就干，就把他们顺手也干了。

要说还是特务，那反应真是快，看见一群人朝自己冲过来，虽说不知怎么回事，立马就闪人了，被逼急了就往河里跳，总算是逃过了一劫。

可从河里出来后一摸,坏了,驾帖丢了。

所谓驾帖,大致相当于身份证加速捕证,照眼下这情景,要是没有驾帖就跑去,能活着回来是不太正常的。想来想去,也就不去了。

于是黄尊素纳闷了,他早就得到消息,在家等人来抓,结果等了十几天,人影都没有。

但黄尊素是个聪明人,聪明人明白一个道理——覆巢之下,岂有完卵。

躲是躲不过去的,大家都死了,一个人怎能独活呢?

于是他自己穿上了囚服,到衙门去报到,几个月后,他被许显纯拷打至死。

在黄尊素走前,叫来了自己的家人,向他们告别。

大家都很悲痛,只有一个人例外。

他的儿子黄宗羲镇定地说道:

"父亲若一去不归,儿子来日自当报仇!"

一年之后,他用比较残忍的方式,实现了自己的诺言。

黄尊素死了,东林党覆灭,"六君子""七君子"全部殉难,无一幸免,天下再无人与魏忠贤争锋。

纵观东林党的失败过程,其斗争策略,就是毫无策略,除了愤怒,还是愤怒,输得那真叫彻底,局势基本是一边倒,朝廷是魏公公的,皇帝听魏公公的,似乎毫无胜利的机会。

事实上,机会还是有的,一个。

在东林党里,有一个特殊的人,此人既有皇帝的信任,又有足以扳倒魏忠贤的实力——孙承宗。

在得知杨涟被抓后,孙承宗非常愤怒,当即决定弹劾魏忠贤。

但他想了一下，便改变了主意。

孙承宗很狡猾，他明白上疏是毫无作用的，他不会再犯杨涟的错误，决定使用另一个方法。

天启四年（1624）十一月，孙承宗开始向京城进发，他此行的目的，是去找皇帝上访告状。

对一般人而言，这是不可能的，因为朱木匠天天干木工活，不大见人，还有魏管家帮他闭门谢客，想见他老人家一面，实在难如登天。

但孙承宗不存在这个问题，打小他就教朱木匠读书，虽说没啥效果，但两人感情很好，魏公公几次想挑事，想干掉孙承宗，朱木匠都笑而不答，从不理会，因为他很清楚魏公公的目的。

他并不傻，这种借刀杀人的小把戏，是不会上当的。

于是魏忠贤惊慌了，他很清楚，孙承宗极不简单，不但狡猾大大的，和皇帝关系铁，还手握兵权，如果让他进京打小报告，那就真没戏了。就算没告倒，只要带兵进京来个武斗，凭自己手下这帮废物，是没啥指望的。

魏忠贤正心慌，魏广微又来凑热闹了，这位仁兄不知从哪儿得到的小道消息，说孙承宗带了几万人，打算进京修理魏公公。

为说明事态的严重性，他还打了个生动的比方：一旦让孙大人进了京，魏公公立马就成粉了（公立齑粉矣）。

魏公公疯了，二话不说，马上跑到皇帝那里，苦苦哀求，不要让孙承宗进京，当然他的理由很正当：孙承宗带兵进京是要干掉皇帝，身为忠臣，必须阻止此种不道德的行为。

但出乎他意料的是，皇帝大人毫不慌张，他还安慰魏公公，孙老师靠得住，就算带兵，也不会拿自己开刀的。

这个判断充分说明，皇帝大人非但不傻，还相当之幽默，魏公公被涮得一点儿脾气都没有。

话说完，皇帝还要干木工活，就让魏公公走人，可是魏公公不走。

第十八章　袁崇焕

他知道，今天要不讨个说法，等孙老师进京，没准儿就真成粉末了。所以他开始哭，还哭出了花样——"绕床痛哭"。

也就是说，魏公公赖在皇帝的床边，不停地哭。皇帝在床头，他就哭到床头，皇帝到床尾，他就哭到床尾，孜孜不倦，锲而不舍。

皇帝也是人，也要睡觉，哭来哭去，真没法了，只好发话：

"那就让他回去吧。"

有了这句话，魏忠贤胆壮了，他随即命人去关外传令，让孙承宗回去。

然而不久之后，有人告诉了他一个消息，于是他又下达了第二道命令：

"孙承宗若入九门，即刻逮捕！"

那个消息的内容是，孙承宗没有带兵。

孙承宗确实没有带兵，他只想上访，不想造反。

所以魏忠贤改变了主意，他希望孙承宗违抗命令，大胆反抗来到京城，并最终落入他的圈套。

事实上，这是很有可能的，鉴于全人类都知道，魏公公一向惯于假传圣旨，所以愤怒的孙承宗必定会拒绝这个无理的命令，进入九门，光荣被捕。

然而，他整整等了一夜，也没有看到这一幕。

孙承宗十分愤怒，他急匆匆地赶到了通州，却接到让他返回的命令。他的愤怒到达了顶点，可是他没有丝毫犹豫——返回了。

孙承宗实在聪明绝顶，虽然他知道魏忠贤有假传圣旨的习惯，但这道让他返回的谕令，却不可能是假的。

因为魏忠贤知道他和皇帝的关系，他见皇帝，就跟到邻居家串门一样，说来就来了，胡说八道是没用的。

然而，现在他收到了谕令，这就代表着皇帝听从了魏忠贤的忽悠，如果继续前进，后果不堪设想，所以跑路是最好的选择。

摆在他面前的，有两个选择：一、回去睡觉，老老实实待着。二、索性带兵进京，干他娘的一票，解决问题。

孙承宗是一个几乎毫无缺陷的人。政治上很会来事，谁也动不了，军事上稳扎稳打，眼光独到，且一贯小心谨慎，老谋深算，所以多年来，他都是魏忠贤和努尔哈赤最为害怕的敌人。

但在这一刻，他暴露出了自己人生中的最大弱点——犹豫。

孙承宗是典型的谋略型统帅，他的处事习惯是如无把握，绝不应战，所以他到辽东几年，收复无数失地，却很少打仗。

而眼前的这一仗，他没有必胜的把握，所以他放弃。

无论这个决定正确与否，东林党已再无希望。

三十年前，面对黑暗污浊的现实，意志坚定的吏部员外郎顾宪成相信，对的终究是对的，错的终究是错的。于是他决心，建立一个合理的秩序，维护世上的公义，使那些身居高位者，不能随意践踏他人，让那些平凡的人，有生存的权力。

为了这个理想，他励精图治，忍辱负重，从那个小小的书院开始，经历几十年起起落落，坚持道统，至死不渝。在他的身后，有无数的追随者杀身成仁。

然而杀身固然成仁，却不能成事。

以天下为己任的东林党，终究再无回天之力。

其实我并不喜欢东林党，因为这些人都是书呆子，自命清高，还空谈阔论，缺乏实干能力。

小时候，历史老师讲到东林党时，曾说道：东林党人并不是进步的象征，因为他们都是封建士大夫。

我曾问：何谓封建士大夫？

老师答：封建士大夫，就是封建社会里，局限、落后、腐朽的势力，而他们的精神，绝不代表历史的发展方向。

多年以后，我亲手翻开历史，看到了另一个真相。

所谓封建士大夫，如王安石、如张居正、如杨涟、如林则徐。

所谓封建士大夫精神，就是没落、守旧、不懂变通，不识时务，给脸不要脸，瞧不起劳动人民，自命清高。他们是即使一穷二白，被误解、污蔑，依然坚持原则、坚持信念、坚持以天下为己任的人。

他们坚信自己的一生与众不同，高高在上，无论对方反不反感。

坚信自己生来就有责任和义务，去关怀与自己毫不相干的人，无论对方接不接受。

坚信国家危亡之际，必须挺身而出，去捍卫那些自己不认识，或许永远也不会认识的芸芸众生，并为之奋斗一生，无论对方是否知道、是否理解。

坚信无论经过多少黑暗与苦难，那传说了无数次，忽悠了无数回，却始终未见的太平盛世，终会到来。

遗弃

孙承宗失望而归，他没有能够拯救东林党，只能拯救辽东。

魏忠贤曾经想把孙老师一同干掉，可他反复游说，皇帝就是不松口，还曾经表示，如果孙老师出了事，就唯你是问。

魏公公只好放弃了，但让孙老师待在辽东，手里握着十几万人，实在有点儿睡不安稳，就开始拿辽东战局说事，还找了几十个言官，日夜不停告黑状。

孙承宗撑不下去了。

天启五年（1625）十月，他提出了辞呈。

可是他提了N次，也没得到批准。

倒不是魏忠贤不想他走，是他实在走不了，因为没人愿意接班。

按魏忠贤的意思，接替辽东经略的人，应该是高第。

高第，万历十七年（1589）进士，是个相当厉害的人。

明代的官员，如果没有经济问题，进士出身，十几年下来，至少也能混个四品，而高先生的厉害之处在于，他混了整整三十三年，熬死两个皇帝，连作风问题都没有，到天启三年（1623），也才当了个兵部侍郎，非常人所能及。

更厉害的是，高先生只当了一年副部长，第二年就退休了。

魏忠贤本不想用这人，但算来算去，在兵部混过的，阉党里也只有他了，于是二话不说，把他找来，说，我要提你的官，去当辽东经略。

高先生一贯胆小，但这次也胆大了，当即回复：不干，死都不干。

为说明他死都不干的决心，他当众给魏忠贤下跪，往死里磕头（叩头乞免）：我都这把老骨头了，就让我在家养老吧。

魏忠贤觉得很空虚。

费了那么多精神，给钱给官，就拉来这么个废物。所以他气愤了：必须去！

混吃等死不可能了，高第擦干眼泪，打起精神，到辽东赴任了。

在辽东，高第用实际行动证实，他虽胆小，但也很无耻。

到地方后，高先生立即上了第一封奏疏：弹劾孙承宗，罪名：吃空额。

经过孙承宗的整顿，当时辽东部队，已达十余万人，对此高第是有数的，但这位兄弟睁眼说瞎话，说他数下来，只有五万人。其余那几万人的工资，都是孙承宗领了。

对此严重指控，孙承宗欣然表示，他没有任何异议。

他同时提议，今后的军饷，就按五万人发放。

这就意味着，每到发工资时，除五万人外，辽东的其余几万名苦大兵就要拿着刀，奔高经略要钱。

高第终于明白，为什么东林党都倒了，孙承宗还没倒，要论狡猾，他才刚起步。

但高先生的劣根性根深蒂固，整人不成，又开始整地方。

他一直认为，把防线延伸到锦州、宁远，是不明智的行为，害得经略大人暴露在辽东如此危险的地方，有家都回不去，于心何忍？

还不如放弃整个辽东，退守到山海关，就算失去纵深阵地，就算敌人攻破关卡，至少自己还是有时间跑路的。

他不但这么想，也这么干。

天启五年（1625）十一月，高第下令，撤退。

撤退的地方包括锦州、松山、杏山、宁远、右屯、塔山、大小凌河，总之关外的一切据点，全部撤走。

撤退的物资包括：军队、平民、枪械、粮食，以及所有能搬走的物件。

他想回家，且不想再来。

但老百姓不想走，他们的家就在这里，他们已经失去很多，这是他们仅存的希望。

但他们没有选择，因为高先生说了，必须要走，"家毁田弃，号哭震天"，也得走。

高第逃走的时候，并没有追兵，但他逃走的动作实在太过逼真，跑得飞快，看到司令跑路，小兵自然也跑，孙承宗积累了几年的军事物资、军粮随即丢弃一空。

数年辛苦努力，收复四百余里江山，十余万军队，几百个据点，就这样毁于一旦。

希望已经断绝，东林党垮了，孙承宗走了，所谓关宁防线，已名存实亡，时局已无希望。很快，努尔哈赤的铁蹄，就会毫不费力地踩到这片土地上。

没有人想抵抗，也没有人能抵抗，跑路，是唯一的选择。

有一个人没有跑。

他看着四散奔逃的人群，无法控制的混乱，说出了这样的话：
"我是宁前道，必与宁前共存亡！我绝不入关，就算只我一人，也要守在此处（独卧孤城），迎战敌人！"
宁前道者，文官袁崇焕。

袁崇焕

> 若夫以一身之言动、进退、生死，关系国家之安危，民族之隆替者，于古未始有之。有之，则袁督师其人也。
>
> ——梁启超

关于袁崇焕的籍贯，是有纠纷的。他的祖父是广东东莞人，后来去了广西藤县，这就有点儿麻烦，名人就是资源，就要猛抢，东莞说他是东莞人，藤县说他是藤县人，争到今天都没消停。

但无论是东莞，还是藤县，当年都不是啥好地方。

明代的进士不少，但广东和广西的很少，据统计，70%以上都是江西、福建、浙江人，特别是广西，明代二百多年，一个状元都没出过。

袁崇焕就在广西读书，且自幼读书，因为他家是做生意的，那年头做生意的没地位，要想出人头地，只有读书。

就智商而言，袁崇焕是不低的，他二十三岁参加广西省统一考试，中了举人，当时他很得意，写了好几首诗庆祝，以才子自居。

一年后他才知道，自己还差得很远。

袁崇焕去北京考进士了，不久之后，他就回来了。

三年后，他又去了，不久之后，又回来了。

三年后，他又去了，不久之后，又回来了。

以上句式重复四遍，就是袁崇焕同学的考试成绩。

从二十三岁，一直考到三十五岁，考了四次，四次落榜。

万历四十七年（1619），袁崇焕终于考上了进士，他的运气很好。

他的运气确实很好，因为他的名次，是三甲第四十名。

明代的进士录取名额，大致是一百多人，是按成绩高低录取的，排到三甲第四十名，说明他差点儿没考上。

关于这一点，我去国子监的进士题名碑上看过，在袁崇焕的那科碑上，我找了很久，才在相当靠下的位置（按名次，由上往下排），找到他的名字。

在当时，考成这样，前途就算是交代了，因为在他之前，但凡建功立业、匡扶社稷，如徐阶、张居正、孙承宗等人，不是一甲榜眼，就是探花，最次也是个二甲庶吉士。

所谓出将入相，名留史册，对位于三甲中下层的袁崇焕同志而言，是一个梦想。

当然，如同许多成功人士（参见朱重八、张居正）一样，袁崇焕小的时候也有许多征兆，预示他将来必定有大出息。比如他放学回家，路过土地庙，当即精神抖擞，开始教育土地公：土地公，为何不去守辽东？！

虽然我很少跟野史较真儿，但这个野史的胡说八道程度，是相当可以的。

袁崇焕是万历十二年（1584）生人，据称此事发生于他少年时期，往海了算，二十八岁时说了这话，也才万历四十年（1612），努尔哈赤先生是万历四十六年（1618）才跟明朝干仗的，按此推算，袁崇焕不但深谋远虑，还可能会预知未来。

话虽如此，但这种事总有人信，总有人讲，忽悠个上千年都不成问题。

比如那位著名的预言家诺查丹玛斯，几百年前说世纪末全体人类都要完蛋，传了几百年，相关书籍、预言一大堆，无数人信，搞得政府还公开辟谣。

我曾研习欧洲史，对这位老骗子，倒还算比较了解。当年他曾给法兰西国王算命，说：国王您身体真是好，能活到九十岁。

国王很高兴，后来挂了，时年二十四岁。

但就当时而言，袁崇焕肯定是个人才（全国能考前一百名，自然是个人才），但相比而言，不算特别显眼的人才。

接下来的事充分说明了这点，由于太不起眼，吏部分配工作的时候，竟然把这位仁兄给漏了，说是没有空闲职位，让他再等一年。

于是袁崇焕在家待业一年，万历四十八年（1620），他终于得到了人生中的第一个职务：福建邵武知县。

邵武，今天还叫邵武，位于福建西北，在武夷山旁边，这就是说，是山区。

在这个山区县城，袁崇焕干得很起劲儿，很积极，丰功伟绩倒说不上，但他曾经爬上房梁，帮老百姓救火。作为一个县太爷，无论如何，这都是不容易的。

至于其他光辉业绩，就不得而知了，毕竟是个县城，要干出什么惊天动地的好事，很难。

天启二年（1622），袁崇焕接到命令，三年任职期满，要去北京述职。

改变命运的时刻到了。

明代的官员考核制度，是十分严格的，京城的就不说了，京察六年一次，每次都掉层皮。即使是外面天高皇帝远的县太爷，无论是偏远山区，还是茫茫沙漠，只要你还活着，轮到你了，就得到本省布政使那里报到，然后由布政使组团，大家一起上路，去北京接受考核。

考核结果分五档，好的晋升，一般的留任，差点儿的调走，没用的退休，乱来的滚蛋。

袁崇焕的成绩大致是前两档，按常理，他最好的结局应该是回福建，升一级，到地级市接着干慢慢熬。

但袁崇焕的运气实在是好得没了边，他不但升了官，还是京官。

因为一个人看中了他。

这个人的名字叫侯恂，时任都察院御史，东林党人。

侯恂是个不出名的人，级别也低，但很擅长看人，是骡子是马，都不用拉出来，看一眼就明白。

当他第一次看到袁崇焕的时候，就认定此人非同寻常，必堪大用，这一点，袁崇焕自己都未必知道。

更重要的是，他的职务虽不高，却是御史，可以直接向皇帝上疏，所以他随即写了封奏疏，说我发现了个人才，叫袁崇焕，希望把他留用。

当时正值东林党当政，皇帝大人还管管事，看到奏疏，顺手就给批了。

几天后，袁崇焕接到通知，他不用再回福建当知县了，从今天起，他的职务是，兵部职方司主事，六品。

顺便说句，提拔了袁崇焕的这位无名侯恂，有个著名的儿子，叫作侯方域，如果不知道此人，可以去翻翻《桃花扇》。

接下来的事情十分有名，各种史料上都有记载：兵部职方司主事袁崇焕突然失踪，大家都很着急，四处寻找，后来才知道，刚上任的袁主事去山海关考察了。

这件事有部分是真的，袁崇焕确实去了山海关，但猫腻在于，袁大人失踪绝不是什么大事，也没那么多人找他，当时广宁刚刚失陷，皇帝拉着叶向高的衣服，急得直哭，乱得不行，袁主事无非是个处级干部，鬼才管他去哪儿。

袁崇焕回来了，并用一句话概括了他之后十余年的命运：

"予我兵马钱粮，我一人足守此！"

在当时说这句话，胆必须很壮，因为当时大家认定，辽东必然丢掉，山海关迟早失守，而万恶的朝廷正四处寻找背黑锅的替死鬼往那里送，守辽东相当于判死刑，闯辽东相当于闯刑场。这时候放话，是典型的没事找死。

事情确实如此，袁崇焕刚刚放话，就升官了，因为朝廷听说了袁崇焕的话，大为高兴，把他提为正五品山东按察司佥事、山海关监军，以表彰他勇于背黑锅的勇敢精神。

大家听到这个消息，不管认识的，还是不认识的，都纷纷来为袁崇焕送行，有的还带上了自己的子女，以达到深刻的教育意义：看到了吧，这人就要上刑场了，看你还敢胡乱说话！

在一片哀叹声中，袁崇焕高高兴兴地走了，几个月后，他遇到了上司王在晋，告了他的黑状，又几个月后，他见到了孙承宗。

且慢，且慢，在见到这两个人之前，他还遇见了另一个人，而这次会面是绝不能忽略的。

因为在会面中，袁崇焕确定了一个秘诀，四年后，努尔哈赤就败在了这个秘诀之上。

离开京城之前，袁崇焕去拜见了熊廷弼。

熊廷弼当时刚回来，还没进号子，袁崇焕上门的时候，他并未在意，在他看来，这位袁处长，不过是前往辽东挨踹的另一只菜鸟。

所以他问：

"你去辽东，有什么办法吗（操何策以往）？"

袁崇焕思考片刻，回答：

"主守，后战。"

熊廷弼跳了起来，他兴奋异常，因为他知道，眼前的这个人已经找到了制胜的道路。

所谓主守后战，就是先守再攻，说白了就是先让人打，再打人。

这是句十分简单的话。

真理往往都很简单。

正如毛泽东同志那句著名的军事格言，打得赢就打，打不赢就走。很简单，很管用。

一直以来，明朝的将领们绞尽脑汁，挖坑、造枪、练兵、修碉堡，只求能挡住后金军前进的步伐。

其实要战胜天下无双的努尔哈赤和他那可怕的骑兵，只要这四个字。

这四个字他们并非不知道，只是不想知道。

作为大明天朝的将领，对付辽东地区的小小后金，即使丢了铁岭，丢了沈阳、辽阳，哪怕辽东都丢干净，也要打。

所以就算萨尔浒死十万人，沈阳死六万人，也要攻。

这不是智力问题，而是态度问题。

后金军队不过是抢东西的强盗，努尔哈赤是强盗头，对付这类货色，怎么能当缩头乌龟呢？

然而，袁崇焕明白，按努尔哈赤的实力和级别，就算是强盗，也是巨盗。

他还明白，缩头的，并非一定是乌龟，毒蛇在攻击之前，也要收脖子。

后金骑兵很强大，强大到明朝骑兵已经无法与之对阵，努尔哈赤很聪明，聪明到这个世上已无几人可与之抗衡。

抱持着此种理念，袁崇焕来到辽东，接受了孙承宗的教导。在那里，他掌握胜利的手段，寻找胜利的帮手，坚定胜利的信念。而与此同时，局势也在一步步好转，袁崇焕相信，在孙承宗的指挥下，他终将看到辽东的光复。

然而，这一切注定都是幻想。

天启五年（1625）十月，他所信赖和依靠的孙承宗走了。

走时，袁崇焕前去送行，失声痛哭，然而孙承宗只能说：事已至此，我无能为力。

然而，高第来了，很快，他就看见高大人丢弃了几年来他为之奋斗的一切，土地、防线、军队、平民，毫不吝惜，只为保住自己的性命。

袁崇焕不撤退，虽然他只是个无名小卒，无足轻重，但他有报国的志向，制胜的方法，以及坚定的决心。

在过去的几年里，我一直在这里，默默学习，默默进步，直到有一天，我看到了胜利的希望。

所以我不会撤退，即使你们全都逃走，我也绝不撤退。

"我一人足守此！"

"独卧孤城，以当虏耳！"

现在，履行诺言的时候到了。

但这个诺言是很难兑现的，因为两个月后，他获知了一个可怕的消息。

天启六年（1626）正月十四日，努尔哈赤来了，带着全部家当来了。

根据史料分析，当时后金的全部兵力，如果加上老头、小孩、残疾人，大致在十万左右，而真正的精锐部队，有六七万人。

努尔哈赤的军队，人数共计六万人，号称二十万。

按某些军事专家的说法，这是当时世界上最为强大的骑兵部队，对于这个说法，我认为比较正确。

理由十分简单：对他们而言，战争是一种乐趣。

由于处于半开化状态，也不在乎什么诗书礼仪、传统道德、工作单位，打小就骑马，骁勇无畏，说打就打绝不含糊，更绝的是，家属也大力支持。

据史料记载，后金骑兵出去拼命前，家里人从不痛哭流涕，悲哀送行，也不抱怨政府，老老少少都高兴得不行，跟过节似的，就一句话，多抢点儿东西回来！

坦白地讲，我很能理解这种心情，啥产业结构都没有，又不大会种地，做生意也不在行，不抢怎么办？

所以他们来了，带着抢掠的意图、锋锐的马刀和胜利的信心。

努尔哈赤是很有把握的，此前，他已等待了四年，自孙承宗到任时起。

一个卓越的战略家，从不会轻易冒险，努尔哈赤符合这个条件，他知道孙承宗的可怕，所以从不敢惹这人，但是现在孙承宗走了。

当年秦桧把岳飞坑死了，多少还议了和，签了合同，现在魏忠贤把孙承宗整走，却是毫无附加值，还附送了许多礼物，礼单包括锦州、松山、杏山、右屯、塔山、大小凌河以及关外的所有据点。

这一年，努尔哈赤六十七岁，就目前史料看，没有老年痴呆的迹象，他还有梦想，梦想抢掠更多的人口、牲畜、土地，壮大自己的子民。

站在他的立场上，这一切似乎都无可厚非。

孙承宗走了，明军撤退了，眼前已是无人之地，很明显，他们已经失去了抵抗的勇气。

进军吧，进军到前所未至的地方，取得前所未有的胜利，无人可挡！

一切都很顺利，后金军毫不费力地占领了大大小小的据点，没有付出任何代价，直到正月二十三日那一天。

天启六年（1626）正月二十三日，努尔哈赤抵达了宁远城郊，惊奇地发现，这座城市竟然有士兵驻守，于是他派出了使者。

他毫不掩饰自己的得意，写出了如下的话：

"我带二十万人前来攻城，必破此城！如果你们投降，我给你们官做。"

在这封信中，他没有提及守将袁崇焕的姓名，要么是他不知道这个人，要么是他知道，却觉得此人不值一提。

总之，在他看来，袁崇焕还是方崇焕都不重要，这座城市很快就会投降，并成为努尔哈赤旅游团路经的又一个观光景点。

三天之后，他会永远记住袁崇焕这个名字。

他原以为要等一天，然而下午，城内的无名小卒袁崇焕就递来了回信：

"这里原本就是你不要的地方，我既然恢复，就应当死守，怎么能够投降呢？"

然后是幽默感：

"你说有二十万人，我知道是假的，只有十三万而已，不过我也不嫌少！"

第十九章

决心

努尔哈赤决定,要把眼前这座不听话的城池拿掉。

他相信自己能够做到这一点,因为他确知,这是一座孤城,在它的前方和后方,没有任何援军,也不会有援军,而在城中抵挡的,只是一名不听招呼的将领和一万多名孤立无援的明军。六年前,在萨尔浒,他用四万多人,击溃了明朝最为精锐的十二万军队,连在朝鲜打得日本人

努尔哈赤决定，要把眼前这座不听话的城市，以及那个敢调侃他的无名小卒彻底灭掉。

他相信自己能够做到这一点，因为他已确知，这是一座孤城，在它的前方和后方，没有任何援军，也不会有援军，而在城中抵挡的，只是一名不听招呼的将领和一万多名孤立无援的明军。

六年前，在萨尔浒，他用四万多人，击溃了明朝最为精锐的十二万军队，连在朝鲜打得日本人屁滚尿流的名将刘綎，也死在了他的手上。

现在，他率六万精锐军队，一路所向披靡，来到了这座小城，面对着仅一万多人的守军和一个叫袁崇焕的无名小卒。

胜负毫无悬念。

对于这一点，无论是努尔哈赤以及他手下的四大贝勒，还是明朝的高第，甚至孙承宗，都持相同的观点。

我们的同志在困难的时候，要看到成绩，要看到光明，要提高我们的勇气。

——毛泽东

袁崇焕是相信光明的，因为在他的手中，有四种制胜的武器。

第十九章　决心

第一种武器叫死守,简单说来就是死不出城,任你怎么打,就不出去,死也死在城里。

虽然这个战略比较贱,但很有效,你有六万人,我只有一万人,凭什么出去让你打?有种你打进来,我就认输。

他的第二种武器,叫红夷大炮。

大炮,是明朝的看家本领,当年打日本的时候,就全靠这玩意儿,把上万鬼子送上天,杀人还兼带毁尸功能,实在是驱赶害虫的不二利器。

但这招在努尔哈赤身上,就不大中用了,因为日军的主力是步兵,而后金都是骑兵,速度极快,以明代大炮的射速和质量,没打几炮马刀就招呼过来了。

袁崇焕很清楚这一点,但他依然用上了大炮——进口大炮。

红夷大炮,也叫红衣大炮,纯进口产品,国外生产,国外组装。

我并非瞧不起国货,但就大炮而言,还是外国的好。其实明代的大炮也还凑合,在小型手炮上面(小佛郎机),还有一定技术优势,但像大将军炮这种大型火炮,就出问题了。

这是一个无法攻克的技术难题——炸膛。

大家要知道,当时的火炮,想把炮弹打出去,就要装火药,炮弹越重,火药越多,如果火药装少了,没准炮弹刚出炮膛就掉地上了,最大杀伤力也就是砸人脚。可要是装多了,由于炮管是一个比较封闭的空间,就会内部爆炸,即炸膛。

用哲学观点讲,这是一个把炸药填入炮膛,却只允许其冲击力向一个方向(前方)前进的二律背反悖论。

这个问题到底怎么解决,我不知道,袁崇焕应该也不知道,但外国人知道,他们造出了不炸膛的大炮,并几经辗转,落在了葡萄牙人的手里。

至于这炮到底是哪儿产的,史料有不同说法,有的说是荷兰,有的说是英国,罗尔斯、罗伊斯还是飞利浦,都无所谓,好用就行。

据说这批火炮共有三十门,经葡萄牙倒爷的手,卖给了明朝,拿回来试验,当场就炸膛了一门（绝不能迷信外国货），剩下的倒还能用，经袁崇焕请求，十门炮调到宁远，剩下的留在京城装样子。

这十门大炮里，有一门终将和努尔哈赤结下不解之缘。

为保证大炮好用，袁崇焕还专门找来了一个叫孙元化的人。按照惯例，买进口货，都要配发中文说明书，何况是大炮。葡萄牙人很够意思，虽说是二道贩子，没有说明书，但可以搞培训，就专门找了几个中国人，集中教学，而孙元化就是葡萄牙教导班的优秀学员。

袁崇焕的第三种武器，叫作坚壁清野。

为了保证不让敌人抢走一粒粮，喝到一滴水，袁崇焕命令，烧毁城外的一切房屋、草料，将所有居民转入城内，此外，他还干了一件此前所有努尔哈赤的敌人都没有干过的事——清除内奸。

努尔哈赤是个比较喜欢耍阴招的人，对派奸细里应外合很有兴趣，此前的抚顺、铁岭、辽阳、沈阳、广宁都是这么拿下的。

努尔哈赤不了解袁崇焕，袁崇焕却很了解努尔哈赤，他早摸透了这招，便组织了除奸队，挨家挨户查找外来人口，遇到奸细立马干掉，并且派民兵在城内站岗，预防奸细破坏。

死守、大炮、坚壁清野，但这还不够，远远不够，努尔哈赤手下的六万精兵，已经把宁远团团围住，突围是没有希望的，死守是没有援兵的，即使击溃敌人，他们还会再来，又能支撑多久呢？

所以最终将他带上胜利之路的，是最后一种武器。

这件武器，从一道命令开始。

布置完防务后，袁崇焕叫来下属，让他立即到山海关，找到高第，向他请求一件事。

这位部下清楚，这是去讨援兵，但他也很迷茫，高先生跑得比兔子都快，才把兵撤回去，怎么可能派兵呢？

"此行必定无果，援兵是不会来的。"

第十九章　决心

袁崇焕镇定地回答：

"我要你去，不是讨援兵的。"

"请你转告高大人，我不要他的援兵，只希望他做一件事。"

"如发现任何自宁远逃回的士兵或将领，格杀勿论！"

这件武器的名字，叫作决心。

我没有朝廷的支持，我没有老师的指导，我没有上级的援兵，我没有胜利的把握，我没有幸存的希望。

但是，我有一个坚定的信念。

我不会后退，我会坚守在这里，战斗到最后一个人，即使同归于尽，也绝不后退。

这就是我的决心。

所以在正月二十四日的那一天，战争即将开始之前，袁崇焕召集了他的所有部下，在一片惊愕声中，向他们跪拜。

他坦白地告诉所有人，不会有援兵，不会有帮手，宁远已经被彻底抛弃。

但是我不想放弃，我将坚守在这里，直到最后一刻。

然后他咬破中指写下血书，郑重地立下了这个誓言。

我不知道士兵们的反应，但我知道，在那场战斗中，在所有坚守城池的人身上，只有勇气、坚定和无畏，没有懦弱。

天启六年（1626）正月二十四日晨，努尔哈赤带着轻蔑的神情，发出了进攻的命令，声势浩大的精锐后金军随即拥向孤独的宁远城。

必须说明，后金军攻城，不是光膀子去的，他们也很清楚，骑着马是冲不上城墙的，事实上，他们有一套相当完整的战术系统，大致有三拨人。

每逢攻击时，后金军的前锋，都由一种特别的兵种担任——楯兵。所有的兵都推着车，所谓车，是一种木车，在厚木板的前面裹上几层厚牛皮，泼上水，由于木板和牛皮都相当皮实，明军的火器和弓箭无法射破。这是第一拨人。

第二拨是弓箭手，躲在车后面，以斜四十五度角向天上射箭（射程很远），甭管射不射得中，射完就走人。

最后一拨就是骑兵，等前面都忙活完了，距离也就近了，冲出去砍人效果相当好。

无数明军就是这样被击败的，火器不管用，骑兵砍不过人家，只好覆灭。

这次的流程大致相同，无数的兵推着木车，向着城下挺进，他们相信，城中的明军和以往没有区别，火器和弓箭将在牛皮面前屈服。

然而，牛皮破了。

架着云梯的后金军躲在木板和牛皮的后面，等待靠近城墙的时刻，但他们等到的，只是晴天的霹雳声，以及从天而降的不明物体。

值得庆祝的是，他们中的许多人还是俯瞰到了宁远城的全貌——在半空中。

宁远城头的红夷大炮，以可怕的巨响，喷射着灿烂的火焰，把无数的后金军、他们破碎的车，以及无数张牛皮，都送上了天空——然后是地府。

关于红夷大炮的效果，史书中的形容相当贴切且耸人听闻："至处遍地开花，尽皆糜烂。"

当第一声炮响的时候，袁崇焕不在城头，他正在接见外国朋友——朝鲜翻译韩瑗。

巨响吓坏了朝鲜同志，他惊恐地看着袁崇焕，却只见到一张笑脸，以及轻松的三个字：

"贼至矣！"

几个月前，当袁崇焕决心抵抗之时，就已安排了防守体系，总兵满桂守东城，参将祖大寿守南城，副将朱辅守西城，副总兵朱梅守北城，袁崇焕坐镇中楼，居高指挥。

第十九章 决心

四人之中，以满桂和祖大寿的能力最强，他们守护的东城和南城，也最为坚固。

后金军是很顽强的，在经历了重大打击后，他们毫不放弃，踩着前辈的尸体，继续向城池挺进。

他们选择的主攻方向，是西南面。

这个选择不是太好，因为西边的守将是朱辅，南边的守将是祖大寿，所以守护西南面的，是朱辅和祖大寿。

更麻烦的是，后金军刚踏着同志们的尸体冲到了城墙边，就陷入了一个奇怪的境地。

攻城的方法，大抵是一方架云梯，拼命往上爬，一方扔石头，拼命不让人往上爬，只要皮厚头硬，冲上去就赢了。

可是这次不同，城下的后金军惊奇地发现，除顶头挨炮外，他们的左侧、右侧，甚至后方都有连绵不断的炮火攻击，可谓全方位、全立体，无处躲闪，痛不欲生。

这个痛不欲生的问题，曾让我百思不得其解，后来我去了一趟兴城（今宁远），又查了几张地图，解了。

简单地讲，这是一个建筑学问题。

要说清这个问题，应该画几个图，可惜我画得太差，不好拿出来丢人，只好用汉字代替了，看懂就行。

大家知道，一般的城池，是"口"字形，四四方方，一方爬，一方不让爬，比较厚道。

更猛一点儿的设计，是"凹"字形，敌军进攻此类城池时，如进入凹口，就会受到左中右三个方向的攻击，相当难受。

这种设计常见于大城的内城，比如北京的午门，西安古城墙的瓮城，就是这个造型。

或者是城内有点儿兵，没法拉出去打，又不甘心挨打的，也这么修城，杀点儿敌人好过把瘾。

但我查过资料兼实地观察之后，才知道，创意是没有止境的。

宁远的城墙，大致是个"山"字。

也就是说，在城墙的外面，伸出去一道城楼，在这座城楼上派兵驻守，会有很多好处。比如敌人刚进入山字的两个入口时，就打他们的侧翼。敌人完全进入后，就打他们的屁股。如果敌人还没有进来，在城头上架门炮，可以提前把他们送上天。

此外，这个设计还有个好处，敌人冲过来的时候，有这个玩意儿，可以把敌人分流成两截，分开打。

当然疑问也是有的，比如把城楼修得如此靠前，几面受敌，如果敌人集中攻打城楼，该怎么办呢？

答案是随便打，无所谓。

因为这座城楼伸出去，就是让人打的。而且我查了一下，这座城楼可能是实心的，下面没有通道，士兵调遣都在城头上进行，也就是说，即使你把城楼拆了，还得接着啃城墙，压根儿就进不了城。

我不知道这城楼是谁设计的，只觉得这人比较狠。

除地面外，后金军承受了来自前、后、左、右、上（天上）五个方向的打击，他们能够得到的唯一遮挡，就是同伴的尸体，所以片刻之间，已经尸横遍野、血流成河。

然而，进攻者没有退缩，无功而返，努尔哈赤的面子且不管，啥都没弄到，回去怎么跟老婆孩子交代？

在残酷的现实面前，后金军终于爆发了。

虽然不断有战友飞上天空，但他们在尸体的掩护下，终究还是来到了城下，开始架云梯。

然而，炮火实在太猛，天上还不断掉石头，弓箭火枪不停地打，刚架上去，就被推下来，几次三番，他们爬墙的积极性受到了沉重的打击，于是决定改变策略——钻洞。

具体施工方法是，在头上盖牛皮木板，用大斧、刀剑对着城墙猛劈，最终的工程目的，是把城墙凿穿。

这是一个难度很大的工程，头顶上经常高空抛物不说，还缺乏重型施工机械，就凭人刨，那真是相当困难。

但后金军用施工成绩证明，他们之前的一切胜利，都不是侥幸取得的。

在寒冷的正月，后金挖墙队顶着炮火，凭借刀劈手刨，竟然把坚固的城墙挖出了几个大洞，按照史料的说法，是"凿墙缺二丈者三四处"，也就是说，二丈左右的缺口，挖出了三四个。

明军毫无反应。

不是没反应，而是没办法反应，因为城头的大炮是有射程的，敌人若贴近城墙，就会进入射击死角，炮火是打不着的，而火枪、弓箭都无法穿透后金军的牛皮，只能眼睁睁地看着对方紧张施工，毫无办法。

就古代城墙而言，凿开两丈大的洞，就算是致命伤了，一般都能塌掉，但奇怪的是，洞凿开了，城墙却始终不垮。

原因在于天冷，很冷。

按史料分析，当时的温度大致在零下几十度，城墙的地基被冰冻住，所以不管怎么凿，就是垮不下来。

但袁崇焕很着急，因为指望老天爷，毕竟是不靠谱的，按照这个工程进度，没过多久，城墙就会被彻底凿塌，六万人拥进来，说啥都没用了。

目前当务之急，就是干掉城下的那帮牛皮护身的工兵，然而大炮打不着，火枪没有用，如之奈何？

关键时刻，群众的智慧发挥了最为重要的作用。

城墙即将被攻破之际，城头上的明军突然想出了一个反击的方法。

这个方法有如下步骤，先找来一张棉被，铺上稻草，并在里面裹上火药，拿火点燃，扔到城下。

棉被、稻草加上火药，无论是材料，还是操作方法，都是平淡无奇的，但是效果，是非常恐怖的。

几年前，我曾找来少量材料，亲手试验过一次，这次实验的直接结果是，我再没有试过第二次，因为其燃烧的速度和猛烈程度，只能用"可怕"两个字形容（特别提示，该实验相当危险，切勿轻易尝试，切勿模仿，特此声明）。

明军把棉被卷起来，点上火，扔下去，转瞬间，壮观的一幕出现了。

蘸满了火药的棉被开始剧烈燃烧，开始四处飘散，飘到哪里，就烧到哪里，只要沾上，就会陷入火海，即使就地翻滚，也毫无作用。

在冰天雪地的严寒中，伴随着恐怖的大炮轰鸣声，一道火海包围了宁远城，把无数的后金军送入了地狱，英勇的后金工程队全军覆没。

这种临时发明的武器，就是鼎鼎大名的"万人敌"，从此，它被载入史册，并成为世界上最早的燃烧瓶的雏形。

战斗，直至最后一人

眼前的一切，都超出了努尔哈赤的想象，以及心理承受程度。

万历十二年（1584），他二十五岁，以十三副盔甲起兵，最终杀掉了仇人尼堪外兰，而那一年，袁崇焕才刚刚出生。

他跟随过李成梁，打败过杨镐，杀掉了刘綎、杜松，吓走了王化贞，当他完成这些丰功伟业、名声大振的时候，袁崇焕只是个四品文官，无名小卒。

第十九章 决心

之前几乎每一次战役，他都以少打多，以弱胜强，然而，现在他带着前所未有的强大兵力、势不可当之气魄，进攻兵力只有自己六分之一的小人物袁崇焕，却输了。

战无不胜，攻无不克，小本起家的天命大汗是不会输的，也是不能输的，即使伤亡惨重，即使血流成河，用尸体堆，也要堆上城头！

所以，观察片刻之后，他决定改变攻击的方向——南城。

这个决定充分证明，努尔哈赤同志是一位相当合格的指挥官。

他认为，南城就快顶不住了。

南城守将祖大寿同意这个观点。

就实力而言，如果后金军全力攻击城池一面，明军即使有大炮，也架不住对方人多，失守只是个时间问题。

好在此前后金军缺心眼，好好的城墙不去，偏要往夹角里跑，西边打，南边也打，被打了个乱七八糟，现在，他们终于觉醒了。

知错就改的后金军转换方向，向南城拥去。

我到宁远时，曾围着宁远城墙走了一圈，没掐表，但至少得半小时。宁远城里就一万多人，分摊到四个城头，也就两千多人。以每面城墙一公里长计算，每米守兵大致是两人。

这是最乐观的估算。

所以根据数学测算，面对六万人的拼死攻击，明军是抵挡不住的。

事情的发展与数学模型差不多，初期惊喜之后，后金军终于呈现出了可怕的战斗力，鉴于上面经常扔"万人敌"，墙就不去凿了，改爬云梯。

冲过来的路上，被大炮轰死一批，冲到城脚，被烧死一批，爬墙，被弓箭、火枪射死一批。

没被轰死、烧死、射死的，接着爬。

与此同时，后金军开始组织弓箭队，对城头射箭，提供火力支援。

在这种拼死的猛攻下，明军开始大量伤亡，南城守军损失达三分之一以上，许多后金军爬上城墙，与明军肉搏，形势十分危急。

在祖大寿战败前，袁崇焕赶到了。

袁崇焕并不在城头，他所处的位置，在宁远城正中心的高楼。这个地方，我曾经去过，登上这座高楼，可以清晰地看到四城的战况。

袁崇焕率军赶到南城，在那里，他投入了最后的预备队。

长久以来的训练终于显现了效果，在强敌面前，明军毫无畏惧，与后金军死战，把爬上城头的人赶了回去。

与此同时，为遏制后金军的攻势，明军采用了新战略——火攻。

明军开始大量使用火具，除大炮、万人敌、火枪外，火球甚至火把，但凡是能点燃的，就往城下扔。

这个战略是有道理的，你要知道，这是冬天，而冬天时，后金士兵是有几件棉衣的。

战争是智慧的源泉。很快，更缺德的武器出现了，不知是谁提议，拉出了几条长铁索，用火烧红，甩到城下用来攻击爬墙的后金士兵。

于是壮丽的一幕出现了，在北风呼啸中，几条红色的锁链在南城飘扬，它甩向哪里，惨叫就出现在哪里。

在熊熊的烈火之中，后金的攻势被遏制住了。尸体堆满宁远城下，却始终未能前进一步，直至黄昏。

至此，宁远战役已进行一天，后金军伤亡惨重，死伤达一千余人，却只换来了几块城砖。

然而，战斗并没有结束。

愤怒至极的努尔哈赤下达了一个出人意料的命令：夜战。

夜战并不是后金的优势，但仗打到这个份儿上，缩头就跑，是一个严肃的面

第十九章 决心

子问题，努尔哈赤认定，敌人城池受损，兵力已经到达极限，只要再攻一次，宁远城就会彻底崩塌。

在领导的召唤下，后金士兵举着火把，开始了夜间的进攻。

正如努尔哈赤所料，他很快就等到了崩溃的消息，后金军的崩溃。

几次拼死进攻后，后金的士兵们终于发现，他们确实在逐渐逼近胜利——用一种最为残酷的方法：

攻击无果，伤亡很大，尸体越来越多，越来越厚，如果他们全都死光，是可以踩着尸体爬上去的。

沉默久了，就会爆发，爆发久了，就会崩溃。在又一轮的火烧、炮轰、箭射后，后金军终于违背了命令，全部后撤。

正月二十四日深夜，无奈的努尔哈赤接受了这个事实，他压抑住心中怒火，准备明天再来。

但他不知道的是，如果他不放弃进攻，第二天历史将会彻底改变。

袁崇焕也已顶不住了，他已经投入了所有的预备队，连他自己也亲自上阵，左手还负了伤，如果努尔哈赤豁出去再干一次，后果将不堪设想。

努尔哈赤放弃了，他坚持了，所以他守住了宁远。

而下一个问题是，能否击溃后金，守住宁远。

从当天后金军的表现看，这个问题的答案是肯定的——不能。

没有帮助，没有援军，修了几年的坚城，只用一天，就被打成半成品，敌人的战斗力太过强悍。很明显，如果后金军豁出去，在这里待上几月，就是用手刨也刨下来了。

对于这个答案，袁崇焕的心里是有数的。

于是，他想到了最后一个问题：既然必定失守，还守不守？

他决定坚守下去，即使全军覆没，毫无希望，也要坚持到底，坚持到最后一个人。

> 军队应该具有一往无前的精神，它要压倒一切敌人，而决不被敌人所屈服。不论在任何艰难困苦的场合，只要还有一个人，这个人就要继续战斗下去。
>
> ——毛泽东

袁崇焕很清楚，明天城池或许失守，或许不失守，但终究是要失守的。以努尔哈赤的操行成绩，接踵而来的，必定是杀戮和死亡。

然而，袁崇焕不打算放弃，因为他是一个没有援军、没有粮食、没有理想、没有希望，依然能够坚持下去的人。

四十二年前，袁崇焕出生于穷乡僻壤，一直以来，他都很平凡，平凡地中了秀才，平凡地中了举人，平凡地落榜，平凡地再次赶考，平凡地再次落榜，平凡地最终上榜。

然后是平凡的知县，平凡的处级干部，平凡的四品文官，平凡的学生，直至他违抗命令，孤身一人，面对那个不可一世、强大无比的对手。

四十年平凡的生活，不断地磨砺，沉默地进步，坚定的信念，无比的决心：

只为一天的不朽。

第二十章

胜利 结局

（1626）正月二十五日，改变历史的一天。袁崇焕，他等来了奇迹。天启六年努尔哈赤怀着满腔的愤怒，发动了新的进攻，他认为，经过前一天的攻击，宁远已近崩溃，只要最后一击，胜利唾手可得。然而，他想不到的是，战斗是以一种不可思议的形式开始的。第一轮进攻被火炮打退后，他看不见勇猛的后

以……说过这……你不敢……不会放弃……没有放弃……是，他等来了奇迹……他终究

正月二十五日

以前有个人对我说过这样一句话:

只要你不放弃自己,上天就不会放弃你。

绝境中的袁崇焕,在沉思中等来了正月二十五日的清晨,他终究没有放弃。

于是,他等来了奇迹。

天启六年(1626)正月二十五日,改变历史的一天。

努尔哈赤怀着满腔的愤怒,发动了新的进攻。他认为,经过前一天的攻击,宁远已近崩溃,只要最后一击,胜利唾手可得。

然而,他想不到的是,战斗是以一种不可思议的形式开始的。

第一轮进攻被火炮打退后,他看不见勇猛的后金士兵们了。

无论将领们再怎么怒吼,还是威胁,以往工作积极性极高的后金军竟然不买账了,任你怎么说,就是不冲。

这是可以理解的,大家出来打仗,说到底是想抢点儿东西,发点小财。现在人家炮架上了,打死上千人,尸体都堆在那儿,还要往上冲,你当我们白内障看不见啊?

勇敢,也是要有点儿智商的。

努尔哈赤是很地道的,为了消除士兵们的恐惧心理,他毅然决定,停止进攻,先把尸体抢回来。

为一了百了,他还特事特办,在城外开办了简易火葬场,什么遗体告别、追悼会都省了,但凡抢回来的尸体,往里一丢了事。

烧完,接着打。

努尔哈赤已近乎疯狂了,现在他所要的,并不是宁远,也不是辽东,而是脸面。起兵三十年,纵横天下无人可敌,竟然攻不下一座孤城,太丢人了,实在太丢人了。

所以他发誓,无论如何,一定要争回这个面子。

不想丢人,就只能丢命。

面对蜂拥而上的后金军,袁崇焕的策略还是老一套——大炮。

要说这外国货还是靠谱,在城头上轰了一天,非但没有炸膛,还越打越有劲儿。东一炮"尽皆糜烂",西一炮"尽皆糜烂",相当皮实。

但是意外还是有的,具体说来是一起安全事故。

很多古装电视剧里,大炮发射大致是这么个过程:一人站在大炮后,拿一火把点引线,引线点燃后轰一声,炮口一圈白烟,远处一片黑烟,这炮就算打出去了。

可以肯定的是,如按此方式发射红夷大炮,必死无疑。

我认为,葡萄牙人之所以卖了大炮还要教打炮,绝不仅是服务意识强,说到底,是怕出事。

由于红夷大炮的威力太大,在大炮轰击时,炮尾炸药爆炸时,会产生巨大的后坐力,巨大到震死人不成问题,所以每次发射时,都要从炮筒牵出一条引线,人躲得远远的,拿火点燃再打出去。

经过孙元化的培训,城头的明军大都熟悉规程,严格按安全规定办事,然而在二十五日这一天，由于城头忙不过来，一位通判也上去凑热闹，一手拿线，一手举火，就站在炮尾处点火，结果被当场震死。

但除去这起安全事故外，整体情况还算正常，大炮不停地轰，后金军不停地死，然后是抢尸体，抢完再烧，烧完再打，打完再死，死完再抢、再烧，死死烧烧无穷尽也。

直至那历史性的一炮。

到底是哪一炮，谁都说不清，但可以肯定的是，在那寒冷的一天，漫天的炮火轰鸣声中，有一炮射向了城下，伴随着一片惊叫和哀号，命中了一个目标。

这个目标到底是谁，至今不得要领，但可以肯定的是目标相当重要，因为一个不重要的人，不会坐在黄帐子里（并及黄龙幕），也不会让大家如此悲痛（号哭奔去）。

对于此人的身份，有多种说法。明朝这边，说是努尔哈赤，清朝那边，是压根儿不提。

这也不奇怪，如果战无不胜的努尔哈赤，在一座孤城面前，对阵一个无名小卒，被一颗无名炮弹重伤，实在太不体面，换我，我也不说。

于是接下来，袁崇焕看到了让他百思不得其解的景象，冲了两天的后金军退却了，退到了五里之外。

很明显，坐在黄帐子里的那人，是个大人物，虽按照后金的道德标准，死个把领导也不是什么大事，但这实在是件相当奇怪的事情。

第二天，当袁崇焕站在城头的时候，他终于确信，自己已经创造了奇迹。

后金军仍然在攻城，攻势比前两天更为猛烈，但长期的军事经验告诉袁崇焕，这是撤退的前兆。

几个时辰之后，后金军开始总退却。

当然努尔哈赤是不会甘心的，所以在临走之前，他把所有的怒火发泄到了宁远城边的觉华岛上。那里还驻扎着几千明军，以及上万名无辜的百姓。

那一年的冬天很冷，原本相隔几十里的大海，结上了厚厚的冰。失落的后金军踏着冰层，向岛上发动猛攻，毫无遮挡的岛上明军全军覆没，此外，士兵屠杀了岛上所有的百姓（逢人立碎），以显示努尔哈赤的雄才大略，并向世间证明，努尔哈赤先生并不是无能的，他至少还能杀害手无寸铁的平民。

宁远之战就此结束，率领全部主力、拼死攻击的名将努尔哈赤，最终败给了仅有一万多人，驻守孤城的袁崇焕，铩羽而归。

此战后金损失极为惨重，虽然按照后金的统计，仅伤亡将领两人，士兵五百人。但很明显，这是个相当谦虚的数字。

数学应用题1：十门大炮轰六万人，轰了两天半，每炮每天只轰二十炮（最保守的数字）。问：总共轰多少炮？

答：以两天计算，至少四百炮。

数学应用题2：后金军总共伤亡五百人，以明军攻击数计算，平均每炮轰死多少人？

答：以五百除以四百，平均每炮轰死1.25人。

参考史料："红夷大炮者，周而不停，每炮所中，糜烂数十尺，断无生理。"

综合应用题1、应用题2及参考史料，得出结论如下：每一个后金士兵，都有高厚度的装甲保护，是不折不扣的钢铁战士。

胡扯到此结束，根据保守统计，在宁远战役中，后金军伤亡的人数，大致在四千人以上，损失大量攻城车辆、兵器。

这是自万历四十六年（1618）以来，后金军的第一次总退却，战无不胜的努尔哈赤终于迎来了他人生的第一次战败。

或许直到最后，他也没弄明白，到底是谁击败了他，那座孤独的宁远城，那几门外国进口的大炮，还是那一万多名陷入绝境的明军。

他不知道，他真正的对手，是一种信念。

即使绝望，毫无生机，也永不放弃。

在那座孤独的城市里，有一个叫袁崇焕的人，在过去的几十年中，一直坚守着这样的信念。

他不知道，也永远不会知道了。

因为七个月后，他就翘辫子了。

天启六年（1626）八月十一日，征战半生的努尔哈赤终于逝世了。

他的死因，有很多说法，有说是被炮弹打坏的，也有的说是病死的，但无论是病死还是打死，都跟袁崇焕有着莫大的关系。

挨炮就不说了，那么大一铁铊子，外加各类散弹，穿几个窟窿不说，再加上破伤风，这人就废定了。

就算他没挨炮，精神上也受到了严重的损害，有点儿心理障碍十分正常，外加努先生自打出道以来，从没吃过亏，败在无名小卒的手上，实在太丢面子，就这么憋屈死，也是很有可能的。

在这一点上，袁崇焕也做出了很大贡献，在击退努尔哈赤后，他立即派出了使者，给努老先生送去了一封信，内容如下：

"你横行天下这么久，今天竟然败在我的手里，应该是天命吧！"

努尔哈赤很有礼貌，还派人回了礼，表示下次再跟你小子算账（约期再战）。

至于努先生的内心活动，用他自己的话说，是这样的：

"我自二十五岁起兵以来，攻无不克，战无不胜，小小的宁远，竟然攻不下来，这是命啊！"

说完不久就死了。

一代枭雄努尔哈赤死了，对于这个人的评价，众说纷纭，有些人说他代表了先进的、进步的势力，冲击了腐败的明朝，为历史的发展做出了贡献云云。

我才疏学浅，不敢说通晓古今，但基本道理还是懂的，遍览他的一生，我没有看到进步、发展，只看到了抢掠、杀戮和破坏。

我不清楚什么伟大的历史意义，我只明白，他的马队所到之处，没有先进生产力，没有国民生产指数，没有经济贸易，只有尸横遍野、残屋破瓦，农田变成荒地，平民成为奴隶。

我不知道什么必定取代的新兴霸业，我只知道，说这种话的人，应该自己到后金军的马刀下面亲身体验一回。

马刀下的冤魂和马鞍上的得意，没有丝毫区别，所有的生命，都是平等的，任何人都没有无故剥夺他人生命的权利。

图书在版编目（CIP）数据

明朝那些事儿.第陆部,日暮西山/当年明月著.—杭州：浙江人民出版社，2020.5（2024.2重印）
ISBN 978-7-213-09263-3

Ⅰ.①明… Ⅱ.①当… Ⅲ.①中国历史—明代—通俗读物 Ⅳ.① K248.09

中国版本图书馆 CIP 数据核字（2019）第 077050 号

明朝那些事儿·第陆部　日暮西山
MINGCHAO NAXIE SHIR · DI-LIU BU　RIMU XISHAN

当年明月　著

出版发行	浙江人民出版社（杭州市体育场路 347 号　邮编　310006）
责任编辑	徐　婷
责任校对	陈　春
封面设计	艾　藤　魏庆荣
电脑制版	罗栋青　李春永
印　　刷	嘉业印刷（天津）有限公司
开　　本	700 毫米 × 1000 毫米　1/16
印　　张	25.25
字　　数	340 千字
插　　页	2
版　　次	2020 年 5 月第 1 版
印　　次	2024 年 2 月第 11 次印刷
书　　号	ISBN 978-7-213-09263-3
定　　价	48.00 元

如发现图书质量问题，可联系调换。质量投诉电话：010-82069336